全国旅游职业教育教学指导委员会
科研成果集 2015

RESEARCH ACHIEVEMENTS OF CHINA STEERING COMMITTEE FOR
TOURISM VOCATIONAL EDUCATION AND TEACHING 2015

全国旅游职业教育教学指导委员会 主编

北京·旅游教育出版社

责任编辑：果凤双

图书在版编目（CIP）数据

全国旅游职业教育教学指导委员会科研成果集.2015/全国旅游职业教育教学指导委员会主编. -- 北京：旅游教育出版社，2017.2

ISBN 978-7-5637-3527-3

Ⅰ.①全… Ⅱ.①全… Ⅲ.①旅游教育—教学研究—中国—文集 Ⅳ.①F590-4

中国版本图书馆 CIP 数据核字（2017）第 026182 号

全国旅游职业教育教学指导委员会科研成果集2015

全国旅游职业教育教学指导委员会　主编

出版单位	旅游教育出版社
地　　址	北京市朝阳区定福庄南里1号
邮　　编	100024
发行电话	(010)65778403　65728372　65767462(传真)
本社网址	www.tepcb.com
E-mail	tepfx@163.com
排版单位	北京旅教文化传播有限公司
印刷单位	北京京华虎彩印刷有限公司
经销单位	新华书店
开　　本	787毫米×1092毫米　1/16
印　　张	13.25
字　　数	245千字
版　　次	2017年2月第1版
印　　次	2017年2月第1次印刷
定　　价	42.00元

（图书如有装订差错请与发行部联系）

《全国旅游职业教育教学指导委员会科研成果集 2015》编委会

编 委 主 任：魏洪涛

编委副主任：缪沐阳　计金标　余昌国　保继刚
　　　　　　石培华

编委会成员：韩玉灵　王晓霞　王昆欣　周春林
　　　　　　康　年　樊豫陇　董家彪　侯兴起
　　　　　　方法林　马　卫

序

近年来,国务院相继出台了《国务院关于促进旅游业改革发展的若干意见》(国发〔2014〕31号)和《国务院关于加快发展现代职业教育的决定》(国发〔2014〕19号)等文件,从国家层面给予了旅游业和职业教育前所未有的重视。国家旅游局将旅游职业教育发展列入重要议事日程,不断加大对旅游职业教育的支持力度,并于2015年与教育部联合出台了《关于促进现代旅游职业教育发展的指导意见》(旅发〔2014〕241号),良好的政策和制度环境为旅游职业教育改革发展带来了重大机遇。

旅游职业教育发展迄今已形成一定规模,截至2015年末,全国共有高等旅游院校及开设旅游系(专业)的普通高等院校1518所,在校生57.1万人;中等职业学校789所,在校学生22.6万人。当前旅游职业教育的发展正处于由规模扩张转向全面提高质量的关键时期,旅游职业教育的功能和目的也正在从单纯注重传播知识和培养实践型人才向注重教书育人,培养德、智、体、美全面发展,适应行业需要的高层次、高素质、高技能人才转变。良师方能出高徒,从事旅游职业教育的教师肩负着培养高素质优秀旅游人才的重任,在旅游职业教育改革发展的重要时期,应当主动转变教育思想、改革教育方式,在提高自身教学能力的同时,重视提升理论水平和研究能力,主动开展对相关知识领域和旅游职业教育及其规律的科学研究,并将研究成果反哺教学。

全国旅游职业教育教学指导委员会(以下简称"旅游行指委")作为推进旅游职业教育发展的专家组织,积极发挥行业指导作用,推动科研项目的研究工作,不仅牵头申请教育部发布的研究项目,还在研究过程中邀请行业及院校专家对项目进行专门指导,为从事旅游职业教育的教师创造了研究机会和科研平台,有助于提高职业院校教师的研究能力。

为促进科研成果的推广与交流,旅游行指委编辑出版了这本汇编。本书收录了旅游行指委2015年获准立项的6个项目的研究成果,包含了职业技能培养、教学能力提升、企业人才需求、大数据等旅游职业教育领域热点问题的研究成果,还收录了2015年旅游行指委牵头申请的两个教育部"行业指导职业院校专业改革与实践项目"的研究成果,提出了旅游职业院校导游专业顶岗实习标准,建立了酒店管理专业企业生产实际教学案例库,并对当前旅游职业教育面临的一些突出问题提出了合理化的意见与建议。这些研究成果既有理论性又有实践性,可以帮助旅游职业院校教师结合实践更好地完成教学工作。

这是旅游行指委第二次发布科研项目成果,在第一次经验积累的基础上,我们有了新的改进和突破。参与本项工作的有关负责人以认真的态度投入研究,所在学校给予了大力支持。参与项目评审的专家不仅认真评阅研究成果,更是悉心传授研究方法。在此,我们一并表示感谢!今后,旅游行指委将会把这变成我们年度工作计划的重要组成部分,为我国旅游业发展积淀更多的智力成果。

全国旅游职业教育教学指导委员会主任委员　魏洪涛

目 录

第一部分 全国旅游职业教育教学指导委员会2015年科研项目成果 …… 1

工作过程导向下的酒店实习技能技术要点开发与应用研究 …… 3

行业协会参与职业院校人才培养质量评估体系研究 …… 24

高职院校学生创新创业教育改革与实践
　　——以烹饪工艺与营养专业为例 …… 55

基于企业需求的旅行社计调专业人才培养标准研究 …… 67

大数据视角下旅游高等职业教育课程绩效评价研究 …… 108

旅游行业人才需求与专业设置指导报告 …… 157

第二部分 教育部"行业指导职业院校专业改革与实践项目"成果 …… 179

专业、实用、普适、共享、可持续性开展顶岗实习
　　——《高职院校导游专业顶岗实习标准》研究报告 …… 181

酒店管理专业企业生产实际教学案例库研制报告 …… 190

第一部分　全国旅游职业教育教学指导委员会 2015 年科研项目成果

项目名称：工作过程导向下的酒店实习技能技术要点开发与应用
项目编号：LZW201501
项目负责人：董家彪
项目负责人所在单位：广东省旅游职业技术学校

工作过程导向下的酒店实习技能技术要点开发与应用研究[①]

【摘　要】 本项目主要研发工作过程导向下的酒店实习岗位技能技术要点库及配套教材、培训考核方法和实习教学管理平台，破解学生实习期间"学什么"、"怎么学"和"怎么考核"的难题，推动解决当前在校教育和酒店岗位需求间存在的问题。

【关键词】 工作过程导向　酒店实习　要点开发　应用

一、问题的提出

(一) 项目研究的背景

《国务院关于加快发展现代职业教育的决定》（国发〔2014〕19号）明确提出：职业教育要"服务经济社会发展和人的全面发展，推动专业设置与产业需求对接，课程内容与职业标准对接，教学过程与生产过程对接，毕业证书与职业资格证书对接，职业教育与终身学习对接。重点提高青年就业能力。坚持校企合作、工学结合，强化教学、学习、实训相融合的教育教学活动。推行项目教学、案例教学、工作过程导向教学等教学模式"。

实习是落实酒店管理专业教育的重要阶段。本阶段是学生从学校走向社会、从生涩走向成熟、从学生转变成职业人的转型期，实习教学是提升实习效能的关键。

长期以来，"顶岗实习"的提法过于重"顶岗"的"工作"属性而轻"实习"的"学习"属性，酒店重视组织实习生投入一线劳动，忽略系统化的专业实习教学，部分酒店将顶岗实习等同于顶岗干活。学校预设的通过实习要达到的学生"岗位技能、综合素质双提高"的目标大打折扣，导致出现一系列问题：学校未能到位落实实习教学计划和将教学质量评价落实到位；学生未能通过实习系统掌握就业所需知识与技能；实习生疑似变相成为廉价劳动力。对实习制度的种种误解误导误用，源于忽视实习阶段的学习与教育的实质。

[①] 课题项目为2015年全国旅游职业教育教学委员会科研项目（LZW201501）。本项目由中国旅游职业教育七金联合体联合申报并完成研发，项目主要参与者有广东省旅游职业技术学校董家彪、曾小力、邓敏、朱小彤、郝臻，广州南沙大酒店杨结、许洁超、区雪娇、汤少鹏、冯盼盼，广州蓝豆软件科技有限公司杨书帆，北京市外事学校田雅莉，四川省旅游学校赵晓鸿，沈阳市旅游学校仲涛，苏州旅游与财经高等职业学校臧其林，海南省旅游学校冯树祝。

因此,解决实习期间"学什么"、"怎么学"和"怎么考核"等难题,推动校、企、生三方达成共识和约束,才能使学生的实习达到预期的目的。

(二)研究的意义

酒店管理专业学生实习期间应掌握哪些内容?据现有文献资料显示,系统化的酒店专业实习教学尚无成熟经验可供借鉴。因此,开发实习技能技术要点库,划分界定学校和酒店各自承担的教育(培训)内容,归纳在校教学内容和企业实习内容,破解学生实习期间"学什么"、"怎么学"和"怎么考核"的难题,推动解决当前在校教育和酒店岗位需求之间存在的问题,实现学校教育和企业实习无缝对接,具有实际意义。

鉴于现有文献资料对酒店实习内容方面研究的匮乏,开展基于工作过程的酒店实习技能技术要点库的理论研究,无疑丰富了目前中高职酒店专业实习教学内容方面的研究与应用。

此外,开发酒店实习技能技术要点库,将企业碎片化的培训糅合成系统化的教学体系,并开发配套教材,可为全国兄弟学校厘清同专业实习阶段学生的实习内容、开展本专业实习教学、为实习学生的评价提供依据,加快实习生职业成长。本项目研究成果可为职业院校实习教学提供参考和借鉴。

(三)项目研究的目标

本项目旨在研究高星级饭店运营与管理专业顶岗实习教学,重点研究开发工作过程导向下的酒店实习岗位技能技术要点及其培训考核方法、实习教学资源库和实习教学管理平台,从而解决当前职业院校在校教育与酒店岗位要求存在错位的现实问题,使本专业"课程内容与职业标准对接,教学过程与生产过程对接",为全国兄弟学校开展本专业实习教学提供规范和借鉴。

(四)项目研究的内容

本项目研究的主要内容分为四个部分:

一是调查研究,通过对实习企业员工和实习生的问卷调查、访谈、实地调研,获取并梳理酒店主要业务部门主要岗位群的主要工作任务及其技能技术要点;

二是实习技能技术要点软件开发,将酒店主要业务部门主要岗位群的主要工作任务及其技能技术要点数字化、资源化;

三是配套教材开发;

四是总结提炼酒店实习技能技术要点开发与应用的途径、方法与推广措施。

二、国内外相关文献研究情况

(一)国内相关文献研究概况

1.相关论题的期刊论文及选题情况

通过在中国国家图书馆中国知网、ProQuest Dissertations & Theses 学位论文全文库查阅相关信息,分别检索"标题"、"主题"和"关键词"为"酒店实习"、"实习内容"、"实习教学"、"工作过程导向"等的期刊论文,所得情况为:

关于"酒店实习"的期刊论文。"标题"含"酒店实习"的期刊论文共有102篇,但"标题"

含"酒店实习+中职"的期刊论文仅 1 篇。"关键词"为"酒店实习"的期刊论文共有 663 篇，但"关键词"为"酒店实习+中职"的期刊论文仅有 4 篇。"主题"为"酒店实习"的期刊论文共有 687 篇，但主题为"酒店实习+中职"的期刊论文仅 22 篇（见表 1），其中近五年发表的 21 篇。

表 1 关于"酒店实习"的期刊论文

检索情况	标题		关键词		主题	
	"酒店实习"	"酒店实习+中职"	"酒店实习"	"酒店实习+中职"	"酒店实习"	"酒店实习+中职"
期刊论文数量	102 篇	1 篇	663 篇	4 篇	687 篇	22 篇

从选题来看，关于"酒店实习"的期刊论文多从心理学、管理学的角度，从学校、酒店的视角，探讨酒店实习生管理，有从心理学的角度关注探讨酒店实习生的满意度、价值观、职业倦怠、心理障碍等，有从管理学的角度探讨实习管理过程中的实习生流失、换岗、岗位设置、津贴制度、实习考核、激励措施、有效管理、突发事件处理、质量提升、实习指导师的培养，等等。

关于"实习内容"的期刊论文。"标题"含"实习内容"的期刊论文仅 42 篇，"标题"含"实习内容+酒店"的期刊论文 0 篇。"关键词"为"实习内容"的期刊论文有 1501 篇，但关键词为"实习内容+酒店"的期刊论文仅 1 篇（刘依灵.浅谈高职酒店管理专业实习的教育与管理.四川教育学院学报,2006/S1）。"主题"为"实习内容"的期刊论文共有 1943 篇，其中"主题"为"实习内容+酒店"的期刊论文仅 8 篇（见表 2）。

表 2 关于"实习内容"的期刊论文

检索情况	标题		关键词		主题	
	"实习内容"	"实习内容+酒店"	"实习内容"	"实习内容+酒店"	"实习内容"	"实习内容+酒店"
期刊论文数量	42 篇	0 篇	1501 篇	1 篇	1943 篇	8 篇

从选题来看，关于"实习内容"的期刊论文所涉甚广，既有关于化工、制冷、数控、建筑、测量、汽车、铸工、金工、电子、机械生产、计算机的，也有生物、医学、地质、地理、植物、物业、国际贸易、食品安全、幼师、心理健康、体育等学科的，内容多为实习内容本身的选择、实习方法、实习模式及实习考核方面。探讨酒店实习内容方面的论文不仅数量少，而且鲜有涉及酒店实习内容开发方面的。

关于"实习教学"的期刊论文。"标题"含"实习教学"的期刊论文有 4352 篇，"标题"含"实习教学+酒店"的期刊论文仅 12 篇,其中近五年发表的 9 篇。"关键词"为"实习教学"的期刊论文有 5764 篇,"关键词"为"实习教学+酒店"的期刊论文仅 1 篇（李兵.旅游管理本科生酒店集中顶岗实习有效性研究——基于毕业后学生感知调查的分析.韶关学院学报,2015/09）。"主题"为"实习教学"的期刊论文有 10 789 篇，但"主题"为"实习教学+酒店"的期刊论文仅 61 篇（见表 3）。

表3 关于"实习教学"的期刊论文

检索情况	标题		关键词		主题	
	"实习教学"	"实习教学+酒店"	"实习教学"	"实习教学+酒店"	"实习教学"	"实习教学+酒店"
期刊论文数量	4352篇	12篇	5764篇	1篇	10 789篇	61篇

从选题上看,探讨酒店实习教学的期刊论文主要涉及实习教学的模式和机制建设,并主要以高职和本科的实习教学为主,多停留在浅层次的理论研究,对实习教学进行实质性的开发建设较少。

关于"工作过程导向"的期刊论文。"标题"含"工作过程导向"的期刊论文有891篇,"标题"含"工作过程导向+酒店"的期刊论文仅10篇。"关键词"为"工作过程导向"的期刊论文有2087篇,"关键词"为"工作过程导向+酒店"的期刊论文仅1篇(汪雯君.酒店餐饮服务与管理课程改革研究.科教导刊,2013/01)。"主题"为"工作过程导向"的期刊论文有2380篇,但"主题"为"工作过程导向+酒店"的期刊论文仅26篇(见表4)。

表4 关于"工作过程导向"的期刊论文

检索情况	标题		关键词		主题	
	"工作过程导向"	"工作过程导向+酒店"	"工作过程导向"	"工作过程导向+酒店"	"工作过程导向"	"工作过程导向+酒店"
期刊论文数量	891篇	10篇	2087篇	1篇	2380篇	26篇

从选题来看,关于"工作过程导向"的期刊论文既有理论研究,也有实证研究,但以酒店工作过程为导向方面的论文则主要关注某专业课程体系开发、某一门课程开发或教学设计、实训基地建设和教师培养方面,极少提及以酒店工作过程为导向对酒店实习内容方面的开发。

2.相关论题的学位论文及选题情况

"标题"含"酒店实习"的学位论文仅2篇。"关键词"为"酒店实习"的学位论文共有26篇。"主题"为"酒店实习"的学位论文共有32篇。

"标题"含"实习内容"的学位论文0篇。"主题"为"实习内容"的学位论文共有82篇,其中主题为"实习内容+酒店"的学位论文仅3篇,近五年发表2篇。关键词为"实习内容"的学位论文仅有2篇,且为历史和护理方面的。关于"实习内容"的学位论文所涉学科较广,但以工科类居多,其次为临床医学方面,且多关注实习模式、实习基地建设、实习教学方法。酒店实习内容方面的学位论文不仅数量少,而且主要关注实习体系构建和实习效果研究。

"标题"含"实习教学"的学位论文9篇,其中涉及旅游管理的1篇,涉及酒店的学位论文0篇。"关键词"为"实习教学"的学位论文19篇,"关键词"为"实习教学+酒店"的学位论文0篇。"主题"为"实习教学"的学位论文119篇,但"主题"为"实习教学+酒店"的学位论文仅5篇,其中近五年发表4篇。关于实习教学的学位论文以工科类居多,其次为临床医学方面,酒店实习教学方面的学位论文甚少,且主要关注实习教学中企业责任、指导师工作方式、职业能力分析。

"标题"含"工作过程导向"的学位论文17篇,其中涉及旅游的2篇,但未有与酒店相关的。"关键词"为"工作过程导向"的学位论文有39篇,但没有一篇涉及酒店或旅游。"主题"为"工作过程导向"的学位论文有52篇,但"主题"为"工作过程导向+酒店"的学位论文仅3篇,均为近五年所撰写。工作过程导向方面的学位论文,绝大多数是关注某专业课程开发,少量是关注某一门课程建设的。以酒店工作过程为导向的论文也不例外,但数量极少,而且没有与酒店实习相关的。

3.相关政策文件研究

2002年,国务院《关于大力发展职业教育的决定》提出顶岗实习,即"第3年到专业相应对口的指定企业,带薪实习12个月"。2008年,教育部《关于进一步深化中等职业教育教学改革的若干意见》要求:工学结合、校企合作、顶岗实习,是具有中国特色的职业教育人才培养模式和中等职业学校基本的教学制度,要加强学生职业技能培养,进一步完善学生到企业顶岗实习的制度,努力形成以学校为主体,企业和学校共同教育、管理和训练学生的教学模式。2010年,《国家中长期教育改革与发展规划纲要(2010—2020年)》指出,"职业教育要把提高质量作为重点……实行工学结合、校企合作、顶岗实习人才培养模式"。2007年,《中等职业学校学生实习管理办法》进一步规范了校企合作和顶岗实习管理,为保护实习学生的合法权益提供了政策依据。2012年,教育部发布《职业学校学生顶岗实习管理规定(试行)(征求意见稿)》,提出顶岗实习的组织与计划、过程管理、考核与奖惩、安全与保障等方面的要求和实施办法。2014年,国家旅游局颁布实施了旅游类专业学生饭店实习规范(LB/T031-2014),进一步界定了实习管理中学校、饭店和实习生各方相关职责,并重点对前厅、客房和餐饮等三个部门的岗位要求进行了细致描述。2016年,教育部等五部门发布《职业学校学生实习管理规定》(教职成〔2016〕3号),对实习组织、实习管理、实习考核和安全职责进行了规定。

然而,这些政策文件中,没有任何文件对学生实习期间的学习内容有描述,至多对学生实习岗位有所涉及,更遑论关于酒店实习内容方面的规定了。

(二)国外相关文献研究概况

根据对ProQuest Dissertations & Theses学位论文全文库查阅,"标题"含"hotel"的学位论文有152篇,但标题含"hotel"+摘要"practice"的检索结果仅为9篇,且主要关注酒店管理的其他方面,与酒店实习相关的极少,仅其中1篇谈及"training"(Ho-Dac, Dieu-Anh. How are hotel managers utilizing the training evaluation tools available to them? Iowa State University, Apparel, Educational Studies and Hospitality Management, 2012.)。

"标题"含"hotel"且"摘要"为"training"的相关论文有16篇,标题含"hotel practice"的学位论文有30篇,均主要关注酒店管理者的培训,涉及实习生培训的基本没有。

"标题"含"workflow"的学位论文有103篇,"标题"含"workflow-based"的学位论文虽有3篇,但没有一篇与酒店相关。

（三）国内外相关文献研究综述

现有的期刊、学位论文的论文选题、研究方向呈现几个"热与冷"的明显反差：

1.就实习管理方面，提出实习问题热，反思问题根源冷。因为从选题来看，关于"酒店实习"的期刊论文多从心理学、管理学的角度，从学校、酒店的视角，探讨酒店实习生管理，未能把握实习过程中学生出现问题的基于教学内容方面的成因，对实习内容在学生实习过程中的管理所起的作用分析不够；而关于"实习内容"的论文的选题，多为实习内容本身的选择、实习方法、实习模式及实习考核方面。

2.在"实习阶段在职业教育的教育功能"研究方面，理论性的模型、机制建设类的研究热，实证性的资源建设类的研究冷。从选题上看，探讨酒店实习教学的期刊论文主要涉及实习教学的模式和机制建设，并主要以高职和本科的实习教学为主，多停留在理论研究层面，这就造成了现有的研究普遍不接地气，不能实际解决实习教学内容欠规范、不成体系的问题。

3.在课程、教材建设中，"工作过程导向"热，在酒店职业教育中尤其是酒店实习教学中的应用冷。工作过程导向这一方法被广泛应用于职业教学类的课程及教材建设中，可以说较为成熟和成功，但无论在期刊还是学位论文中，"工作过程导向"+"酒店"都呈现较冷态势，说明在酒店职教中的应用还不够广泛。

以上的这些"热"与"冷"的反差，说明在酒店行业当中，职业教育实习内容开发缺位，而且这种缺位是不合理的。

可见，本课题如能顺利进行，将可以填补职业教育实习内容开发的缺位，如果能揭示实习教学内容建设的教学功能在实习管理中的重要性，则对职业教育领域的实习管理还具有现实意义和推广价值。

同时，正是由于文献资料中相关研究匮乏、材料欠缺，开发酒店实习技能技术要点的过程就需要依赖实证研究，紧贴行业企业实际，以实际调研的结果为主要参考依据，用事实来说话。

三、基本概念与理论基础

（一）基本概念界定

1.工作过程

工作过程是指完整的工作进程，即工作任务是怎样被完成的。德国劳耐尔教授指出，工作过程是"在企业里为完成一件工作并获得工作成果而进行的一个完整的工作程序"，是"一个综合的、时刻处于运动状态的、但结构相对固定的系统"。工作过程的核心要素包括：劳动者、工作对象、工作工具、工作方法和工作产品。这些要素相互作用，并在特定的工作情境下完成预期的工作成果之后，工作过程随之结束。

2.工作过程导向

工作过程导向，是指为达到工作目标而采用的行为逻辑结构的一种管理学思想。这种理论认为，在主体需求与环境条件相适应的过程中，产生了问题以及为解决问题所具备的功能，明确的预期目标与能够达到的效果之间的偏差和缩小差距的路径。

以工作过程为导向的酒店实习技能技术要点开发,则须系统地分析酒店主要部门、岗位的工作过程,全面理解工作过程的要素及工作对象、工作工具、工作方法以及社会、企业、顾客、受教育者、法律或职业标准对工作所提出的要求等。通过分析这些要素,破译出隐含在实际的酒店职业工作中的工作过程知识。

3. 工作过程知识

工作过程知识指包括显性的指导行为的知识(如策略)和非理论知识的隐性知识(或称缄默知识,如经验、诀窍、手艺、技巧),是一种与情境相关的知识,是在实际工作过程中直接获得并需要的知识。

酒店工作过程知识也包括显性的指导行为的知识和非理论知识的隐性知识。酒店实习技能技术要点开发,主要以与酒店职业活动紧密联系的、与岗位工作情境相关的工作过程知识为主,以陈述性知识为辅,即以实际应用的经验和策略的习得为主,以适度够用的概念和原理的理解为辅,并以要点的形式进行梳理。

4. 酒店

据《旅游饭店星级的划分与评定》(GBT14308-2010),饭店是"以间(套)夜为单位出租客房,以住宿服务为主,并提供商务、会议、休闲、度假等相应服务的住宿设施,按不同习惯可能也被称为宾馆、酒店、旅馆、旅社、宾舍、度假村、俱乐部、大厦、中心等"。本研究中的酒店沿用此定义。

5. 实习

实习,一般泛指把学到的理论知识应用到实际工作中去,以锻炼工作能力。本研究中指顶岗实习,是指到专业对口的现场直接参与服务过程,综合运用本专业所学的知识和技能,完成专业对口的生产任务,并进一步获得感性认识,掌握操作技能,学习企业管理,养成正确劳动态度的一种实践性教学形式。

(二)理论依据

1. 建构主义理论

它强调学生是学习活动不可替代的主体,在学习活动中,学生具有主动选择、发现、思考、探究、应答、质疑的需要与可能。在实习过程中,学校和企业应起组织者、指导者、帮助者和促进者的作用,充分发挥学生的主动性、积极性和首创精神,最终达到使学生有效地实现对当前所学知识的意义建构的目的。

2. 多元智能理论

它倡导学校在教学及评价时应善于看到学生的智能优势,强调在人才培养过程中应突出学生强项等,努力挖掘学生的潜在智力。在顶岗实习过程中,学校和企业应用此理论采用合适的教育方法区分对待不同的学生,并正视同一学生对不同学习内容的学习效果差异,充分使每位学生在新的学习环境(酒店)和学习领域(顶岗实习)发现自己的优势,争取好的实习成绩。

3. 情境学习理论

它认为学习不仅仅是一个个体性的意义建构的心理过程,而更是一个社会性的、实践性的、以差异资源为中介的参与过程。酒店实习是学生参与真实情境与实践、与他人及环境相互作用的过程,是培养学生参与实践活动能力、提高社会化水平的过程,也是一种适应酒店文化及获得酒店企业认可的过程。

4.需求层次理论

马斯洛的需求层次理论提出,了解员工的需要是应用需要层次论对员工进行激励的一个重要前提。在实习生管理过程中,实习生在不同酒店中、在不同部门中、不同时期的实习生以及酒店中不同的实习生的需要(包括学习需要)充满差异性,而且经常变化。因此,管理者应该经常性地用各种方式进行调研,了解实习生未得到满足的需要,然后有针对性地进行激励。

5.系统理论

系统定义为,由若干要素以一定结构形式联结构成的具有某种功能的有机整体。系统论认为,整体性、关联性、等级结构性、动态平衡性、时序性等是所有系统的共同的基本特征。酒店实习是一个涉及多部门、多环节、多知识、多技能、多方法、多情景、多层次、多领域的有机综合的系统。

6.设计导向的职业教育思想

设计导向职业教育思想的核心理论是:在教育、工作和技术三者之间没有谁决定谁的简单关系,在技术的可能性和社会需求之间存在着人为的和个性化的"设计"空间。设计导向的酒店实习内容不局限在技术的功能方面,而是把技能技术发展作为一个社会过程来看待,让学生对酒店技能技术有一个全面的理解。

四、研究方法与研究步骤

(一)研究方法

1.文献研究法:借助数据库和网络资源,查阅近年来关于酒店实习方面的有关文件以及国内外相关研究的成果,开展对酒店实习方面的定性分析和研究。

2.调查研究法:通过实地跟岗调查,梳理各主要业务部门主要岗位群的主要工作任务及其技能技术要点,并进行系统的分析论证,检验要点库的科学性与合理性,并据此调整,最终形成主要岗位群的技能技术要点库。

3.个案研究法:追踪研究某一职业院校、某一酒店某一部门的顶岗实习生的实习教学情况,收集、记录个案材料,为形成科学合理的酒店主要岗位群的技能技术要点库提供参考。

4.归纳法:根据定性、定量和比较研究与论证,总结归纳以工作过程为导向的酒店实习技能技术要点开发与应用的模式。

(二)研究步骤

本项目按照"实地调研——理论分析与研究——总结归纳与建议——实践检验与推广"的思路进行研究。具体研究步骤为:

第一,实地调研,首先选择酒店一个主要业务部门——客房部,通过调研,梳理客房部主要岗位群的主要工作任务及其技能技术要点,并进行系统的分析论证,检验要点库的科学性与合理性,然后加以增删调整,最终形成客房部主要岗位群的技能技术要点库。

第二,在理论研究与经验研究的指导之下,开发客房部主要岗位群的技能技术要点库资源,形成包括要点内容、学习方式、培训进度安排、考核方式等在内的客房部网络资源库,并在酒店实习生培训中进行测试、试用、调整与运用。

第三,开发客房部主要岗位群的技能技术要点配套教材,细化实习岗位的知识技能要点,并对这些要点的具体学习时间、培训与考核的方式加以明确,使实习阶段的学习内容和习得的情况更加具体化、清晰化,使实习生能不折不扣地掌握实习岗位的所有知识与技能。

第四,对项目开发应用情况进行阶段总结,并将客房部主要岗位群的技能技术要点资源库及教材进行推广运用,获取相关运用情况资料,为下阶段开发提供资料和素材。

第五,完善客房部主要岗位群的技能技术要点资源库及教材,开发酒店其他主要业务部门主要岗位群的技能技术要点资源库及配套教材,并进行应用、总结和推广。

五、项目研究的主要过程

(一)组建团队,确定研究思路,启动项目研究

首先,组建项目工作团队。本项目负责人为广东省旅游职业技术学校董家彪校长,团队中校方主要成员有曾小力副校长、酒店专业部邓敏主任、朱小彤老师和郝臻老师,其中邓敏全面具体负责;企业方主要成员有杨结总经理、人力资源部许洁超经理、冯盼盼主管、区雪娇副经理和前厅部汤少鹏经理。以此形成首期项目研发团队。

其次,确定整体研究思路。经多次协商,本项目拟按照"实地调研——理论分析与研究——总结归纳与建议——实践检验与推广"的思路进行研究。具体为:其一,通过实地调研,对酒店现行实习教学情况摸底,把握目前第三年学生实习基本情况,对存在的问题进行梳理和总结,尤其是对实习教学内容、计划、实施及评价等问题进行深度调研;其二,在理论研究与经验研究的指导之下,提出工作过程导向下的酒店实习技能技术要点开发的技术路径和方法,并进行实践验证;其三,总结提炼酒店实习教学的规范并进行推广。

再次,明确第一阶段工作路线。由于饭店原已初步形成了工作岗位要点库,因此第一阶段的研究主要走理论——实践——理论的路线,采用访谈法、实证法、调查法,对现有要点库的内容进行系统的分析论证,检验要点库的科学性与合理性,然后加以增删调整,最终形成新的工作岗位要点库。

最后,启动培训要点库开发的实际工作。广东省旅游职业技术学校派出专业老师朱小彤为第一阶段研究项目负责人,以客房部为例,于2013年3月至2014年6月赴南沙大酒店开展实地调研,投入项目研究工作。饭店方的第一阶段研究项目负责人为冯盼盼,参与者有邓敏、曾小力、许洁超、冯毅彬和区雪娇。

(二)实地调研,梳理客房部实习技能技术要点,形成一期成果

课题组首先在饭店的培训部查阅、熟悉工作岗位要点库,了解其运作的原理,然后到客房部实地调查工作岗位要点库实际应用情况,走访督导层管理人员和一线员工、实习生,掌握调整要点库的一手资料。然后,课题组系统整合高星级饭店运营与管理专业校内学习阶段教学内容和到酒店实习期间实习生培养内容要点,以此为基础编写创新、实用教材和电子培训系统。具体开展了以下工作:

1. 规范培训要点

(1)规范命名培训要点。原有的要点库较为粗糙,要点的命名比较随意,课题组首先对

培训要点进行了规范。

（2）审核要点内容构成。主要根据岗位工作需求与员工素质要求来确定内容，即只有是从事客房岗位工作所必须具备的、员工身上应体现的知识和技能，才把它列到要点库里边来。

（3）培训实施的时间（次序）的确定。在培训要点的安排次序方面，课题组主要根据岗位技能需求的轻重缓急和人才成长的规律加以安排，使得实习生在接受培训、掌握岗位工作所需知识、技能时，符合其认知的规律，并能逐步渐次掌握知识与技能，随时间推移、接受培训的增加而承担越来越多的岗位任务（见图1）。

2.划分、界定校企双方各自承担的内容

开发酒店实习技能技术要点库的目的是通过要点库划分、界定学生在校学习与企业实习时接受培训的不同内容，这些内容应各自归属校方或店方负责传授。

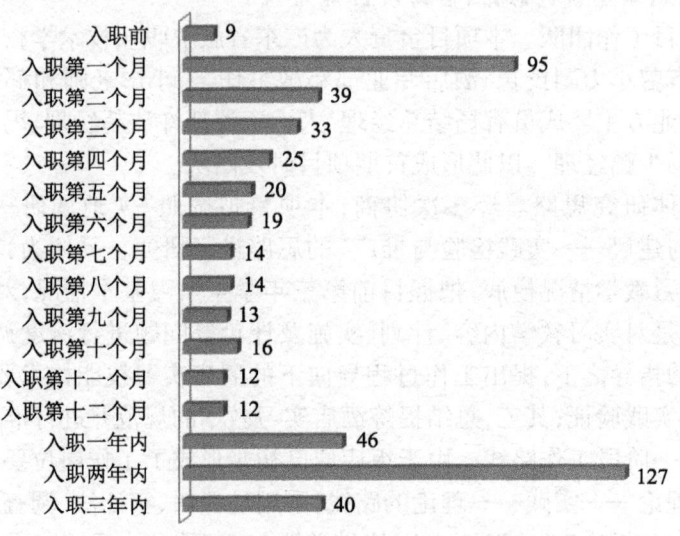

图1　经优化后各月份培训要点数目

可以看出，虽界限明了但同时也连接吻合。课题组界定培训要点库内容主要从以下几点考虑：

一是知识类。知识类的内容一般可由学校完成。

二是通用与专门。根据培训要点属于通用还是专门性的，进行这样的界定：酒店行业内共通的，由学校完成；各酒店独有的，由酒店完成。

三是入门与提高。根据人才由生手——熟手——能手——高手的成长规律，校内部分的教学倾向于培养学生入行，成为行业生手，后续的提高课程则主要由酒店来完成。

3.实地调研，决定要点库内容的增删和具体教学安排

课题组朱小彤老师在客房部展开实地调研，对员工和实习生进行了采访，征求他们对要点库内容及其运作的意见，观察培训要点库在实际应用中的得与失，由此决定要点库内容的增删，对要点库的培训方式、考核方式等做出规定，并将其与全国数字化资源库客房课程进

行比对,进一步将在校教育内容与在店培训内容有效区分但又做到无缝连接。

经课题组几个月的努力,完成了客房部主要岗位群技能技术要点库的开发,总结形成了一个包含了五个类别、共 590 个培训要点的培训资源库,其中核心部分岗位培训要点有 368 个。

4. 一期成果汇报

酒店实习技能技术要点库第一阶段开发项目于 2013 年 3 月正式开展运作,期间广泛听取来自院校、饭店同行的意见,数易其稿,最终于 6 月底形成较为成熟的酒店客房部实习技能技术要点库。

2013 年 7 月 2 日在南沙大酒店举办了酒店实习技能技术要点库阶段成果汇报会。在会上,听取了合作开发的步骤和阶段性成果后,广州地区饭店行业协会秘书长李帆评价要点库的作用:通过要点库的安排,学生在校的学习已经掌握基本技能,马上可以上手,节约了大量的培训成本与时间。南京旅游学院冯明副院长评价:校企合作开发教育—培训对接的培训要点体系,中职走在了高职前面,是利校利店的好事。专家们的意见既是对开发培训要点库课题的肯定,同时也为合作项目推进提供了发展的思路。

(三)开发客房部配套教材,初步完成酒店实习培训软件开发

根据第一阶段成果汇报专家意见,课题组修订了要点库,确定于 2014 年 12 月前完成两项物化成果开发:一是整理出版酒店客房部实习培训一体化教材;二是与软件开发公司合作,开发酒店岗位实习电子培训系统。

2013 年 9 月,启动客房部实习技能技术要点库开发项目配套教材《客房部实习生:从生手到能手》的研发工作;2013 年 12 月底,教材初稿基本形成;2014 年 1 月,校企双方共同对教材初稿进行了评审,提出了修改建议;3 月底,教材完成修改,4 月联系出版事宜,5 月完成校稿,6 月由北京旅游教育出版社正式出版。

2014 年 9 月,学校启动与软件开发公司合作,开发酒店岗位实习电子培训系统。2014 年 12 月,初步完成了酒店实习培训软件系统的开发,实现了对实习生培训情况的电子化管理,使学校可以实时远程监控学生的实习情况。

(四)开发前厅部实习技能技术要点库、配套教材、软件平台系统及数字化资源

2015 年 1 月,中国旅游中职教育七金联合体(简称"七金")成立大会在广州举行。会上,七金对《工作过程导向下的酒店实习技能技术要点开发与应用研究》课题项目的立项和后续开发达成了诸多共识,并形成了《酒店实习技能技术要点开发与应用项目研发推广意见》,进行了阶段成果推广。为推进项目开展,在组织机构的设置上综合考虑成员的代表性、专业性和权威性,成立了由项目技术支持公司(广州蓝豆软件科技有限公司)、企业专家(南沙大酒店总经理)、学校专家(七金成员校校长)组成的项目推广工作小组,共同为项目的实施出谋划策。其中,董家彪任课题组长,每校分管教学的 1 名副校长和杨结任课题副组长,曾小力任课题常务副组长,杨书帆负责课题技术支持,邓敏负责课题业务总协调,课题成员由每校负责实施的项目负责人 1 名、每家企业人力资源部负责实习生培训及管理的负责人 1 名及郝臻组成。课题研发采取多项并进、同步开展策略。

1. 开发前厅部主要岗位群技能技术要点库,编制配套实习培训教材

前厅部主要岗位群技能技术要点库及配套教材研发项目由广东省旅游职业技术学校郝

臻老师负责。2015年3月至7月,郝臻到南沙大酒店进行实地考察和专家访谈,搜集并分析了酒店内训资料,走访督导层管理人员和一线员工、实习生,了解前厅部的岗位设置、关键岗位工作职责、工作流程及管理制度等情况,完成对前厅部技能技术要点的规范、归纳和整理,总结形成了一个包含了五个类别、共1176个培训要点的前厅部主要岗位群技能技术要点库,其中核心部分岗位培训要点有875个。

2015年4月至9月,项目组进行了前厅部实习技能技术要点库配套教材《前厅部实习生:从生手到能手》的研发。2015年6月底,教材初稿基本形成;7月22日,南沙大酒店、广东省旅游职业技术学校、山东旅游职业学院的代表在南沙大酒店共同对教材初稿进行了评审,调整了教材框架;9月底,教材完成修改。10月联系出版社协商出版事宜,11月完成校稿,11月底正式出版。

2.成立专门研发小组,开发本项目配套的数字化教学资源

成立以朱小彤主任为项目负责人的研发小组,进行酒店实习培训一体化系统平台搭建和数字化教学资源开发,以此为主要研发内容,成功申报了广东省教育厅《高星级饭店运营与管理一体化实训室数字化课程学习系统》课题(2015年2月申报,4月获批),2015年12月完成验收和结题。

3.酒店实习技能技术要点开发与应用项目一期成果的应用推广

2015年3月,正式启动酒店实习技能技术要点开发阶段成果推广应用。首先,针对项目特点制订严密的项目实施方案和项目工作流程,并将推广意见和共识写进协议。其次,为保证联络通畅,推广过程中找准对接专人,建立项目推广联络平台。如七金成员学校每校指定负责实施的项目负责人1名,经调研确定合作意向的企业,每家企业的人力资源部负责实习生培训及管理的负责人为联络专人。为解决沟通不畅的难题,项目组专家还克服地域遥远、舟车劳顿的困难,奔赴各地(6月海口、8月成都、9月北京、10月苏州、11月深圳)与成员学校、意向企业商定洽谈、解答疑惑,以助顺利签订协议。协议签订后还通过远程或实地支持的方式为成员学校及实习企业安装酒店客房部培训软件和端口,提供技术咨询与监测,指导校企实习培训一体化的实施。

2015年7月26日,借助中国旅游中职教育七金联合体研讨会在成都举行之机,召开了由各成员学校校长、项目课题主要研究人员和酒店专业主要骨干教师30多位参加的项目实施专门培训会,推进项目实施,以便各成员校顺利有效推进本项目。

4.全面开发酒店实习培训系统平台,监测项目运行,完善酒店实习培训平台系统功能

2015年1月,委托蓝豆软件科技有限公司全面开发酒店实习培训系统平台,使酒店管理一体化实习平台系统实现三大功能:一是实习生管理,包括实习生个人信息管理、实习培训知识要点列表、实习课程计划安排、实习任务进度记录、手机收发并查看课程信息等;二是客房部实习课程模块,包含客房部实习课程要点体系,课程要点可添加、编辑文字、图片内容等;三是学习进度跟踪,包含形成个人学习档案、呈现学习知识体系、实时记录学校进度及评分等。

在平台使用和检测过程中,为了完善平台的功能、规范专业实习管理,同时也为了方便使用者操作和使用,项目工作组召集技术专家、实习管理人员、实习教师等人员组成验收小组,收集关于平台的反馈意见,将意见整理后反馈给开发公司,从而推动了蓝豆软件科技有

限公司关于实习培训平台的开发。

2015 年 7 月 1 日,验收小组对酒店管理一体化实习平台项目一期工程进行了专项验收。按照之前提出的修改意见,系统完善了学校端编辑功能及有关权限,新增了学生端网页浏览功能,基本实现了双方协议中对该系统项目一期工程的功能要求。本次验收加快了酒店实践技能要点开发与应用项目研发推广项目的进程,推动该平台在七金联合体成员学校和广东旅游职教集团成员企业中的应用。

2015 年 11 月 11 日,验收小组对酒店管理一体化实习平台项目二期工程进行了验收。在原有的基础上,新增了部分功能模块和操作,主要有:(1)针对不同的教学内容制定课程要点,含课程要点可添加 PPT、文档形式的附件;(2)网络视频资源在线播放,含链接播放指定的教学视频资源;(3)制订实习计划;(4)发起实习任务;(5)随时查看学生实习情况;(6)建立学生实习档案;(7)在线课程交流答疑;(8)在线作业布置、提交、检查等。同时,验收小组提出完善系统平台的要求。

(五)项目成果中期汇报,专家诊断与后续研究

2015 年 12 月 4 日,由广东省旅游职业技术学校牵头七金校及合作企业申报立项的全国旅游行指委课题《工作过程导向下的酒店实习技能技术要点开发与应用》在广州进行项目中期检查。项目中期检查评审的组长为全国旅游职业教育教学指导委员会秘书长、北京第二外国语学院教授韩玉灵,评审专家有北京市外事学校校长、高级讲师田雅莉,沈阳市旅游学校校长、教授级高级讲师仲涛,海南省旅游学校校长、高级讲师冯树祝,另有上海旅游专科学校原副校长、教授朱承强进行了项目书面评审。出席中期评审的还有南沙大酒店杨结总经理、七金校各项目组组长及主要参与老师。专家们认真听取了项目汇报,对项目研究过程及已取得的阶段成果予以充分的肯定,中期检查予以通过,同时对项目的后期研究提出了中肯的建议。

专家们一致认为,本项目旨在研究高星级饭店运营与管理专业顶岗实习教学,重点研究了开发工作过程导向下的酒店主要实习岗位技能技术要点及其培训考核方法、实习教学资源库和实习教学管理平台,从而解决当前职业院校在学校教育与酒店岗位要求之间脱节的问题,并对中职本专业实习期间的学习做了规范,存在着非常重要的研究价值。

同时,专家们对已完成项目进行了中肯的评价,认为"本项目按照工作项目任务安排,按时完成了实地调研,梳理了客房部、前厅部主要岗位群工作任务和技能要点,完成了酒店实习培训一体化系统平台的搭建和数字化资源的开发,并开发完成了配套教材。从中期已完成的实习实训平台系统,包括课件资源管理、网络交互视频、课程系统研讨、教学资源等研发成果看,推广和应用效果较好,已较好地达到了当期本项目申报的要求和目标,已经产生了良好的阶段性成果"。

专家们还对下一步本项目研究工作提出建议:提高研究视角和高度,力争经过系统研究,向国家教学成果的要求靠拢;继续深化研究,通过对中期项目运行成效的观察、反馈,在此基础上进一步完善;加大推行与应用力度,现已有平台,并提供了规范,应尽快推广应用,使中职酒店专业实习中体现工作过程导向,提高学生培养质量;项目组按工作任务按时按质完成项目研究,达成预期研究成果。

根据中期检查专家意见,本项目于 2016 年 1 月始,进行已完成资源的系统运行,并于

2016年4月启动酒店餐饮部的要点库开发,同时进行资料收集与结题准备。

六、主要研究成果

(一)客房部主要岗位群技能技术要点库

开发完成的客房部主要岗位群技能技术要点库包含入职培训、岗位业务培训、交叉培训、管理培训和语言培训等五个类别,共 590 个培训要点,其中核心部分岗位培训要点有 368 个(见图 2),包括知识类、标准类、操作程序类、管理程序类、案例分析类等(见图 3 至图 5)。

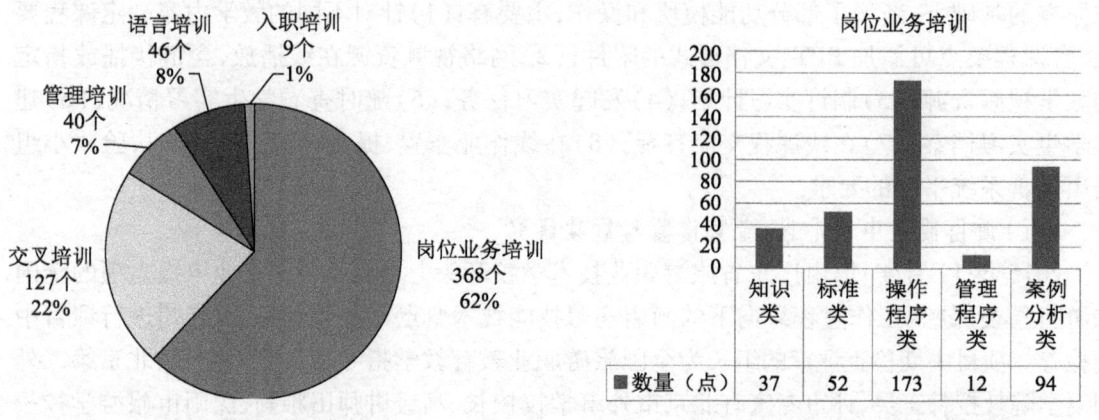

图 2　客房部培训要点库　　　　　图 3　客房部岗位培训要点构成

编号	培训目录	课时(分钟)	受训对象1	受训期限
Part4: 管理程序类 Management Procedure				
Part5: 案例分析类 Case Study				
NGH/T-HK-OJ-C-001	楼层有火情的处理	15	员工/实习生	第一个月
NGH/T-HK-OJ-C-002	客人报失处理流程	15	员工/实习生	第一个月
NGH/T-HK-OJ-C-003	客人突发疾病处理	15	员工/实习生	第一个月
NGH/T-HK-OJ-C-004	操作过程不小心弄坏设施设备的处理	15	员工/实习生	第一个月
NGH/T-HK-OJ-C-005	打扫房间时客人回来的处理	15	员工/实习生	第一个月
NGH/T-HK-OJ-C-006	客人房门打开(虚掩)的处理	15	员工/实习生	第一个月
NGH/T-HK-OJ-C-008	客人在房间使用电器的处理	15	员工/实习生	第一个月
NGH/T-HK-OJ-C-015	临时停电的处理	15	员工/实习生	第二个月
NGH/T-HK-OJ-C-016	客房内死亡的客人的处理	15	员工/实习生	第二个月
NGH/T-HK-OJ-C-030	客人带宠物(动物)入房间的处理	15	员工/实习生	第四个月
NGH/T-HK-OJ-C-031	客人已到楼层发现重复开房时的处理	20	员工/实习生	第四个月
NGH/T-HK-OJ-C-073	伤、病客人的处理	15	员工/实习生	第九个月
NGH/T-HK-OJ-C-074	客人未认领失物的处理	15	员工/实习生	第十个月

图 4　客房部主要岗位群技能技术要点库

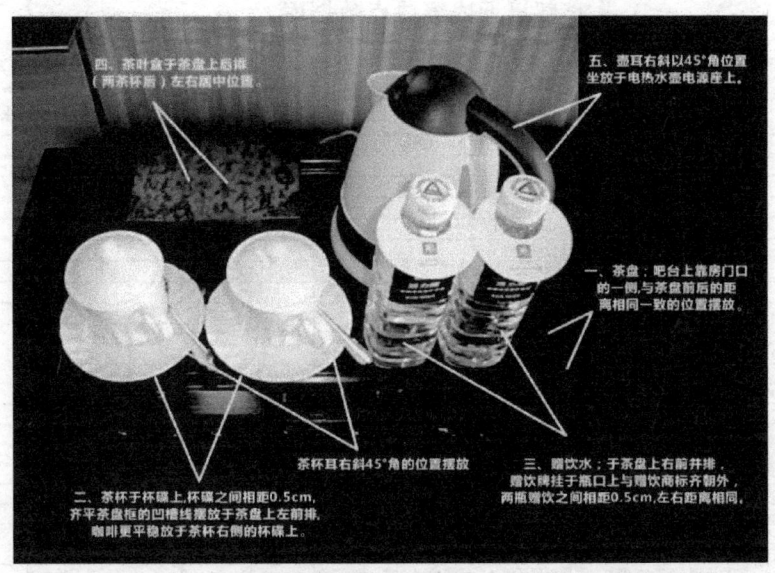

图5 客房部主要岗位群技能技术要点库(示例)

(二)前厅部主要岗位群技能技术要点库

开发完成的前厅部主要岗位群技能技术要点库包含入职培训、岗位业务培训、交叉培训、管理培训和语言培训等五个类别,共1176个培训要点(见图6),其中核心部分岗位培训要点有875个,包括知识类、标准类、操作程序类、管理程序类、案例分析类等(见图7至图9)。

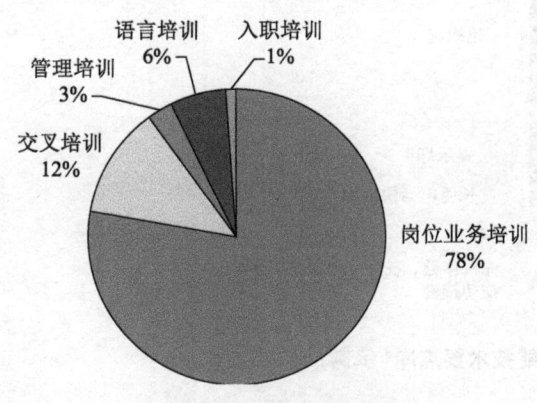

图6 前厅部培训要点库

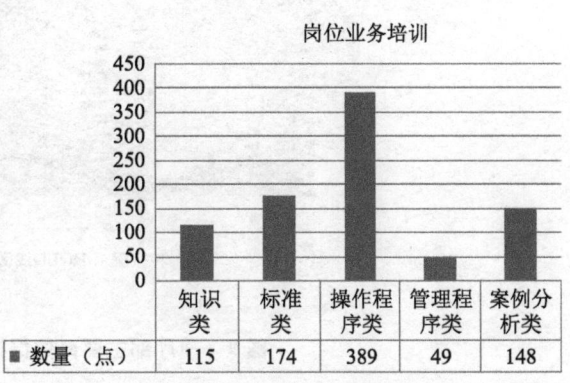

图7 前厅部岗位培训要点构成

礼宾部培训内容要点数据库

要点编号	要点分类	要点名称	课时（分钟）	培训方式				
				自学	实操	讲授	跟班	班前班后会
NGH/T-O-001	入职培训	南沙及南沙大酒店及各部门业务情况介绍	90			√		
NGH/T-O-002	入职培训	酒店规章制度	90			√		
NGH/T-O-003	入职培训	酒店服务礼仪	90			√		
NGH/T-O-004	入职培训	服务意识	60			√		
NGH/T-O-005	入职培训	有效沟通方法与技巧	60		√	√		
NGH/T-O-006	入职培训	酒店安全管理	60			√		
NGH/T-O-007	入职培训	消防安全知识及实操	60		√	√		
NGH/T-O-008	入职培训	观看酒店介绍DV	30			√		
NGH/T-O-009	入职培训	参观酒店	60		√			
	岗位培训							
NGH/T-FO/CN-OJ-K-001	岗位培训/基础知识类	礼宾部介绍	20			√	√	
NGH/T-FO/CN-OJ-K-002	岗位培训/基础知识类	部门组织架构图1	10			√	√	
NGH/T-FO/CN-OJ-K-003	岗位培训/基础知识类	与相关部门（分部）的协作关系	20			√	√	
NGH/T-FO/CN-OJ-K-004	岗位培训/基础知识类	部门工作区域介绍	20			√	√	
NGH/T-FO/CN-OJ-K-005	岗位培训/基础知识类	行李生岗位职责	10			√	√	
NGH/T-FO/CN-OJ-K-006	岗位培训/基础知识类	楼层平面图、房型、房价	20			√	√	
NGH/T-FO/CN-OJ-K-007	岗位培训/基础知识类	参观全酒店	60		√			
NGH/T-FO/CN-OJ-K-008	岗位培训/基础知识类	常用内线、外线和快捷键号码	20	√		√		
NGH/T-FO/CN-OJ-K-009	岗位培训/基础知识类	对讲机的使用方法	5		√	√		
NGH/T-FO/CN-OJ-K-010	岗位培训/基础知识类	打包机的使用方法	10		√	√		
NGH/T-FO/CN-OJ-K-011	岗位培训/基础知识类	电子称的使用方法	5		√	√		
NGH/T-FO/CN-OJ-K-012	岗位培训/基础知识类	酒店内部资讯（介绍、地点、营业时间、收）	20	√		√		
NGH/T-FO/CN-OJ-K-013	岗位培训/基础知识类	周边地区饮食、娱乐及康体资讯	20	√		√		
NGH/T-FO/CN-OJ-K-014	岗位培训/基础知识类	周边景点及公司简介	10	√		√		
NGH/T-FO/CN-OJ-K-015	岗位培训/基础知识类	周边交通路线简介	20	√		√		
NGH/T-FO/CN-OJ-K-016	岗位培训/基础知识类	新资讯、新业务的培训	15			√	√	
NGH/T-FO/CN-OJ-K-017	岗位培训/基础知识类	节假日、黄金周、交易会的业务培训	20			√	√	
NGH/T-FO/CN-OJ-K-018	岗位培训/基础知识类	系统瘫痪时的应急预案培训1	10			√	√	
NGH/T-FO/CN-OJ-K-019	岗位培训/基础知识类	南沙风情游	180		√			
NGH/T-FO/CN-OJ-K-020	岗位培训/基础知识类	礼宾部主管岗位职责	20			√	√	
NGH/T-FO/CN-OJ-K-021	岗位培训/基础知识类	礼宾部经理岗位职责	20			√	√	

图8 前厅部主要岗位群技能技术要点库

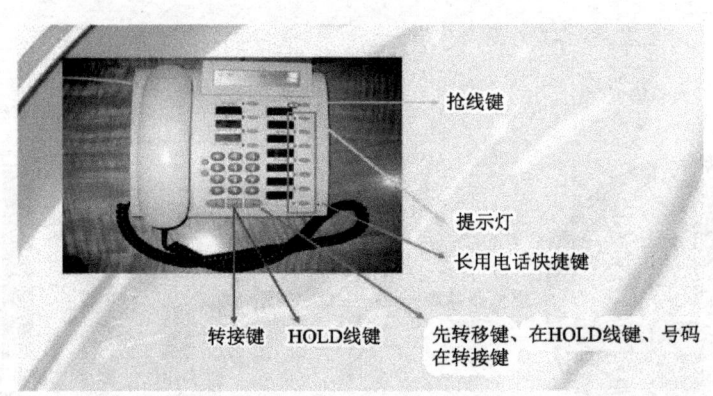

图9 前厅部主要岗位群技能技术要点库（示例）

（三）客房部主要岗位群技能技术要点库配套教材《客房部实习生：从生手到能手》

客房部主要岗位群技能技术要点配套教材《客房部实习生：从生手到能手》（13.3万字）于2014年6月由北京旅游教育出版社正式出版。该教材共分为六章，分别为：第一章客房部岗位培训要点；第二章客房部及客房基础知识；第三章客房清洁与保养；第四章楼层对客服务；第五章客房安全保卫；第六章突发事件及典型案例。其中第二章至第六章每章都分为在校学习内容回顾、在岗培训内容和培训检阅三个部分。

该教材呈现三个特点:一是教材由校企合作开发,以南沙大酒店的内训资料为基础构建要点库,实践性和实用性强;二是立足于实习阶段的学习,是一本专注实习生的教材,以把学生在实习期内由"trainee"培养成为"senior"为目标,全面涵括一年的实习期内学生在酒店实习部门(客房部)应掌握的培训要点;三是内容安排上循序渐进,与实习阶段的知识技能需求、由浅到深的难易程度高度吻合,给出培训时间、方式、培训导师等的建议,还引导学生结合自己所在的实习酒店进行学习,可操作性强。该教材还将学生从生手成长为一名资深客房服务员在校和在酒店具体应掌握知识和技能以《客房部岗位培训要点细目表》的形式加以呈现。该表将客房部工作所需的知识与技能分三级罗列,其中三级目录具体到客房部各工作要点,共达390个细点,且每个细点均注明其习得途径。不仅可对接学生在校教育与在店培训,继续指引学生的成才之路,还明确学生在实习阶段的学习内容和习得状况,可资检验学生的实习成果。

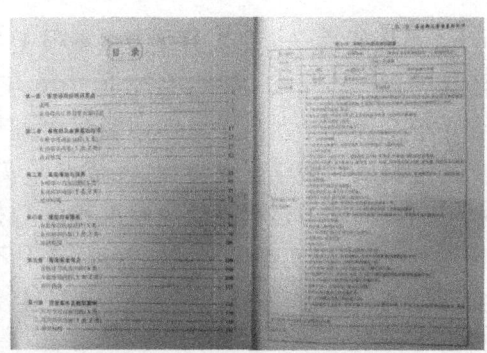

图10 客房部主要岗位群技能技术要点配套教材《客房部实习生:从生手到能手》

(四)前厅部主要岗位群技能技术要点配套教材《前厅部实习生:从生手到能手》

前厅部主要岗位群技能技术要点配套教材《前厅部实习生:从生手到能手》(18.1万字)于2015年11月由北京旅游教育出版社正式出版。该教材共分为6个模块,分别为:模块1预订服务,模块2礼宾服务,模块3入住登记服务,模块4收银服务,模块5前厅其他服务和模块6前厅基础管理,并以项目—任务方式呈现内容。

该教材将前厅部实习技能技术要点分为三级,共321个细点,且每个细点均注明其习得途径。该教材在延续了同系列教材——《客房部实习生:从生手到能手》的框架特色和功能导向的基础上,具有新的特点:一是研究团队力量雄厚,校际合作更加深入,其编写人员由"七金"各成员学校和广州南沙大酒店等相关饭店企业人员组建,均为饭店前厅部资深管理人员和具备丰富教学经验及实习指导经验的骨干教师,共15人,成员所在地域代表广泛,教材的代表性和普适性大大增强;二是以项目为导向、任务为引领,提炼了前厅部典型的实习工作任务,它以项目为导向将零散的岗位技能技术要点进行了分类和整合,从而增加了教材的针对性和条理性,同时,以任务为引领,创设了工作情境并进行分析,达到学生自测的目的,并配以服务常用语(中英文)供学生在实习工作中参考和使用;三是根据专业顶岗实习新标准,对技能技术要点培训的时间、方式、指导人员等给出了具体建议,引导学生自学、企业导师培训和学校教师教授。

图11　前厅部主要岗位群技能技术要点配套教材《前厅部实习生:从生手到能手》

(五)酒店管理一体化实习平台系统及数字化资源开发与使用推广

酒店管理一体化实习平台系统于2016年4月完成全部预期开发,实现了预期的功能。该平台系统全面科学落实学校实习教学管理要求,为学生掌握实习中的知识技能打下坚实基础。通过将实习教学任务量化,规范专业实习活动,落实实习工作,自动生成学生实习档案,为学校教学、实习过程提供完整准确的数据记录,从而对实习效果的评估提供依据。通过该实习平台,可以实现以下工作管理:针对不同的教学内容制定课程要点;制订实习计划;发起实习任务;随时查看学生实习情况;学生实习档案一目了然;在线课程交流答疑;在线作业管理。

图12　酒店管理一体化实习平台系统(1)

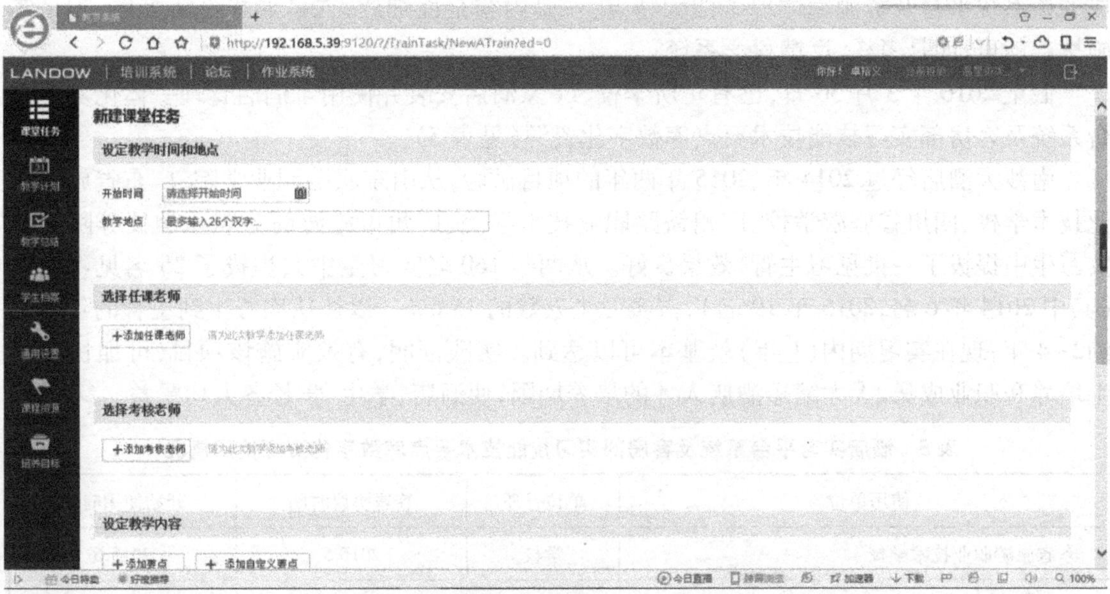

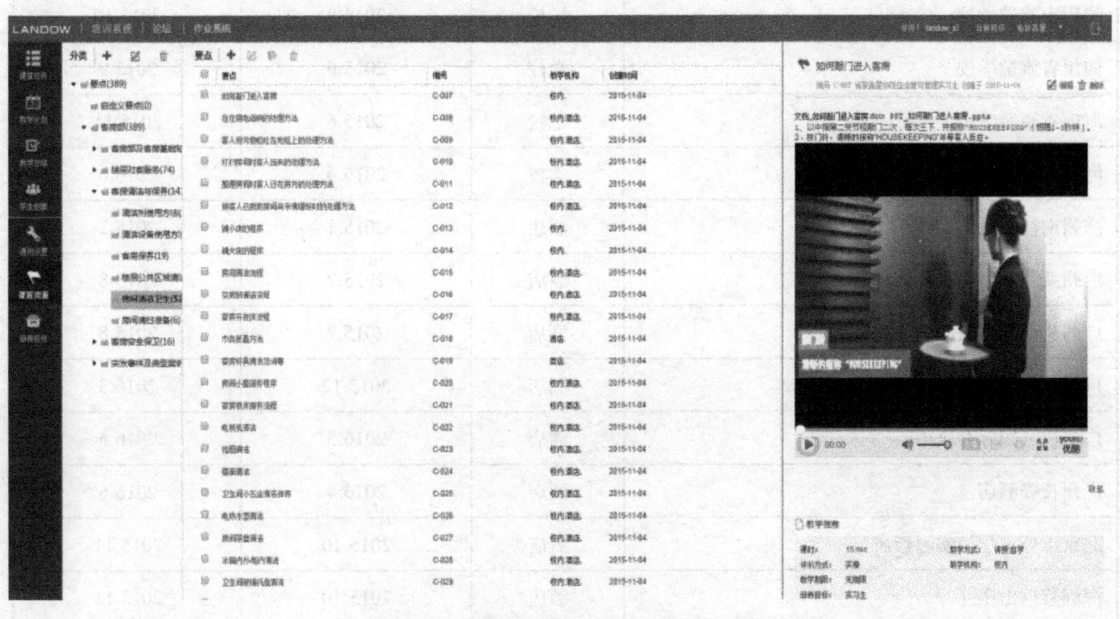

图13 酒店管理一体化实习平台系统(2)

图14 酒店管理一体化实习平台系统(3)

客房部实习技能技术要点库数字化资源于2015年1月启动开发,于2015年6月全部完成在酒店管理一体化实习平台系统的上传;前厅部实习技能技术要点库数字化资源于2015年12月启动开发,于2016年6月全部完成在酒店管理一体化实习平台系统的上传。资源主要包括基本课程素材、教师教学视频资料(含讲授和实操)、教学课件、数字教材等。已完成的该系统平台及资源库体现了四大特点:一是内容全面细致;二是形式灵活多样;三是实施按部就班;四是考核、反馈科学系统。

截至2016年5月30日,已有7所学校、11家酒店安装并使用了酒店管理一体化实习平台系统及客房部实习技能技术要点库数字化资源(见表5)。

南沙大酒店经过2014年、2015年两年的项目试验,从山东旅游职业学院,广东省旅游职业技术学校、四川省旅游学校、广州铁路职业技术学院、广州市旅游商务职业学校等院校的实习生中提拔了一批见习主管,效果良好。从两年160名实习生中共提拔了25名见习主管(其中2014年6名,2015年19名),占实习生人数的15.6%。以往从实习生到主管的年限大约2~4年,现在实习期内(1年)就基本可以达到。实践证明,有效实施该项目,可加快实习生培养和职业成长,大大缩短酒店人才的培养期限,使酒店、学生、学校各方均受益。

表5　酒店实习平台系统及客房部实习技能技术要点库数字化资源使用情况

使用单位	单位性质	签署协议时间	开始使用时间
广东省旅游职业技术学校	学校	2015.5	2015.6
北京市外事学校	学校	2015.9	2015.10
苏州旅游与财经高等职业技术学校	学校	2015.8	2015.10
沈阳市旅游学校	学校	2015.8	2015.10
四川省旅游学校	学校	2015.6	2015.9
海南省旅游学校	学校	2015.6	2015.11
海口旅游职业学校	学校	2016.4	2016.6
广州南沙大酒店	酒店	2015.1	2015.2
广州翡翠皇冠假日酒店	酒店	2015.7	2015.8
广州机场铂尔曼酒店	酒店	2015.7	2015.8
广州新白云宾馆	酒店	2015.12	2016.3
广州白云国际会议中心	酒店	2016.3	2016.5
广州长隆酒店	酒店	2016.4	2016.6
北京市外事学校实习饭店	酒店	2015.10	2015.11
深圳紫荆山庄	酒店	2015.10	2015.11
苏州金鸡湖大酒店	酒店	2015.10	2015.12
成都瑞城名人酒店	酒店	2015.9	2015.11
海南省旅游学校实习酒店	酒店	2015.11	2016.3

(六)《工作过程导向下的酒店实习技能技术要点开发与应用研究》项目研究报告

《工作过程导向下的酒店实习技能技术要点开发与应用研究》项目研究报告(2万字)全面系统地梳理了本项目研究情况,包括标题、摘要、关键词、正文、参考文献、附录及成果汇编等。其中正文内容包括七部分,分别为:第一部分问题的提出;第二部分国内外相关文献综述;第三部分基本概念与理论基础;第四部分研究方法与研究步骤;第五部分项目研究的主要过程;第六部分主要研究成果;第七部分项目研究问题与展望。

七、项目研究问题与展望

无论从理论研究还是实证研究方面看,《工作过程导向下的酒店实习技能技术要点开发与应用研究》项目几无前人经验可循,是一个全新的课题,研究范围涉及校、企双方,研究内容涉及酒店诸多业务部门诸多岗位群的主要工作事项,只能边研究边试用,边推广边反馈,试误与研究并行。尽管迄今已完成本课题申报的所有研究内容,但未能在课题期限内将学生实习的所有业务部门全部研究完成。此为本研究项目的一个遗憾。

鉴于此,本研究将以现有研究为基础,继续后续研发工作,完成酒店所有业务部门实习技能技术要点的开发。同时,将现有研究成果进行进一步梳理,形成科研论文并公开发表,丰富现有相关理论研究的成果,并供参考借鉴。

项目名称:行业协会参与职业院校人才培养质量评估体系研究
项目编号:LZW201502
项目负责人:侯兴起
项目负责人所在单位:山东旅游职业学院

行业协会参与职业院校人才培养质量评估体系研究

一、绪论

(一)研究背景

随着国际化竞争加剧和产业转型升级步伐的加快,职业教育服务产业、服务就业的功能越来越突出。而当前职业教育还不能完全适应经济社会发展的需要,尤其在教育质量上还不能适应时代发展的要求。2014年6月习近平总书记专门就发展现代职业教育做出重要批示,国务院对加快发展现代职业教育做出重大战略部署,颁发《关于加快发展现代职业教育的决定》。该《决定》指出,要"深化体制机制改革,统筹发挥好政府和市场的作用,加快现代职业教育体系建设,深化产教整合、校企合作,培养数以亿计的高素质劳动者和技术技能人才"。《决定》在谈到"激发职业教育办学活力"时对行业协会参与职业教育做了明确要求,指出要"加强行业指导、评价和服务。加强行业指导能力建设,分类制定行业指导政策。通过授权委托、购买服务等方式,把适宜行业组织承担的职责交给行业组织,给予政策支持并强化服务监管。行业组织要履行好发布行业人才需求、推进校企合作、参与指导教育教学、开展质量评价等职责,建立行业人力资源需求预测和就业状况定期发布制度"。行业协会在职业教育中的地位越来越受到重视,发挥的作用规划的也越来越清晰。

我国职业教育办学机制主要是政府主导、行业指导、企业参与。20世纪90年代末期以后,特别是近十年来,行业协会在我国职业教育中发挥了重要作用。从认识上看,行业协会参与职业教育的重要性和必要性已成为全社会的共识;从实践上看,行业协会参与职业教育的广度、深度、频度都在与日俱增。但在新的历史时期,随着国家加快现代职业教育体系建设,行业协会的角色更加重要,职业教育对行业协会的参与需求更加迫切,行业协会需要重新审视自己的角色定位,以创新的精神和思路,实现职能转变。

本研究从职业教育体制中行业协会入手,通过理顺其职能,探究行业协会如何作用于职业教育,并深入剖析行业协会参与职业教育的实质以及给职业学校教育所带来的机遇和挑战,从而为行业协会和职业教育共同发展,相互促进提出相应措施和建议,为政府决策、行业协会自身建设、职业院校提升人才培养质量建言献策。

(二)国内外研究综述

行业协会作为市场经济发展的必然产物,它是市场经济主体为了表达自身的愿望与要求,维护共同的经济利益和社会利益而组成的行业自律性、非营利性的社会团体法人,具有协调市场各行业主体的合法利益、提高市场配置资源的效率和维护市场经济运行秩序的功能,是市场经济体系的重要组成部分。行业协会是建设我国现代职业教育体系的重要力量,是连接教育与产业的桥梁和纽带,在促进产教结合,密切教育与产业的联系,确保职业教育发展规划、教育内容、培养规格、人才供给适应产业发展实际需求等方面,发挥着不可替代的作用。在当今世界的职业教育发展中,西方发达国家都形成了具有自身特色的职教体系,力求充分发挥行业协会在职业教育中的作用,并取得了很大成就,同时,其在人才培养质量评估和控制方面取得了不错的效果。在大力发展职业教育的大背景下,借鉴国外先进经验,建立适合我国国情及现状的行业协会在职业人才培养中的作用机制,促进职业教育的发展,具有重要的理论意义和现实意义。

1.国外关于行业协会对职业院校人才培养体系方面的研究

国外相关研究主要从两个方面展开:第一,宏观层面的研究,主要进行典型国家和地区行业协会的职能研究及比较,如把行业协会作为并列于市场部门与政府部门的第三大部门,以弥补市场失灵和政府失灵现象,Paola Pezrez-Aleman(2003)将行业协会的职能定义为市场补充功能和市场提升功能;第二,微观层面的研究,即某一行业各协会的职能研究,如德国Schneiberg 和 Hollingsworth(1990)以工商领域协会为例,认为行业协会功能主要包括:一是形成行业市场治理的规范;二是规范协议及交易程序;三是发挥资源配置功能;四是发挥监督、规则实施、减少冲突以及促进成员选择的功能;五是展开游说,联合政府部门制定和实施政策、协助政府管制经济和实施援助计划;第三,微观层面的研究,即研究某一行业协会的具体职能,如 Henri Pirenne(1985,1987)和 Greif(1994)认为,协会具有规制性的职能,即通过制定规约和处罚制度来规避因只顾及短期利益的机会主义行为而造成的行业内整体利益的损失风险。

2.国内关于行业协会参与职业院校人才培养评估体系方面的研究

我国行业协会随着30多年的改革开放,规模和力量不断壮大,并且在职业教育中发挥的作用不断加大。很多知名学者对行业协会参与职业教育的方式进行了研究:倪筱琴(2002)指出:行业是职业教育的重要指导者和组织者,行业的存在要依附行业协会,要依托行业发展职业教育,所以不可避免地要使行业协会参与到职业教育中来。刘晓强、王锋(2004)指出:"在当前的职业教育管理体制下,积极发挥行业组织的作用就能够有效解决当前职业教育管理中的问题,从而促进职业教育的快速发展。"包呼和(2006)认为,"高职院校产学研结合之路、走校企合作是搞好教育的基本途径,因此高职院校必须协调好与行业协会的关系,充分发挥中介作用,搞好专业建设,提高办学质量与效益"。蒋庆斌、曹根基(2007)认为:"行业协会在企业发展中起着重要的协调沟通作用,行业协会的参与将进一步推动产学研结合、校企合作。"黄龙威提出,"只要是政府办职业教育,产学研道路永远也走不通,所以,职业教育的产学研结合,除了财政经费、宏观管理等政府理应承担的职能外,现实的许多职能都可交由行业协会来履行"。

还有部分学者对国外行业协会与职业教育结合的成功经验和启示进行了研究,比如刘玉林(1998)等的《德国的人力资源开发行业协会与职业教育》,陈小莉(2006)的《瑞典、法国和德国职业教育考察报告》，冯旭芳（2009）等的《德国企业参与职业教育的动因及其对我国的启示》，韩国平、程贵妞（2007）的《行业协会参与下的职业教育运行机制分析》，郭雅娟（2012）的《国外高等职业教育人才培养体制改革的经验及启示》，王辉（2015）的《加拿大行业协会参与职业教育机制研究与启示》，等等。

对国内行业协会与职业教育结合现状的相关研究主要有以下几位，顾继虎（1999）的《行业和企业参与职业教育的职责》，黄晓军（2003）的《我国行业协会的现状与未来》，卢金燕的（2011）《行业协会在职业教育中的作用研究》，邓志新、万守付（2015）的《行业协会参与职业教育校企合作的模式创新》，等等。

但目前我国的职业教育仍存在诸多问题，如多头管理，政府管理中条块分割，职业院校投资体制不完善；职业教育办学思想错位，缺乏行业指导，专业重复设置；经费不足；职业学校教师仅有理论水平，缺乏操作能力等。在我国当前的职业教育背景下，行业协会以何种方式参与职业教育，才能使职业教育符合经济发展的要求，也是需要探究的。

3.行业协会参与职业院校人才培养评价体系的研究

当前学者对行业协会和职业教育的研究主要集中在如何参与上，对人才培养评估方面的研究较少。当前对职业院校的人才评估制度的研究主要有：朱泓（2010）指出，国际上有影响的高等教育评估模式有三种：认证模式（accredit）、评审模式（assessment）和审核模式（audit），我们国家采用的是政府主导的评审模式；陆春阳（2010）主张借鉴国外经验，让第三方参与职业教育人才培养质量评价；张建国（2013）提出了工学模式下的人才培养指标体系，构建了"学校、企业、社会"三个一级指标体系；顾珊（2014）建议采用CIPP评价模式（决策导向评价模式）分析法，对技工院校人才培养质量进行评价。牛志虹（2014）明晰了高职院校人才培养的评价主体：高职人才培养质量评价主体主要由教育系统内部评价和社会评价两部分组成。教育系统内部评价主体主要有学校、教师和学生自身三部分；社会评价主体主要有行业企业、毕业生及学生家长和独立性的社会评价机构三部分。

行业协会在高职人才培养质量评估中的地位和作用在以往的研究中不明晰，作用不突出，这对职业教育的发展带来不利的影响。

（三）研究意义

在当今大力发展职业教育的大背景下，探讨行业协会在职业教育中的职能具有重要的理论意义和现实意义。本研究是在系统阐述职业教育市场化倾向的背景与趋势的基础上，对行业协会参与职业教育的职能进行分析研究，力图密切政府、企业、职业院校之间的合作，以期为我国职业教育未来的走向提供参考。

1.理论意义

国内关于行业协会的研究多倾向于政府职能与行业协会职能的相关研究，在少数研究行业协会参与职业教育职能的文献中，只概括性地总结了行业协会在职业教育中所发挥的作用，并没有深入探究。本研究在大力发展职业教育的大背景下，对行业协会参与职业教育的职能尤其在职业院校人才培养质量评估制度方面进行模型设计，在质量监控和质量评估两个方面对人才培养进行制度性探讨，对于提升职业教育人才培养质量具有一定的理论意义。

2.实践意义

在政府转变职能和大力发展职业教育的背景下,充分发挥行业协会的作用,消除现存的问题和障碍,通过理顺其职能,探究行业协会如何作用于职业教育,并深入剖析行业协会参与职业教育的实质以及给职业学校教育所带来的机遇和挑战,从而为行业协会和职业教育共同发展,以期建立一个共赢的人才培养模式,提出相应措施和建议,为政府决策、行业协会自身建设、职业院校提升人才培养质量具有重要的意义。

(四)研究方法、思路及内容

1.研究方法

(1)文献研究法

文献研究法是所有理论研究中最常使用到的方法,其基本的方法是根据研究目的、研究内容的不同,对与研究主题相关的内容进行文献检索,从而确切地掌握所要研究主题的研究状态、研究重点以及前人的研究方向等。通过对相关文献的检索能够及时地调整研究的方向,确定研究的重点,等等。

(2)比较法

比较法是指在一定标准的基础上,将两个或两个以上的具有某种特定联系的事物放在一起进行考察,找出差异性和同质性,进而总结规律得出结论的一种方法。比较法的运用能够使人们更加清晰地认识到事物之间的差异性,并根据事物的一致性得出结论,形成规律。

(3)统计法

统计法是运用相关图表对收集到的数据资料进行相关的统计分析,使之更加清晰明白问题所在,真实了解当前行业协会参与职业院校人才培养质量评估情况。

(4)数理分析法

本研究运用模糊层次分析法(FAHP),利用该方法将定性与定量有效结合,把调查问卷结果定量化,构建人才培养质量评估体系,找出关键问题所在,为后期政策、建议的制定提供帮助。

2.研究思路

问题是科学研究的实践起点,而概念则是论题展开的逻辑基础。本文首先提出问题,说明选题的现实意义,然后从概念界定入手,了解国内外关于课题的研究现状,在前人研究的基础上全面分析行业协会的内涵,界定本文研究的相关概念,介绍行业协会与职业教育发展之间的关系,进而对我国职业教育发展中行业协会的作用进行概述,在综合国外发达国家行业参与职业教育人才培养模式的基础上分析比较国内外存在的差异及差距,指出我国存在的不足,存在问题的原因,进而提出新的解决方案。在整篇文章的叙述中,重点在于阐释行业协会在职业教育人才培养中的角色、地位、作用及责权利分析,但与此同时,整篇文章将紧紧围绕"四位一体"这个大的主题,不仅探讨行业协会自身也着重强调其与企业、政府、学校之间的交叉重叠关系,以期建立一个共赢的人才培养模式。

3.研究内容

第一部分为绪论。这是本研究的引言部分。阐述了问题的缘起和研究的目的及意义,阐明行业协会等相关概念,综合呈现国内外学者的相关研究,从而确定研究内容、研究方法与研究思路。

第二部分为行业协会参与职业教育的理论基础研究。这是本研究的基石。随着职业教育市场化的发展,如何处理和协调市场化进程中的政府、行业协会、企业与职业院校的关系的问题急需解决,通过借鉴国际经验发现,引入行业协会对职业院校人才培养制度不仅有利于密切政府、企业与职业院校的关系,而且对职业教育的发展具有积极的促进作用。

第三部分与第四部分为行业协会参与职业院校人才培养质量制度。这是本研究的重点、难点,也是研究的主体。从行业协会在职业教育中的定位着手,确定职业院校人才质量评估的框架,并在此基础上来分析研究行业协会在职业院校人才培养质量评估制度的过程、方法以及运作形式。质量评估是行业协会参与职业教育质量保障最主要的途径。行业协会以其专业性为基础,坚持价值中立原则,广泛搜集质量评估信息,研究并制定客观、合理、公正的质量评估指标体系,并以此为依据对职业教育进行客观的质量测评,并将评估结果向社会公布。这有利于克服单纯由学校组织或政府评估产生的主观性和片面性,从而实现对职业院校教育质量的实时跟踪监控,真正促进职业教育健康良性发展。

第五部分为结论和建议。通过对行业协会参与职业教育职能研究的系统分析与辩证思考,不难发现市场机制的注入给职业教育带来的活力与发展,但同时应该警惕完全市场化所带来的危机与挑战,从而促进职业教育的良性可持续发展。

二、行业协会在职业教育人才培养中的作用和形式

(一)行业协会的基本问题

1.行业协会的基本内涵

要厘清行业协会的基本内涵,首先要对行业的概念以及行业的基本分类有所了解。《辞海》一书中对行业一词的解释为"职业的类别"。实际上,对于行业的基本内涵我们可以将其置于经济领域中从宏观和微观两个层面进行理解。从宏观上来说,行业是构成国民经济的重要部分,按照生产经营项目的不同,种类的不同,所提供服务性质的不同以及所服务对象的不同划分为不同的行业;从微观上来说,行业是凌驾于企业之上的对不同企业进行归类后的经济组织形式,是对组成国民经济众多企业的归类,将宏观和微观经济有机联系在一起,反映的是中间层次的经济结构。2011年,我国最新修订的《国民经济行业分类》中对行业做出如下定义:"行业(或产业)是一类从事相同性质经济活动的单位的集合。"我国自古以来就有"三百六十行,行行出状元"之说,这里所说的"行"实际上就是现代意义上的"行业"。不同国家行业的分类是在国际行业分类标准之下具体制定符合本国国情的分类标准。在我国,行业的分类是丰富的。据国家统计局2011年最新修订的《国民经济行业分类》显示,我国共有包括租赁、住宿、交通运输、计算机服务、电力、软件、地质勘查、公共管理、金融、批发、社会保障、农林牧渔、餐饮业、国际组织等共计二十个门类,98个大类,980个中类,9800个小类。当然,随着经济交往的更加频繁,分工的日益细化,行业的分类也会越来越细,行业协会正经历着从低级到高级的进化和发展过程。

尽管在我国,行业协会的发展已经初具规模,但由于研究视角不同,个人主观因素的限制等,理论界对行业协会的概念并没有形成统一的认识。一般而言,对行业协会基本内涵的

理解主要包括以下几个方面：(1)它的建立和发展不以营利为目的；(2)行业协会是同行业企业为共同的利益自愿成立的；(3)它以服务于行业内的企业作为自己的宗旨和追求；(4)行业协会是一种非官方组织机构；(5)商品经济的产生、萌芽和发展成为行业协会产生与发展的最大动力；(6)依法登记和成立成为行业协会成立的基本条件。

2.行业协会的发展脉络

行业协会的产生与发展与市场经济的发展密不可分,当年清政府商部发布《行业协会简明章程》,规定"凡属商务繁盛之区"可设"商务总会","商务稍次之地"可设"分会",并将以前所用"商业公所"名称一律改称为"行业协会",由此"行业协会"之称在我国正式运用。

新中国成立以后,组建工商业联合会,接管旧行业协会,改组同业公会,新的同业公会执行公私兼顾、劳资两利、城乡互助、内外交流的政策,在宣传教育、工商调整、劳资协议、完成税收,城乡物资交流,协助政府发行公债,举办公益事业,以及推动私营工商业接受社会主义改造等方面,都起了积极作用。社会主义改造完成以后,计划经济体制建立,同业公会自行解体。

改革开放以来,社会主义市场经济体制建立,使行业协会重新迸发了生机和活力。伴随着政府管理体制的不断改革,行业协会的发展也经历了四个阶段：

第一阶段兴起于20世纪80年代初期,国务院颁布《国民经济行业分类和代码》,使行业组织的发展走上规范化的道路。与此同时,还成立了一系列的行业协会。

第二阶段兴起于20世纪80年代末,政府机构改革进一步深入,撤销了行政性公司,包括省市二级行政性公司,又兴办了一大批行业组织。

第三阶段发端于1993年,党的十四届三中全会确定了建立社会主义市场经济体制的决定,政府转变职能,建立小政府大社会的改革目标促进了协会的进一步发展。

第四阶段发生于1997年,党的十五大明确提出要培育和发展社会中介组织,朱镕基前总理在国家机关党的第十三次会议上指出：必须尽快培育和发展行业协会,使行业协会的作用真正得到发挥,并承担起政府转移出去的一些职能。

3.行业协会的功能

一般而言,由于对行业协会基本内涵界定的侧重点的不同,目前学术界尚未就行业协会的功能的界定达成一致,而是从其不同的角度给予了不同的界定。如康晓光认为行业协会的职能包括代表、沟通、协调、监督、公证、统计、研究和狭义的服务功能；余晖认为行业协会的功能主要体现在信息提供和协调行动两大功能；王民、刘培峰更广泛地概述了行业协会的16个功能,并指出不同行业的行业协会的功能有所侧重,但维护权益、行业自律、公共服务、政策建议这四项是行业协会的基本功能,等等。

综合学者们从不同行业不同角度对行业协会不同功能的确定,本研究认为,行业协会作为经济领域中沟通宏观经济和微观经济的重要中介组织,在遵循特殊性规律的基础上具有一般意义上的普遍性,本研究对行业协会的基本功能进行如下归纳：

(1)代表功能

行业协会的成立是同行业企业为共同的利益自愿组成的,其目的是为同行业企业提供服务,因此,在原则上行业协会就代表着众多同行业企业参与到社会经济活动之中,当与其他社会主体,如政府部门、工商部门或是国际组织等发生联系并产生利益碰撞时,行业协会就能够代表行业内的成员企业反映诉求,追求利益最大化,而在利益受损时作为成员企业的"官方"代言人直接与其他主体交流,从而起到保护成员企业的作用,是行业企业作为一个整体与外界沟通的媒介和渠道。

(2)沟通功能

从组成国民经济各个主体的性质来说,行业协会是一种非官方、非营利性的中介组织。因此,作为中介组织,其最明显的特征就是沟通宏观经济与微观经济,沟通行业企业与其他社会主体之间的关系。换言之,行业协会承担了上传下达的功能,它的存在不仅能够使行业成员及时了解党的路线、方针、政策,最新的行业动态,也能向政府传达行业的共同要求,同时,通过及时向政府上报行业数据,为政府正确决策和科学决策提供依据。

(3)协调功能

行业协会的协调功能主要体现在两个方面:一方面,各行业内成员企业依据行业协会制定的行业规章、行业制度公平竞争,正当经营,依照章程自觉规范行为,维护良好的经济运行秩序;另一方面,行业协会通过协调与政府、其他国家同类行业主体之间的利益冲突,使成员企业在激烈的市场经济中占有一席之地。

(4)监督功能

行业协会的监督功能主要体现在对内部成员的监督上,包括对行业产品和服务质量的监督,对竞争手段和经营作风的监督,对国家政策方针落实情况的监督,对劳动者使用状况的监督,对违法状况的监督,等等。

(二)行业协会在职业教育中的作用

1. 行业协会参与职业教育的管理

行业协会在整个职业教育的产生和发展过程中都扮演着重要的角色,发挥着重要的作用。在职业院校产生之前,职业教育主要以学徒制的形式进行,招收学徒的数量、具备招收学徒的作坊的规模等就成为最初行业协会管理的内容。18世纪末,随着工业革命的进行和机器的大规模使用,工业化对劳动者的素质和数量提出了更高的要求,传统的学徒制的培训技能的方式已不能适应社会发展,职业院校应运而生。一方面,职业院校的发展要接受政府的规划、财政支撑等;另一方面又要接受来自行业组织有关经济形势、用人需求等方面的预测,因此,出现了行业协会与政府共抓共管职业院校的局面。

以职业教育最为发达的德国为例,德国的行业协会在职教发展的进程中具有十分重要的地位。行业协会是"双元制"职业教育运作机制中的关键环节。在德国,行业协会是以地区划分的。凡在某一区域的企业、商会、个体经营者或工商企业界的法人单位,都必须参加本地区相应的行业协会。行业协会的主要任务是保持和维护工商界的信誉。

德国《职业教育法》明确规定:每个行业协会都应设立一个职业教育委员会,作为专业决策机构。其职责是:

(1)组建职教机构。每个职教委员会由雇主、雇员、职业学校教师代表各6名组成,受理行业协会有关职业教育方面的事宜。

(2)制定规章制度。除国家统一规定外,行业协会可根据实际情况,制定补充规定,如培训合同样本、考试规定等。

（3）认定培训资格。企业培训资格的认定包括两个方面：一是企业主本人的素质；二是企业培训的物质条件。前者认定要求：人品合格，没有任何违法前科；专业合格，企业主必须取得与培训职业相关专业的毕业文凭，并具有职业教育和劳动学等方面的基本知识。后者的认定，主要考察必需的培训场所和必要的培训设备情况。

（4）审查培训合同。行业协会有权与任何涉及合同内容的人员接触，如认为合同不符合法律或有关规定的要求，则不予备案。

（5）确定培训时间。"双元制"培训一般为三年到三年半。该时间的确定是基于主体中学毕业生的水平。如果文理中学毕业的学生或有一些专业知识的学徒，则可适当缩短培训时间。另外，因病中止学业或考试不及格而复修等则可适当延长培训时间。此外，对于在企业和学校学习成绩优异者，还可提前参加考试。上述涉及培训时间的决定权属于行业协会。

（6）组织技能考试。在培训期间，行业协会组织一次中期考试，一次毕业考试。为此，行业协会组建考试委员会，公布考试规则，审批考试资格，组织阅卷，处理考试中遗留问题，颁发证书。

（7）仲裁双方矛盾。按照德国《劳动法》规定，在"双元制"职教培训中，如果签约双方在合同问题上出现分歧，应先到行业协会内设的仲裁委员会进行仲裁。如仲裁未果，争议双方可到劳动法庭判决。

（8）监督、咨询。行业协会通过其培训顾问对培训人员和培训场所的资格进行监督，实行动态管理，对资格条件变化的企业采取相应的处理办法。同时，行业协会接受企业和学徒就培训所提出的咨询，并协调学校与企业在教学安排上的矛盾。行业协会教育委员会对职业学校教学中的问题，及时向政府教育部门反映，并进行涉及相应调整的交涉。行业协会之间的协调则由行业协会联系会议解决。

行业协会处于政府和企业之间，他们必须密切关注经济结构调整和培训岗位的变化，密切关注培训质量并及时调整行业教育政策。两德统一后，随着新州市场经济的发展和向知识经济转变，行业协会承担的转岗培训任务十分繁重。教育的市场化进程也在悄然形成，许多培训采取了联邦政府和州政府两级出钱的方式，实行项目招标管理。中标者既可以是行业协会，也可以是私人公司；承担教育任务的公益性协会可以赚钱，但利润除支付工资外，应全部用于公益事业。行业协会有权对私营项目公司进行质量监督。如有异议，可提请劳动部门或项目委托者停止其项目，转由别的公司承担，但培训费用仍由原承办者支付。

与德国相比，澳大利亚行业协会对职业教育的管理就更为全面，具体包括：依据市场、经济发展的形式，解决职业教育中可能出现的一系列问题；对职业教育发展的质量进行控制；依据经济发展的状况制定每年的行业用人需求标准；制定教学大纲、考核标准，等等。

2.行业协会负责职业资格标准的制定

职业资格标准对职业教育而言既是衡量一个阶段学生学习成果达标与否的标志，又是进入职业领域的"敲门砖"，是从业人员在技能、知识等方面通过学习达到的最低标准。一方面，行业协会作为一个由"同一行业内众多企业自愿组成的机构"，在一定程度上了解行业企业的用人需求，掌握从事本行业人员所必需的知识和技能要求，能够反映本行业内大多数企业的实际用人需求，具备制定职业资格标准的资历和条件；另一方面，行业协会也通过制定职业资格标准,为企业提供更能符合企业用人需求的人才,吸引更多的企业参与到职业教育之中来,同时也成为职业院校安排教学计划、制定教学大纲、确定教学内容,及时调整专业设置和课程设置的依据。在澳大利亚,行业组织成立了专门的能力标准委员会负责职业能力标准的开发;在美国,行业技能标准成为联系企业与学校的中间环节,一方面,学校通过技能标准规划课程内容、教学计划;另一方面,通过清晰明了的行业技能标准吸引具有同样技能诉求的企业参与到人才培养之中来。

3.行业协会监督职业教育工作的开展

行业协会连接着企业与学校,用人市场与提供者。一方面,行业协会依据行业内的技术更新、发展重点等的变化对职业教育培养人才的规格和标准提出要求;另一方面,职业教育通过行业协会了解企业用人需求从而制定教学大纲,调整教学计划,确定教学内容。作为人才输入者——行业企业的"代言人",行业协会有权利有义务对职业教育的教学工作进行监督,这主要表现在:(1)监督职业教育课程的开发、课程内容的确定、课程标准的实施等;(2)评价和考核学校的教学质量;(3)通过一定的标准和程序选定行业人员参与学校管理。

4.行业协会参与职业教育校企合作

校企合作作为职业教育的一种有益形式,得到了越来越多的重视。企业通过直接参与职业教育的办学,不仅能获得符合需求的职业教育人才,而且为职业教育的开展注入了新鲜的血液,提供了强大的动力,形成企业与职业院校双向互动的良性循环。首先,企业能够为职业院校提供资金上的支持,这些资金的运用主要包括四个方面:学生学习年限内的生活津贴和社会保险;教师的工资和福利;培训设备的购置;培训教材的购置。其次,企业得天独厚的生产场地、设备和经验成熟的技术人员能够为学校提供实习基地和设备并提供经验性指导。再次,作为市场中一员的企业,能够及时捕捉市场的用人需求,学校通过与企业的交流,不仅能及时了解企业的需求变化,而且能够通过企业了解整个行业的动态,这为专业设置的及时调整,课程设置的变化等提供了帮助。最后,企业能够成为教师进修的最佳之地。虽然社会一再强调需要"双师型"教师,职业教育界的学者也一再陈述"双师型"教师对职业教育发展的重要作用,但是受传统教育观念等的影响,现代职业院校的教师仍然大多数不具备"双师型"教师的资质,拥有大批一线技术工人的企业能够通过对职业教师进行培训,弥补他们在技能和实际操作中的不足,从而提高职业教育的教学质量。

(三)国内外行业协会参与职业教育人才培养的基本形式

行业协会作为一个由行业内企业自愿组成的机构,在组织机构上凌驾于行业企业之上,在职能上指导行业企业更好地参与市场竞争。就行业协会与职业教育的人才培养而言,行业协会一方面从宏观上根据行业的动态、企业的需求指导职业教育做出调整;另一方面又从具体的行为上大力推进行业企业与职业院校的校企合作。一定程度上来说,在市场经济和现代工业背景下,职业教育能否办出特色,很大程度上取决于行业企业参与办学的程度。

1.我国行业协会参与职业教育人才培养的基本形式

在我国,行业协会在政府与企业之间、政府与职业院校之间发挥着桥梁和纽带的作用,是联结政府、企业、职业院校之间关系的重要通道。我国行业协会在参与职业教育人才培养方面主要存在着以下几种形式:

(1) 推进校企合作办学

随着市场竞争的日益激烈,企业需要吸引大量的高素质人才来提高企业的竞争力,职业院校正适应了企业的需求,能够为企业培养和提供拥有技术含量的高素质劳动者,但是由于不同利益主体出发点的不同,与参与学校的课程建设、参与为学校的专业建设提供参考、为学校提供厂房设备等相比,企业更加关注产品、生产和市场的营利程度,无论是职业院校还是企业在校企合作的过程中都存在着主动性较差的问题,校企合作并未真正落到实处,因此,行业协会在校企合作中就发挥着指导、协调和服务的职能,从根本上推动企业参与到校企合作中来。

(2) 成立专家顾问委员会制定专业教学文件

以各职业院校教师代表、行业专家为主体组成的顾问委员会的主要职责,是根据当前经济、社会的发展形势共同研讨制定符合本行业需求的不同类型专业的人才培养标准、专业设置标准、课程开发和选择标准、课程教学指导标准、实习实训基地建设标准、实践性教学和岗位技能训练标准等指导性文件。行业协会负责指导和督促职业院校和企业积极主动地参与到专家顾问委员会关于各类专业教学文件的商讨中来,并将本行业技能标准有效贯穿到教学文件中,通过督促企业高级工程师、高级技师的参与,保证对职业院校毕业生出口质量的有效管理。

(3) 推动行业职业标准、岗位技能标准的制定和推广

职业标准、岗位技能标准应该是从业人员从事某一行业、某一职业的最基本的技能要求。在我国,许多行业协会设立"行业技能标准委员会",并受"国家技能标准委员会"和行业协会双重领导,其职能就是推动技能标准、职业标准的制定和推广应用,建立严格的评估和证书制度,并组织实施职业资格考试等。行业协会通过指导、督促职业院校和其他职业技能培训鉴定机构的职业技能鉴定的全过程,以提高并保证职业资格证书的含金量和社会认可度,并有力推动职业院校的"双证书"制度。

(4) 进行行业职业技术教育的理论研究

职业教育要想快速、稳步、健康发展,必须要有成熟的理论作为依托,而实践是理论的最佳来源,行业协会通过指导参与全行业的经济活动,对企业和职业教育拥有更加宏观的了解和认识,因此,行业协会通过定期举办职业教育理论与实践研讨活动,吸收行业精英、各级院校在职教师、企业高级技工及管理人员、社会研究人员或机构来参与到职业教育理论的研究之中,通过各级各类职业教育相关者对在职业教育实际发展过程中出现的问题、解决的方案以及经验的介绍和系统的归纳总结,为职业技术教育理论的研究提供更加坚实的实践基础。

(5) 为政府进行教育决策和教育立法提供建议

行业协会作为一种非官方的机构,在政府和职业院校之间充当着桥梁和纽带的作用。一方面行业协会能够结合本行业实际需求与学校实际状况,向政府反映学校需求,表达意愿,提供建议,从而影响政府的决策;另一方面,行业协会又能担负执行政府决策的责任,能够帮助职业院校顺利完成政府下达的任务,从而起到缓解矛盾,调解冲突,解决问题的作用。通过行业协会的参与,不仅有利于整个社会系统的良性运转,而且有利于最大限度地发挥学校办学的积极性,实现自主办学。

2.国外行业协会参与职业教育人才培养的基本形式

国外发达国家由于市场经济发展较早，职业教育比较发达，行业协会亦发展的比较成熟，行业协会在整个经济社会生活中占有重要的地位。与我国的非官方组成机构不同，发达国家的行业协会具有极强的管理功能、较高的政治地位和经济地位，在职业教育中占有重要地位，发挥着不可替代的作用，具体参与的形式主要包括以下几个方面：

（1）参与政府立法决策

在西方发达国家中，各行业协会因其掌握着各行各业的整体经济形势、发展动态、未来趋势、人才需求规格标准以及数量等，使其在整个社会经济活动中占有举足轻重的作用。行业协会通过代表会员反映会员要求，并为政府教育立法决策提供意见或建议。事实上，政府也愿意听取各行业协会的想法和意见，已达到制定的法律更加符合实际情况，更加具有可操作性的目的。德国更是在1958年8月1日颁布的联邦各部议事规程第23条中规定，政府各部在制定法令时应请有关协会参加，各协会的有关成员可以在联邦一级的部门中以顾问、专业委员会成员或专家身份参加。由此可见西方国家对行业协会参与政府立法决策的重视。

（2）确定行业用人标准，指导职业院校人才培养

行业协会根据企业生产发展和科技发展的动态需要，负责适时确定用人单位职业岗位人才培养的规格和职业资格的标准，对职业学校提出培养目标和教学要求，并负责组织行业专家、企业人员以及教师编写专业通用型教材，制定职业资格认证标准，开展专业和院校评估，组织职业资格考试和证书的认证及颁发工作，及时对职业教育院校学生进行考核，严把质量关，以确保职业教育质量的提升。

（3）具体参与学校办学

行业协会参与职业学校教学工作的全过程，监督职业教育学校的教学改革，为企业第一线培养所需要的生产技术人员而组织教学。以澳大利亚为例，为了使TAFE的专业设置、培养目标、课程结构、能力标准、教学模式等方面适应行业的需要，联邦政府和各州TAFE的基本框架和重要文件以及具体的课程开发一般都以行业协会为主导制定，由政府颁布。

（4）努力推进校企合作

行业协会利用拥有的会员企业的设备、场地等硬件上的优势，通过尝试建立区域性的拥有先进设备和技术人员的行业技术训练中心，组织区域内的职业院校学生参加实习训练，弥补职业教育院校设备与技术的不足，保证高等职业教育的质量，为本地区本行业发展服务。

3.国内外行业协会参与职业教育人才培养存在的差异

由于我国与发达国家在职业教育发展的历程、发展的原因、发展的重点以及行业协会发展程度等方面的不同，我国行业协会在参与职业教育的程度、规模和范围上与发达国家行业协会仍然存在诸多方面差异，具体表现在：

（1）参与政府立法决策的程度不同

我国行业协会作为一个非官方的自愿组成的机构，就目前而言，显然没有引起整个社会足够的重视，整个行业协会的政治地位、经济地位并不高，管理功能并不完善，甚至在我国尚未颁布正式的行业法规来规范行业协会的权利和义务，行业协会在某种程度上并没有权利

参与到政府的立法决策中,只能通过民间形式反映诉求。而发达国家无论是行业协会自身还是整个社会市场经济的运转都经历了比较长的成长期,更加成熟,行业协会在整个社会中的政治地位、经济地位更加突出,对政府决策的影响力更大,行业协会的呼声在一定程度上影响着政府决策的制定,政府也将行业协会反映的行业诉求积极地反映到政策法规之中。

（2）校企合作中行业协会发挥作用大小不同

虽然一直以来,我国都以各种各样的形式努力推进校企合作的进程,不断提出和形成了诸如订单式人才培养、集团化办学模式、校企共建实习实训基地模式、双师型师资队伍建设模式等为主的校企合作模式,但我国的校企合作仍然停留在以政府为参与的主体、行业协会参与不足的尴尬局面,政府的行政干预力度大,行业协会由于没有实权,参与意识不足、发展机构不够健全等因素的限制而在校企合作中发挥的作用并不明显。相比我国,发达国家的行业协会在校企合作中所发挥的作用就更加突出了,行业协会在社会中占有重要的政治和经济地位,拥有充分的话语权,参与到校企合作的方方面面之中,包括企业资格的认定、职业院校专业设置的调整、校企合作之中矛盾冲突的调解、技能标准和职业资格标准的认定、技能的考核,等等。

（3）行业协会参与人才培养的积极性不同

在我国,虽然有关学者在不断提议加快有关行业协会的立法进程,国家也将行业协会的立法进程纳入到立法规划之中,但实际上,由于没有一部完整的法律法规,我国的行业协会普遍呈现一种散漫、无作为、约束力不强、积极性不高的状态,行业协会在参与职业教育人才培养上自觉意识不够,积极性不高,服务意识弱,对市场重要性认识不足。相比我国,发达国家由于行业协会发展比较充分,拥有相对完善的行业协会法律法规,对行业协会的权限有足够的约束力,行业协会的自觉性也高,更能积极主动地参与到人才培养之中。

（4）行业协会参与人才培养的经费投入不同

我国行业协会经费来源是随着国家对行业协会的重视程度的变化而变化的。起初,行业协会的经费主要来源于相关机构单位的一次性补助,而后其通过自办公司、收取会费加之一部分政府拨款等方式维持正常的运转,经费来源极不稳定,这就使得许多行业协会在实际的运转过程中更多地考虑了本行业协会的正常运转问题而鲜有精力顾及人才培养。而在发达国家中,如德国就拥有多元混合的经费保障体系,有国家资助、企业资助、企业外集资资助、混合经费资助和个人资助这五种资助渠道,其中企业外集资资助中下设行业基金和行业协会基金两个子项目来保障行业协会的各种需求,充足的经费使得行业协会不用考虑自身的温饱而全身心投入到人才培养中。

4.国外发达国家行业协会参与职业教育人才培养的经验借鉴

（1）提高行业协会在政治经济生活中的地位

行业协会作为凌驾于行业企业之上的机构,在对整个行业信息的了解上,对行业动态的掌控上,对企业需求的把握上更加明晰,更加透彻。提高行业协会在政治经济生活中的地位,积极鼓励行业协会在政治立法、经济决策中发挥作用,不仅能够调动行业协会参与社会活动的积极性,而且能够保证国家立法、决策更加符合实际需求,更加具有可操作性。尤其在转换政府职能的今天,政府真正要做到放权、放手,让行业协会在职业教育中有更多的话语权,有权利按照对等原则和市场经济规则开展职业教育服务活动。

(2) 发挥行业协会在校企合作中的作用

推进校企合作的顺利开展是行业协会参与职业教育人才培养最直接的体现。于企业而言,行业协会不仅了解企业的需求,而且能够将企业的需求最大限度地反映给职业院校;于学校而言,行业协会通过了解企业的用人需求和用人标准,能够促进职业院校积极调整专业设置、确定教学内容。行业协会要充分发挥自身的桥梁和纽带作用,及时向学校转达企业的需求,协助职业院校调整人才培养方案、编写教材、调整专业设置等,同时要敦促企业为学校提供实习实训基地、提供厂房设备、资金等,从而促进校企合作的顺利开展。

(3) 充分调动行业协会在人才培养中的积极性

应加快行业协会相关法律法规拟定的进程,保障其功能的发挥,厘清行业协会的权利义务范围,提高行业协会的自觉性和自律意识,强化行业协会对其市场角色的认识,同时,要逐步进行行业协会内部机构和人员的改革,改变行业协会成立之初"官办"行业协会的竞争优势,剔除政府的"保护网",充分调动行业协会在人才培养中的积极性。

(4) 保障行业协会稳定的经费来源和正常的运转

对于行业协会而言,只有解决自身的生存问题才能有充足的精力参与到职业教育的人才培养之中。因此,在实际运作中,无论是政府机构、企业,还是个人都要充分认识到行业协会的重要作用,行业协会在收取会费保障自身的同时,政府可以通过财政补助、企业可以通过提供资金、个人可以通过赠与捐赠等方式支持行业协会的正常活动。

三、行业协会参与职业院校人才培养质量评估模式

(一) 构建原则

行业协会参与职业院校人才培养质量评估模式是一个与外部环境存在密切联系的开放系统。如图1所示。它与其他的创新型人才培养质量评估模式最大的不同,即在于它更强调整合效应,并通过相互之间的积极影响要素(互动性),促使职业院校在专业建设上释放出最大的能量,以推动学校创新型人才的培养,从而达到学校教学管理改革整体效率的最大化。

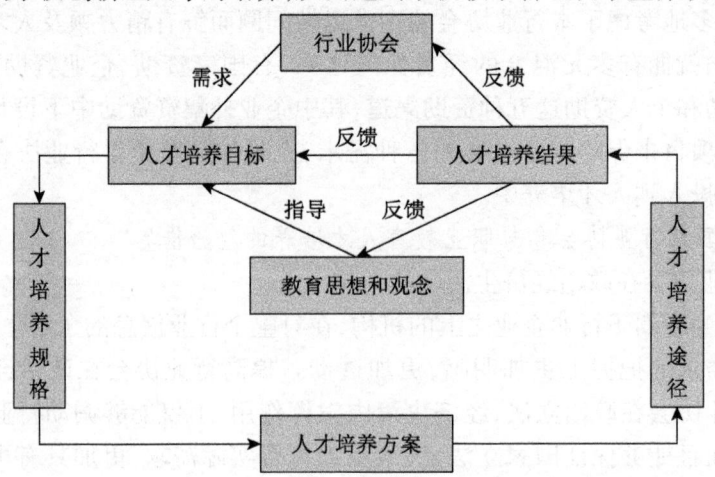

图1 应用型人才培养模式的形成

职业教育人才培养的应用型特征主要由支撑专业培养方向的不同课程来体现,课程是专业最为基础的支撑,专业特色最终都由课程来影响和体现。课程包括名称、课程侧重点、课程案例的取舍、实践基地建设等。其构建的应用型教学体系须遵循以下原则:

1. 教学理念的特色性原则

应用型教学体系的构建应当充分体现职业院校人才培养的特色。理念是指导人们言行的理想和观念,是行动的纲领。应用型教学体系的选择和建构应当代表各行业人才培养的教学理念,符合教育的本质特征,是与行业、企业的生产管理需要相对接的教学操作系统。无论从教育的培养目标、人才培养规格,到教学计划、课程设置的制定,再到人才培养实现的途径看,行业教育都具有产学密切结合的性质和特点。

2. 切合实际的可行性原则

课程的设置要充分考虑行业协会与学校的硬件与软件两方面的条件,如资金实力、师资力量、教学设施、实验实习条件,等等。切合自身需要的、行之有效的模式既要结合自身专业特点、人才培养的需要来加以打造,又要自主探索、总结或在外来模式的启发下进行改造创新。同时还要根据教学环境发展变化的需要,进行适时的调整与更替。只有在具备或经过努力能够具备新开课程的基本条件时,方可开设,否则在教学过程中盲目"求新",极易导致学生一知半解,学不到真本领,缺乏竞争力。

3. 适度超前的优效性原则

行业协会参与的目的就是要使职业院校取得优化的教学效果。科学技术的进步与人类社会的发展均具有一定的周期性,应用型人才的培养也具有周期性。在教学体系构建中,要特别注重社会与市场需求的调研,根据区域社会经济发展规划与政策,合理预测社会对各种人才专业知识结构与能力的需求现状与发展趋势,适度超前开设一定的专业方向课程,不断优化教学功能,满足当前与未来一段时期内社会发展的需要,以免造成人才的短缺或冗余。

4. 系统发展的动态性原则

应用型教学体系构建应是动态的、多元的、开放的,这是由经济和教育本身的发展性、动态性的本质决定的。只有具备动态特征的模式,才能适应装备更新、技术进步、企业发展的需要,其教学方法和手段才能与企业发展的动态契合。职业类专业课程的设置不能简单地将原有课程换名或仅仅是其他课程的拓宽,应当按照系统动态发展的方法,对原有专业课程进行压缩、改造与重组,将专业培养方向新增课程的设置着重放在经济管理学科的交叉领域、与本校优势特色学科交叉领域或边缘领域。

(二)模式构建

1. 人才培养网络中的关系模型构建

在应用型人才培养的网络关系中,学校、行业协会和会员企业分别处于不同环境内。活跃在某一行业微观领域内的众多企业(或个人)基于平等合作的关系,达成共同意愿,组建了行业协会,会员企业与行业协会构成了一个行业内部自治系统。在这个系统之外,行业协会又与学校建立了平等合作的伙伴关系,成为应用型人才培养的网络关系中的另一个环节。它们分别在相互依存的环境中利用各自的资源和优势对应用型人才培养进行操作、监督、管理和使用。显然,行业协会介于会员企业和学校之间,担当着桥梁和纽带的角色(如图2)。

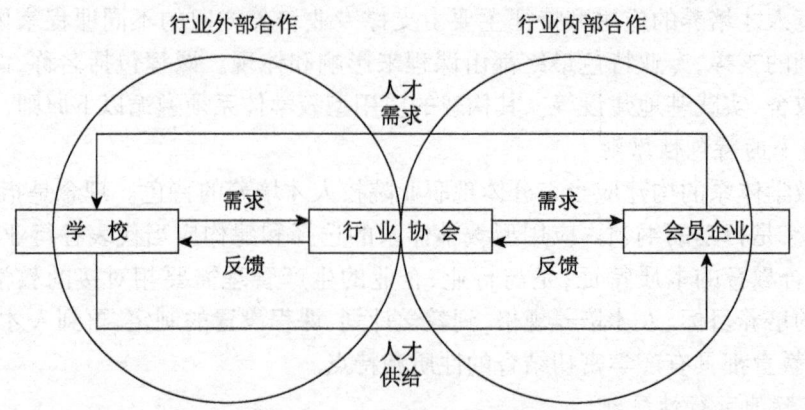

图 2　学校、行业协会、会员企业在人才培养网络中的关系模型

在应用型人才培养的网络关系中，由于行业协会桥梁和纽带地位的确立，使相对联系零散的学校和企业连接起来，形成了一个互动的网络，从而实现网络中众多成员的有效沟通，很好地解决了回应性问题。行业协会由会员企业进行民主的自我管理，所以能在第一时间发现和解决会员企业中存在的人才的培养和使用问题，能清楚地了解并及时地满足会员企业的特殊需求，向会员企业提供公共服务。同时，行业协会与学校建立了平等的合作关系，实现了良好的沟通，所以行业协会可以及时地向学校传递本地区整个行业的人才需求。这样，学校可以将精力主要放在人才培养上，专注于提高人才培养的质量，从而更好地满足行业协会及其会员企业的人才需求。

2.提供人才过程中的关系模型构建

在应用型人才提供的网络关系中，学校与行业协会是通力合作的，实现资源的优势互补，高效地为某一行业的会员企业提供所需人才，从而满足会员企业对不同层次人才（操作层、经营和管理层）的需求（如图3）。

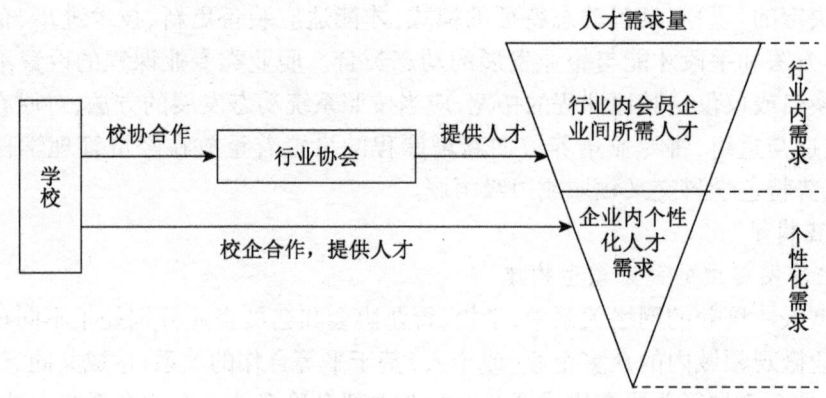

图 3　学校、行业协会、会员企业在提供人才过程中的关系模型

在应用型人才提供的网络关系中，行业协会基于与会员企业的密切合作关系，比学校更

能清楚地了解和掌握行业的需求,并能调动一些学校无法调动的资源(如与行业主管部门的沟通与协调),从而更加充分地满足该行业企业的多种个性化需求。从另一个方面看,行业协会积极参与人才的供给(如联合办学),在一定程度上也与学校构成了一种竞争关系(学生就业),这种竞争关系有利于促进双方降低人才培养成本、提高人才培养效率,进而进一步探索创新型人才的培养模式。

四、行业协会参与职业院校人才培养质量评估方法

(一)行业协会参与职业院校人才培养质量评估指标设计

本项目为研究行业协会参与职业院校人才培养质量评估影响因素,设计相关调查问卷,调查行业协会参与职业院校人才培养质量评估的影响因素。本次调查问卷共发放675份,其中回收有效问卷仅有313份,本文对这313份有效问卷进行了统计分析、效度信度分析、因子分析以及回归分析、相关性分析等。根据效度、信度分析得出,量表设计较好,并通过因子分析得出行业协会参与职业院校人才培养质量评估五个主要影响因子:行业协会与职业院校合作、行业协会与行业企业联系、校企互动平台、行业指导微观考核、行业壁垒。这五个因子为旅游竞争力的一级指标,并根据前面所说的调查问卷与统计分析,得出每一个一级指标对应的二级指标,见表1。

表1 行业协会参与职业院校人才培养质量评估评价指标体系

	一级指标	二级指标
行业协会参与职业院校人才培养质量评估体系	行业协会与职业院校合作	人才培养建设、专业建设、实训基地建设、师资队伍建设
	行业协会与行业企业联系	人才的需求、企业利益、竞争环境
	校企互动平台	企业反馈、人才培养方案、信息交流
	行业指导微观考核	资格标准制定、考核制度体系
	行业壁垒	人才合理流动、资源有效配置

正确制定评价体系的前提和基础就是要选择出有效的评价指标和构建出一套比较完整、相对合理的指标体系。考虑到影响行业协会参与职业院校人才培养质量评估的因子很多,因此在选择指标时,要突出重点因子,选择出对质量评估最有影响的指标。

1.行业协会与职业院校之间加强合作不仅是大力发展职业教育的题中之意,也是充分发挥社会力量办教育的重要体现。

2.行业协会与行业企业之间的关系犹如"母与子"(当然,这里不强调行业协会与行业企业谁先产生谁后产生的问题),行业协会代表行业企业争取权益,反映诉求,奖励进步,但同时又约束行业企业,惩罚行业企业的不当行为。

3.作为两个独立的看似毫不相干的个体,职业院校与企业之间要实现真正的合作需要依靠"第三方"即行业协会的协助。因此,行业协会要搭建校企之间合作互动的平台,实现校企之间的良性互动。

4.行业协会充分发挥宏观指导微观考核功能。我国职业教育在深化教育改革的同时在不断地推进考试方式的改革,也取得了一定的成绩,但不可否认,职业教育作为与经济生活联系最为紧密的一种教育类型,在人才的考核上仍然存在着诸多的问题,需要借助于行业协会、企业等相关机构的协助,以达到人才培养的最佳效果。

5.打破行业壁垒,促进人才合理流动和资源有效配置。古语虽道"隔行如隔山",但在全球化加速发展的今天,各学科、各专业之间的界限不断被打破,出现了一系列新兴学科、边缘学科,行业与行业之间的差别在逐渐缩小,并不断出现跨行、多行合作的新局面,因此,为适应现代社会的发展,融入全球化发展的浪潮之中,打破行业壁垒,促进人才的合理流动和资源的有效配置就成为各行业协会必须面临并克服的新课题。

(二)行业协会参与职业院校人才培养质量评价模型

本研究利用模糊层次分析方法构建出行业协会参与职业院校人才培养质量评估体系,该方法是一种定性与定量有效结合的方法,利用这种方法可以有效地把调查问卷结果定量化,构建出行业协会参与职业院校人才培养质量评估体系。该方法包括层次结构的分解、指标权重的确定以及指标最终排序。

1.模糊层次分析方法(FAHP)原理介绍

模糊层次分析方法(简称FAHP),是利用模糊数学理论,有机地把层次分析方法(AHP)和模糊评价方法结合起来的一种用以解决多目标和多阶段问题的计量方法。应用FAHP方法进行问题分析,采用专家访谈等定性方法,通过FAHP应用步骤,获得最终的模糊综合评价结果。

2.模糊层次分析方法(FAHP)步骤介绍

一般地,应用FAHP进行评价的主要步骤为:

第一,层次结构分解模型的构建。模糊层次分析法通过层次分解力求得到从顶层到最底层可量化的评价指标。

第二,模糊判断矩阵A的获得。判断矩阵A构建的方法是通过对每一层分解的各个元素,依据专家访谈两两成对比较得到判断矩阵。在进行两两成对比较时,采用表2所示的0.1~0.9标度法。

表2 FAHP中的0.1~0.9标度法

标度	定义	解释
0.5	因素i与j同等重要	两元素同等重要
0.6	因素i比j稍微重要	行因素i稍微重要于列因素j
0.7	因素i比j明显重要	行因素i明显重要于列因素j
0.8	因素i比j远远重要	行因素i远远重要于列因素j
0.9	因素i比j极端重要	行因素i极端重要于列因素j
0.1 0.2 0.3 0.4	因素反比较	若因素i和j相比较得到a_{ij},则因素j和i相比较得到的判断为$(1-a_{ij})$

通过每一层元素的两两成对比较,进而可以获得模糊互补判断矩阵 A 的大小,如下所示:

$$A = \begin{bmatrix} a_{11} & \cdots & a_{1n} \\ \vdots & \vdots & \vdots \\ a_{n1} & \cdots & a_{nn} \end{bmatrix}$$

第三,对模糊互补判断矩阵 A 进行一致性检验。一般地,可采用互补判断矩阵 A 中每行的差作为检验标准,若判断矩阵 A 中,其矩阵任意两行的差值为常数,那么满足模糊矩阵一致性条件,如果差值不是常数,就必须进一步修正和调整,直至满足一致性条件,模糊判断矩阵 A 就可转化成一致性矩阵 R。

第四,模糊一致性判断矩阵 R 的转换。记 $r_i = \sum r_{ik}$,采用公式 $r_{ij} = \dfrac{r_i - r_j}{2n} + 0.5$,则可将模糊互补判断矩阵 A 转换成模糊一致性判断矩阵 R。

第五,确定出模糊一致性矩阵 R 各元素的权重大小。

第六,层次总排序。FAHP 评价的最后步骤是层次总排序,这个过程是对总目标下各个方案层权重进行层层汇总,获得评价的综合权重,即把相对权重进行逐层相乘,得到各个元素权重最终的综合排序,也就是子准则的权值大小。

(三)行业协会参与职业院校人才培养质量评估影响因素层次结构分解模型

本文根据调查问卷得出的行业协会参与职业院校人才培养影响因素,构建层次结构分解模型,见图 4。

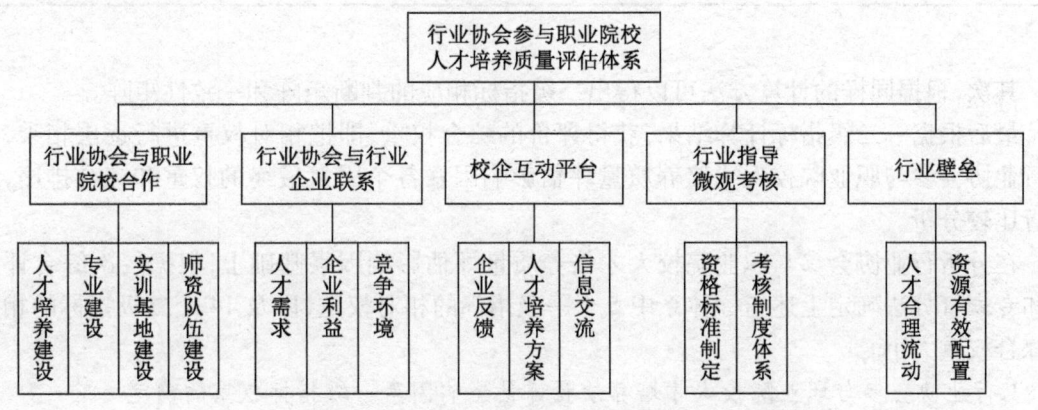

图 4 行业协会参与职业院校人才培养质量评估分解模型

指标权重确定:首先根据专家打分法,得出行业协会参与职业教育质量评估影响因素一级指标的判断矩阵 A,如表 3 所示。

表 3　一级指标判断矩阵

	A1	A2	A3	A4	A5
A1					
A2					
A3			a_{ij}		
A4					
A5					

根据层次分析方法原理,把上述判断矩阵 A 变换成一致性矩阵 R,如表 4 所示。

表 4　一级指标一致性矩阵

	B1	B2	B3	B4	B5
B1					
B2					
B3			b_{ij}		
B4					
B5					

其次,根据同样的计算方法可以得出二级指标相应的判断矩阵和一致性矩阵。

最后根据一二级指标计算结果,获得评价的综合权重,即把相对权重进行逐层相乘,得到行业协会参与职业院校人才培养质量评估影响因素各个因素最终的权重和综合排序,并进行比较分析。

在分析行业协会参与职业院校人才培养质量评估影响因素基础上,根据层次综合评价法和专家打分法确定上述指标体系中 5 个一级指标的相对权重,以及 14 个二级指标的相对和综合权重大小。

1.行业协会参与职业院校人才培养质量评估影响因素一级指标权重的确定

首先根据专家打分法,获得评价一级指标的判断矩阵 A 并得出一致性矩阵,如表 5、表 6 所示。

表 5　一级指标判断矩阵

	A1	A2	A3	A4	A5
A1	0.5	0.7	0.7	0.6	0.52
A2	0.3	0.5	0.6	0.35	0.45

续表

	A1	A2	A3	A4	A5
A3	0.3	0.4	0.5	0.3	0.41
A4	0.4	0.65	0.7	0.5	0.45
A5	0.48	0.55	0.59	0.65	0.5

表6　一级指标一致性矩阵

	A1	A2	A3	A4	A5
A1	0.50	0.58	0.61	0.53	0.53
A2	0.42	0.50	0.53	0.45	0.44
A3	0.39	0.47	0.50	0.42	0.41
A4	0.47	0.55	0.58	0.50	0.49
A5	0.48	0.56	0.59	0.51	0.50

在此基础上得出一级指标的权重：$W_{A1}=0.23$；$W_{A2}=0.18$；$W_{A3}=0.17$；$W_{A4}=0.21$；$W_{A5}=0.21$。

2.行业协会参与职业院校人才培养质量评估影响因素二级指标权重的确定

同理得出5个一级指标下各个二级指标的权重，见表7。

3.行业协会参与职业院校人才培养质量评估影响因素最终排序与分析

二级指标数值乘以一级指标数值，得出指标最终权重，并进行排序，见表7。

表7　行业协会参与职业院校人才培养质量评估影响因素评价指标总排序表

一级指标	指标权重	二级指标	指标权重	总排序权重	排序
行业协会与职业院校合作	0.23	人才培养建设	0.24	0.052	9
		专业建设	0.26	0.0598	7
		实训基地建设	0.27	0.0621	6
		师资队伍建设	0.23	0.0529	10
行业协会与行业企业联系	0.18	人才需求	0.29	0.0522	11
		企业利益	0.27	0.0486	12
		竞争环境	0.24	0.0432	14

续表

一级指标	指标权重	二级指标	指标权重	总排序权重	排序
校企互动平台	0.17	企业反馈	0.33	0.0561	8
		人才培养方案	0.26	0.0442	13
		信息交流	0.42	0.0714	5
行业指导微观考核	0.21	资格标准制定	0.52	0.1092	2
		考核制度体系	0.48	0.1008	3
行业壁垒	0.21	人才合理流动	0.44	0.0924	4
		资源有效配置	0.56	0.1176	1

从表7中可以看出，在行业协会参与职业院校人才培养质量评估影响因素中，行业协会与职业院校合作、行业指导微观考核和行业壁垒是重要因素，其次是行业协会与行业企业联系和校企互动平台。其中，在行业协会与职业院校合作方面，四个二级指标重要程度基本一致，但专业建设与实训基地建设相对来说更为主要；同样，在行业协会与行业企业联系、校企互动平台、行业指导微观考核、行业壁垒四指标的第二指标重要程度也均基本一致，但分别在人才需求、信息交流、资格标准制定和资源有效配置上更为重要。

五、完善我国行业协会参与职业教育人才培养的对策

（一）行业协会与职业院校之间加强合作

职业教育的发展离不开行业、企业的参与，职业教育与行业、企业犹如"鱼和水"之间的关系。从职业教育的发展历史及社会现实角度看，是行业、企业的人才需求催生了职业教育。行业、企业的人才需求是职业教育发展的基本动力。职业教育具有鲜明的行业特点，行业、企业熟悉生产技术特点，了解行业企业的历史、现状和发展趋势，对企业从业人员的素质要求有深刻认识。在科技日益发达的当代社会，知识与专业技能均呈现出爆炸式的增长，社会分工越来越精细，而相关行业、企业对其员工的专业素质要求也越来越高，这极大地促进了现代职业教育的发展。职业教育的发展不仅受整个社会发展大环境的影响，更容易受到整个国家行业、企业发展形势的影响，突出体现在新专业的设置、旧专业的淘汰、新工艺的开发、专业技术人才的需求、资格认证等方面。从本质上说，职业教育就是面向行业、企业的教育，职业教育是展现一个国家行业、企业发展水平的窗口。行业、企业参与职业教育的广度、深度反映出一个国家职业教育的发展水平。

1. 行业协会与职业院校之间加强人才培养合作

职业教育与普通教育虽同属教育系统的范畴，必须遵循同样的教育规律，受基本教育理论的指导，但职业教育与普通教育却存在着根本的区别。职业教育以培养受教育者技能为目的，通过能力的养成让受教育者适应激烈的社会竞争。虽然在中国几千年的发展过程中，重视"技艺"的呼声不断涌现，但受限于时代背景，以及统治者根深蒂固的"重理论，轻技能"

思想的影响，"轻技能"、"学而优则仕"的观念一直影响至今。

时至今日，我们大多数职业院校在发展的轨道上，仍然难以摆脱传统观念的影响，无论是在制定人才培养目标时，还是进行专业设置、课程模式、教学内容和方法设计时，受普通教育的影响很大，一定程度上活在普通教育的阴影之中。以高职院校的招生为例，作为职业教育的一个层次，职业教育与普通教育之间应该是一种既相互独立又相互沟通的关系，然而在我国，仅就高职院校的招生而言，每年高职院校的学生中大部分来源于高考最后的一个批次，换句话说，相当一部分理论功底丰富的普通教育的学生成为了职业院校的主要生源，这不仅不利于职业教育培养目标的实现，在一定程度上也使职业教育走上畸形发展的道路。

因此，在职业院校的发展道路上，要坚持职业教育的特色和追求，及时了解企业和社会的需求，把企业和社会的用人需求作为开展一切教育工作的基准，加强与社会、企业之间的密切合作。行业协会作为沟通企业与职业院校之间的关系纽带，既能在宏观上掌握行业的发展态势和企业的用人需求，也能依据自身对企业的了解指导职业院校合理制订人才培养计划，调整专业设置，设置专业教学实施计划，等等。一方面，能使职业院校的教学工作更具计划性和目的性，节约教育成本；另一方面，能使企业在最短时间内获得自身所需的职业人才，节约企业的用人培养时间，降低企业的用人成本支出。

2.行业协会与职业院校之间加强专业建设合作

行业协会是一种由同行业市场经济主体或同职业的人员组成，以实现全行业的共同利益为宗旨，非营利性、非政府性的社会团体法人，是伴随着市场经济的发展逐步发展的，代表行业内企业的经济利益，反映行业内企业的经济诉求，掌握着整个行业经济发展的基本情况，是行业经济的代言人。而职业院校以培养实用型人才为目标，以使受教育者养成某一领域或专业的技能为目的，是社会经济生活中人才的主要供应者。因此，同样作为社会必不可少的子细胞，行业协会与职业院校就有着千丝万缕的联系。一方面，行业协会代表行业企业表达人才需求；另一方面，职业院校又根据行业协会所公布的企业用人需求及时调整自己的专业、课程、培养方案，等等。因此，不难理解，加强行业协会与职业院校之间的专业建设合作不仅是必须的而且是可行的。行业协会与职业院校之间的专业建设合作，是通过行业协会参与职业院校的专业建设，协助职业院校合理地设置专业课程，实现课程标准与职业标准的无缝对接，共建共享课程教学资源，把课程教学作为促进学校与行业协会合作，实现创新型人才培养的主要渠道。通过行业协会参与职业院校的专业建设，能够使教师在教学的过程中，及时了解行业发展动态和企业的实际用人需求，熟悉企业的用人标准，并能够在教学过程中不断地将这些融入到教学之中，强化实践性教学环节，帮助学生熟练掌握专业操作技能，缩短与岗位操作之间的差距。可以预见，专业建设上的深度合作将大力改革现有的教学方法，将极大地缩短教学的规范性和企业要求的快速反应之间的差距。

3.行业协会与职业院校之间加强实训基地建设合作

职业教育的实践性和技能性决定了职业教育的受教育者需要在模拟或仿真的实践教学环境之中通过动手来发现问题、解决问题、积累实践经验。学生也只有在职业真实情景或与职业真实情景相似的教学环境中，才能够全面了解职业活动的完整流程，练习职业所需要的技能，体验职业活动的真实感受，以便在离开学校后能够真正实现"零距离"就业。然而，随着科技的日益发达,产品更新换代的速度在不断加快,教育又存在着周期长、有一定程度上的滞后性的特点,这就使得一方面职业院校购置的新设备存在着学生未毕业就已经被淘汰的普遍现象;另一方面职业院校的教学不可否认地存在一定程度上的理想化,很多教师只是从课本出发讲授技术,并未考虑到实际中存在的问题。因此,很多毕业生找工作时就会处于技术已过时,无实践经验的尴尬局面,而行业协会拥有的众多会员企业恰恰能够提供这方面的便利。因此,校企合作成为实现教学目标的路径之一。

为了做到这一点,学校在拓宽专业口径、加强学生理论基础知识教育的同时,一方面可以通过行业协会与企业之间的沟通,使企业为学生提供实习岗位,使学生既能在真实的环境中体验工作,锻炼技术,积累经验;另一方面也可以依托行业协会的力量,建立校外实习实训基地,加强与地方政府、行业、会员企业的联系,为学生的各种实习创造良好的条件,不断提升学生的理论知识和操作技能,使学生能较早介入生产和科研活动,努力培养创新实践能力。

4.行业协会与职业院校之间加强师资队伍建设合作

随着国家对职业教育的大力倡导,"双师型"教师的培养也越来越受到重视,以往职业教育的教师或是只懂技术的优秀技工出身或是正规教育培养的职业教师,他们或是只掌握技术或是只掌握理论知识,能够集技术与理论知识于一身的教师少之又少,这不仅有悖于职业教育的培养目标,也阻碍着技术创新的出现。行业协会能够通过会员企业为培养"双师型"教师提供便利,因此,有必要加强行业协会与职业院校之间师资队伍建设的合作。

通过合作可促进教师队伍的专业化发展,建立由学校和行业协会共同搭建的能够促进教师专业发展的平台,以促进教师专业能力的提升为主线开展活动。合作平台是在学校和行业协会双方共同协商的基础上共同搭建的,学校和职业院校双方明确彼此的责任和义务,签订合作协议,在协商的基础上确定合作平台搭建的方案、开展活动的计划、具体的实施步骤以及实施活动的具体内容,等等。通过合作平台的搭建,真正实现职业院校和行业协会的捆绑式发展,能够集合最大程度的自愿,促进教师的专业化,使教师能够及时更新自己的知识体系,掌握前沿技术,并通过言传身教,进而促进整个职业教育质量的提高。

(二)行业协会与企业之间加强联系

可以说,协调行业协会与行业企业之间的关系,不仅能够使行业协会功能更加完善,也能使行业企业的利益得到维护,权益得到保障,使行业协会在更加健康的轨道上发展。

1.正确反映行业企业对人才的需求

现代意义上的企业是指以营利为目的,运用各种生产要素(土地、资本、劳动者、技术等),向市场提供商品或服务,实行自主经营、自负盈亏、独立核算的具有法人资格的社会经济组织,其最明显的特征就是追求利益的最大化。行业企业与企业性质、内涵相同,只是行业企业是同一行业内企业成员之间通过自愿组成行业协会并自愿成为会员来达到表达同一行业内的诉求,沟通与其他社会子系统之间关系的目的,因此,行业企业同样要追求以最小的成本获得最高的收益,从而实现利益的最大化。劳动者是物质资料生产中最基本的要素,是实现生产的人身条件,劳动者与生产资料的结合是人类进行社会劳动生产必须具备的条件。因此,于企业而言,寻求符合企业要求的一定数量和一定质量的劳动者就成为实现企业生产的必须，而拥有高质量、高素质的劳动者就成为企业能够参与激烈的社会竞争并立于不败之地的重要因素。职业院校承担着为社会输送符合社会需求的，掌握一定技术的，符合一定规格和质量标准的劳动者的责任，但同样职业院校也面临着一个问题。即由于教育的周期长、教育存在一定的滞后性，使得职业院校培养出来的学生难以达到企业的用人标准，难以适应由于技术革新所带来的挑战。

此时，作为沟通企业与其他社会子系统之间关系的行业协会就显得尤为重要，行业协会可发挥自身在企业和职业院校之间桥梁和纽带的作用，一方面，可以通过会员企业上报一定时期内用人的质量标准、数量要求，以报告的形式汇总反馈给职业院校；另一方面，行业协会也可以通过协助职业院校重新制定专业课程、调整专业设置、调整教学方案的形式，具体把握行业企业用人需求的方向。

2.切实保障行业企业的利益

行业协会是市场经济的产物，是市场体系的重要组成部分。在计划经济体制之下，国有企业和集体企业都是政府的附属物，不存在企业独自的利益，不需要成立行业协会维护其合法权益，因此，也就没有行业协会发展的土壤。随着社会主义市场经济体制的确立，政府从全能政府向有限政府转变，从管不了、也管不好的事物中逐渐退出来，放权、还权于社会组织，各类型的企业也需要依靠组织的力量来维护行业利益，拓展企业发展的空间，这样，行业协会就应运而生了。行业协会的主要作用是：对内，通过制定本行业内的规章制度、行业法规，召开行业内会议等方式保证本行业内企业成员之间公平合理的竞争，保障公平合理的竞争环境；对外，行业协会一方面通过参与政府及其他社会子系统之间的利益博弈，来表达本行业企业的集体诉求，从而实现利益的最大化，另一方面，通过参与全球范围内统一行业的竞争，来实现保护国内行业，反对国际同行业围攻的目的。

行业协会成立的初衷，就是行业企业希望能够成立一个专门的机构，来反映本行业企业诉求，代表企业在激烈的竞争中占有一席之地，因此，行业协会要采取措施充分保障本行业企业的利益。首先，在与职业院校的合作过程中，行业协会要正确反映行业企业的用人需求，制定合理的用人规划，实现与职业院校之间的良性互动和有效沟通；其次，在与政府的利益博弈中，行业协会要充分利用现有的权利，充分表达自己的诉求，面对政府可能存在的不公待遇要据理力争；再次，在参与全球范围内的同行业竞争时一方面要努力在核心技术等方面提高自己的竞争力，另一方面在面临国际组织的不公平待遇时，要充分表达自己的立场，维护企业的权益。

3.制定切实有效的规章制度，创造公平合理的竞争环境

目前，虽然国家仍然没有出台一部完整的具有权威的法律来规范行业协会的权利和义务，但各地区、各行业组织都通过制定章程、规章制度等来实现对本行业组织的约束和规范。

事实上，一部法规、一项政策、一项规章制度的出台，对规范组织内成员的行为确实具有重要的意义。就组成行业协会的众多成员企业而言，虽属同一行业，但市场经济的"优胜劣汰"以及"利益的最大化原则"仍然会成为同行业内企业恶性竞争的引子，因此，行业协会成员之间应该形成一种"休戚相关，荣辱与共"的紧密关系，通过行业协会制定切实有效的规章制度，来规范行业企业的竞争行为，保障行业的良性发展，提高整个行业的竞争力。具体来

说,在行业自治系统内部,当会员把自己的利益诉求反映给行业协会时,这些利益诉求有时是一致的,有时也可能是相互冲突的。一旦会员企业之间发生利益冲突,行业协会就应对这些利益做出权衡,并运用行业协会章程、行业公约等会员企业一致认同的制度来规范和引导会员企业行为,协调它们之间的利益冲突。对于符合行业整体利益的各种事宜,行业协会可以通过促成会员企业之间的合作,整合行业内部的各种资源,更为有效地实现。

(三)搭建校企之间互动平台,实现校企之间良性互动

《国务院关于大力发展职业教育的决定》(国发[2005]35号)中明确指出:"职业教育要改革以学校和课堂为中心的传统人才培养模式,大力推进工学结合、校企合作的培养模式。"由此可见,国家对职业教育校企合作培养人才已经给予了足够的重视。而作为两个独立的看似毫不相干的个体,职业院校与企业之间要实现真正的合作需要依靠"第三方"即行业协会的协助。因此,行业协会要搭建校企之间合作互动的平台,实现校企之间的良性互动。

1.确定企业用人需求

人是物质资料生产中最基本的要素。在市场经济条件下,企业之间的竞争往往是决策水平和人才素质的竞争,人才是确保企业高速、稳定、长期、健康发展的最重要因素,选好人、用好人、最大限度地发挥人的主观能动性、积极性和创造性,是企业能否在市场经济的激烈竞争中占有一席之地的关键。因此,根据整个经济的态势,合理恰当地制定企业用人需求的长期规划和短期计划,显得尤为重要。它是企业永葆战斗力的根本所在,是企业可持续发展的根本保证,也是影响整个社会经济良性运转的关键。

虽然,根据企业性质、类型等的不同,不同的企业对劳动者的用人需求不尽相同,但一般而言,企业在确定用人需求时主要考虑以下几个方面的因素:(1)企业的实际运作能力(包括厂房、设备、资金、宿舍等);(2)企业在一段时间内的发展重点及发展目标;(3)企业未来的发展方向;(4)企业在整个行业中的地位以及整个行业的发展前景;(5)整个社会经济发展的势头、状态对本行业本企业的影响;(6)国家或地区政府对某类企业或某种行业的政策性扶持状况,等等。虽然,企业在确定用人需求时会综合考虑各方面的因素,但是企业毕竟是以营利为目的的主体,追求利益的最大化是其根本所在,一方面,受制于自身眼界的限制,可能没有办法对整个行业甚至整个社会经济形势有一个正确的把握;另一方面,企业也没有更多额外的精力去进行更为细致的分析。因此,作为服务于企业经济发展的行业协会就显得尤为重要。一方面,行业协会可通过将历年行业内企业的用人需求状况、成本支出状况、收益状况进行分类汇总,可以提供更加准确的数据;另一方面,企业通过上报行业协会有关用人需求的数量、质量规格,由行业协会综合行业内各企业的发展提供参考性意见,从而确保决策的正确。通过行业协会的介入,不仅能够使企业更加准确地了解行业内部以及整个社会经济的运转状况,也能更加科学合理地确定本企业的用人需求。

2.面向职业院校及时反馈企业用人需求

在我国,职业教育是有别于包括中职、高职、本科、硕士、博士在内的普通教育的完整的教育体系。它是以培养动手能力强的、拥有专门的技术的一线劳动者为目的的一类教育。教育的周期长、有一定程度上的盲目性、滞后性的特点,使得职业院校在人才培养的过程中存在着盲目培养所谓的"热门岗位"人才,又面临着培养出来的人才难以适应社会实际需求、

技术落后的尴尬局面。因此,正确、有效地反馈社会的实际需求,科学合理地制定人才培养规划,不仅对职业院校完成人才培养目标有着重要的意义,而且是节约教育成本,创造社会财富,使人尽其才的重要途径。

行业协会作为一类独立于企业与职业院校之外的第三方,承担着沟通企业与其他社会子系统之间关系、维护企业利益的重要任务,一方面,行业协会掌握着整个行业的发展态势;另一方面,行业协会能够从会员企业中获得最新的人才需求状况,并通过综合考虑整个经济的发展情况协助企业合理确定人才需求的数量和质量。因此,行业协会通过向职业院校及时反馈企业用人的数量、质量规格的要求,不仅能够作为职业院校调整培养目标、专业设置、教学方案等的依据,也能够在一定程度上避免培养人才的盲目性,从而达到节约教育成本、获取最大教育收益的目的。

3.促使职业院校与企业联合制订人才培养方案

人才培养方案是为达成一定的人才培养目标而设计的包括专业、课程设置、学制、学分等在内的一整套完整人才培养计划或手段。它是各级各类教育实现人才培养所必需的,包括大至国家的人才培养方案,小至各个专业的人才培养方案,等等。从表面上看,企业与职业院校是截然不同的两个独立的社会子系统,但实际上,两者有着共通之处。职业院校追求的是办学效益,企业追求的是利益的最大化,它们之间的共同利益,即高质量的技能型人才,这是两者能够实现合作的必要条件和可能条件。

俗话讲,"隔行如隔山"。不同行业对其从业人员的素质有着截然不同的要求,行业协会作为各行业内部企业组成的机构,既掌握着企业用人需求的第一手资料,对本行业从业人员的素质有清楚的了解,又掌握整个行业大的发展动态,如果它参与职业教育部分课程教学大纲的编写、专业的调整、人才培养方案的制订等,既能协助企业寻找和培养最符合企业需求的人才,降低企业的用人成本,保证企业稳定、健康、有序的发展,又有利于帮助职业教育课程准确反映企业对从业人员的职业素质需求,确保职业院校人才培养方向的正确性,从而降低教育成本,节约社会资源。

4.保障校企合作信息交流顺畅,实现校企双赢

行业协会作为沟通学校与企业之间的桥梁和纽带,是联结学校与企业的中间环节,充当学校与企业的信息中介。对学校而言,行业协会通过邀请学校专家、校级领导、老师等参加行业会议,组织专家学者对行业人才需求进行调查,收集行业企业的人才需求信息,即行业企业对人才的专业需求、质量和规格要求等,为职业院校制定人才培养的规格、标准、计划提供依据。对企业而言,通过参与行业协会组织开展的活动,了解行业协会关于职业院校在专业设置、人才数量等方面提供的信息,了解职业院校的硬件建设、师资力量、人才培养规格是否符合本企业用人需求等,从而能及时制定或调整本企业的用人需求。

通过校企之间形成的以行业协会为中介的沟通方式,可充分发挥行业协会的中间桥梁作用,保障校企之间合作信息交流的顺畅、高效。首先,行业协会要积极引导行业企业参与到职业院校的人才培养之中,为职业院校的人才培养提供方向上的指引,以及硬件设施上的支持,并尽可能为职业院校学生能够尽快适应企业的实际工作需求提供实习岗位;其次,行业协会应该从制度上规范和管理校企合作行为,制定校企合作双方在实际合作过程中所必

须遵守的权利义务关系,明确彼此在合作过程中所应承担的职责。这一方面可以确保企业在参与人才培养过程中的权利;另一方面也可以确保学校在合作过程中的权利,如设备使用、技术共享、经费资助的优先权等,从而实现校企双赢的局面。

(四)行业协会充分发挥宏观指导微观考核功能

无论是"严进宽出"还是"宽进严出"的招生与考试方式,都说明了作为教育的最初环节和末端环节,招生和考试对整个教育的重要意义。我国职业教育在深化教育改革的同时不断推进考试方式的改革,也取得了一定的成绩,但不可否认,职业教育作为与经济生活联系最为紧密的一种教育类型,在人才的考核上仍然存在着诸多问题,需要借助行业协会、企业等相关机构的协助,以达到人才培养的最佳效果。

1.完善行业协会职业资格标准的制定

职业资格标准顾名思义,是指对从事某一工作所必须具备的知识、能力、技能等的基本要求做出的标准化规定。于用人单位或培养单位而言,是衡量人才是否达标的参考依据;于个人而言,职业资格标准是从事某一行业的最低标准和准入门槛,是"敲门砖"。它与学历不同,学历通常是对学生在一段时间内学习经历的证明,职业资格标准则与劳动、工作联系更为紧密,更加直接具体地反映了从事特定职业所必须遵守的工作标准和操作规范,以及劳动者从事该职业所必须达到的最基本的实际工作能力水平。行业协会作为沟通企业与学校,用人单位与供人单位的中介,在行业内制定完善的职业资格标准对于规范企业的用人标准,明确企业的用人需求,为职业院校培养人才提供明确的标准,避免人才培养的盲目性是非常重要的。

首先,行业协会必须密切关注经济发展的态势,关注经济结构调整和培训岗位的需求变化情况,收集并分析用人单位的人才需求标准和数量,并据此及时调整职业院校的人才培养重心,使培养出来的人更能符合实际的用人需求,符合整个经济发展对人才的需求。

其次,行业协会在制定职业资格标准时,要参照国家职业资格标准的制定原则,要在反映该职业活动在我国发展整体水平的地位的前提下,兼顾各地、各行业可能存在的差异以及未来可能的发展趋势;要力求实现职业资格标准的规定与实际从业人员所从事的职业活动范围、工作责任和工作难度等相吻合;职业资格标准的表达必须符合最基本的用语要求,做到清晰、明了;职业资格标准的制定,要摒弃空话、大话,保障职业资格标准的实用性。

最后,行业协会职业资格标准制定的内容应包括:职业概况、基本要求、工作要求和比重表四个部分,其中工作要求应为其主体部分。职业概况包括职业名称、职业定义、职业等级、职业环境条件、职业能力特征、基本文化程度、培训要求、鉴定要求等;基本要求包括职业道德和基础知识;工作要求指本职业所要实现的活动目标、工作内容、技能要求、相关知识等;比重表分成理论知识比重表和技能比重表。

2.完善我国职业资格证书制度

在我国,职业资格证书制度是劳动就业制度的一项重要内容,也是一种特殊形式的国家考试制度。职业资格证书制度的主要内容是指由相关的机构根据国家制定的职业技能标准或任职资格条件,通过政府认定的考核鉴定机构,对劳动者的技能水平或职业资格进行客观公正、科学规范的评价和鉴定,对合格者授予相应的国家职业资格证书的政策规定和实施办法。

职业资格证书制度的建立应该是职业院校、行业协会、企业、政府等各主体通力作用协调一致的结果。其中,行业协会应该在职业资格证书制度建立的过程中发挥重要的作用。作为承担职业教育人才培养直接主体的职业院校应该在行业的支持下,成立专门的机构,组织专门的人员,进行岗位资格证书的培训和管理工作。

3. 完善技能考核制度,建立校内外互补的考核制度体系

对人才的考核是任何教育类型培养人才的必经过程,是检验所培养人才是否达到教育目标的关键,对衡量学校教学的完成情况有着重要的意义。

现阶段,我国职业院校的技能考核大体上有三种形式:一种是项目考核,这也是目前比较受推崇的考核方法,其基本做法是由学校相关机构选取最能体现或代表所学专业能力的活动项目,让被考核者完成这些项目,然后根据项目完成的质量和效率,对照考核标准,做出评价。其优点是涉及范围广,易于标准化,也便于同时对大量考核者进行考核;缺点是,因为考核项目数量的限制,不能很好地体现综合能力。另外一种是理实一体考核模式,这也是目前职业院校用的较多的方法,其基本做法是,理论和实践分开考试,成绩按一定的比例组成。其优点是恰当地平衡了理论知识与实践知识的比例,但缺点也随之显现,即可操作性差。还有一种针对实习实训进行的考核,其基本做法是在实训结束后,进行综合实训操作考核,相当于一次期末考试。

在国务院《大力推进职业教育改革与发展的决定》(国发〔2005〕35号)中明确提出,要"严格实施就业准入制度,完善学历证书、培训证书和职业资格证书制度"。在这一举措的强力推动之下,我国在深化职业教育改革方面也取得了突破性的进展,但是我国职业院校的技能考核体系仍然存在诸多的问题,仍然面临着校内考核本位,校内考核方式相对单一,考核内容不尽合理,技能考核不完善等诸多问题。因此,建立校内校外共管的职业教育考核体系,通过内外合力,以达到人才培养的最佳效果,就显得尤为重要。具体应做到:实现考核内容的多元化,改变单一的静态的考核方式,强化对过程的考核;针对不同专业的社会行业特征,采取行业认证与课程学分互认、校内学习与校外学习学分互认等形式,行业协会利用自己对行业实际状况掌握的优势介入到人才考核之中,以实现考核方式的多元化和灵活性,激发学生的兴趣;将整体考核分成若干环节进行考核,实现单项考核与多项考核相结合,内部考核与外部考核相结合;充分利用企业完备真实的工作实训环境,完善的实训设备和工具,构建企业本位的校企合作技能考核评价体系。

(五)打破行业壁垒,促进人才合理流动和资源有效配置

古语虽道"隔行如隔山",但在全球化加速发展的今天,各学科、各专业之间的界限不断被打破,出现了一系列新兴学科、边缘学科,行业与行业之间的差别在逐渐缩小,并不断出现跨行、多行合作的新局面,因此,为适应现代社会的发展,融入全球化发展的浪潮之中,打破行业壁垒,促进人才的合理流动和资源的有效配置就成为各行业协会必须面临并克服的新课题。

壁垒一词最原始的意思为"古时军营的围墙,泛指防御工事",现在多用来比喻对立的事物和界限,多用于经济术语之中,可以简单理解为瓶颈、障碍,包括进入壁垒、贸易壁垒、政策

壁垒、绿色壁垒、技术壁垒、市场壁垒、人才壁垒等方面。其中，人才壁垒是行业壁垒对职业教育的主要限制。主要表现在，行业选择限定了人才的职业选择和基本流动范围，行业成为录用或不予录用人才的唯一考量标准，因此，打破行业壁垒，真正实现职业教育人才培养的广阔就业面和职业选择，培养更加符合自身发展实际需求的自由职业人和通才就显得尤为必要。为此，要努力做到：

首先，应力求真正实现教育服务市场的开放化，改变现今某一职业院校只是面向某一行业培养人才的现状，使职业院校成为教育市场的一员，扮演向企业"兜售人才"的商贩的角色，积极主动地参与到市场的竞争中。在实际的人才培养的过程中，同一种人才可以由任何一所职业院校承担培养的责任，并在学生接受完教育之际，可以根据自己的兴趣、爱好、能力等自由选择职业而不受行业不同的限制。当代竞争的实质是人才的竞争，这对整个行业来说是一件益事，能够使各行各业之间在人才上充分实现互补，既能促进行业内部的合理优化和配置，也能提升整个行业在市场中的竞争力。

其次，任何一个行业，任何一个职业都有用人的最基本的要求，这就是我们通常意义上所说的职业资格标准。这首先是衡量一个人，一个职业人是否能够胜任一项工作的最基本的考量标准，是职业院校实现一定阶段培养目标的终结体现。一个初进职场的职业人，应当具备从事一项工作最基本的也是最通用的能力，是考验一个人是否能够胜任一项工作的最基本的体现。在整个行业的互通有无和职业人的职业选择上，拥有一套结构健全、制度良好的资格认证制度，是促进人才在各行各业自由流动的最基本的知识、能力和技能的要求，也是职业人实现职业长远发展和职业方向调整定位的最基本的要素。

毫无疑问，职业院校承担着培养职业人的重任，但与人才接触最紧密的是职业院校的师资力量，因此，行业协会应该严把质量关，从入口和出口上保证职业人才培养的高质量性，负责职业教育教师资格的认定。当然，职业教育与其他教育不同，一方面与理论相关，另一方面又与技能密不可分，因此对职业教育教师资格的认定也应该分开，将理论知识部分的认证交给一般的教师资格认证机构，实践课程教师的资格认证则由行业协会根据培养人才的要求决定，从而真正实现理论和技能的高质量、高水准，以更能适应企业、社会经济的基本要求。

参考文献：

[1] 刘思锶.论高职院校校企合作工学结合人才培养模式的完善[D].福建师范大学,2013.
[2] 马东东.企业参与职业教育人才培养模式研究[D].天津大学,2014.
[3] 毛亚男.行业协会参与职业教育人才培养模式研究[D].天津大学,2014.
[4] 耿洁.职业教育校企合作体制机制研究[D].天津大学,2011.
[5] 许涛.职业教育集团化办学的理论分析与个案研究[D].华东师范大学,2011.
[6] 田腾飞.社会变革背景下南非的教师教育研究[D].西南大学,2012.
[7] 杨丽波.职业教育社会伙伴关系研究[D].华东师范大学,2012.
[8] 刘晓.利益相关者参与下的高等职业教育办学模式改革研究[D].华东师范大学,2012.
[9] 魏清光.改革开放以来我国翻译活动的社会运行研究[D].华东师范大学,2012.

[10]刘春雷.高等教育视野中的企业大学研究[D].南京大学,2013.
[11]陈静.我国专业学位研究生教育发展问题研究[D].西南大学,2013.
[12]臧志军.职业教育国家制度的比较研究[D].华东师范大学,2013.
[13]赵军.职业教育共同体研究[D].华东师范大学,2013.
[14]龚森.改革开放以来福建高等职业教育的改革与发展研究(1979—2011)[D].福建师范大学,2013.
[15]袁媛.中国旅游人培养模式研究[D].中国社会科学院研究生院,2013.
[16]兰小云.行业高职院校校企合作机制研究[D].华东师范大学,2013.
[17]李亚东.我国高等教育外部质量保障组织体系顶层设计[D].华东师范大学,2013.
[18]张雪丽.欠发达地区职业教育发展策略研究[D].华东师范大学,2013.
[19]江波.社会组织参与广西职业教育研究[D].中央民族大学,2013.
[20]陈金秀.民办高等职业教育管理体制研究[D].山东师范大学,2014.
[21]王坤.新中国中等职业教育课程政策研究[D].西南大学,2014.
[22]单作民.校企合作背景下高职学生管理制度变革研究[D].南京师范大学,2014.
[23]何应林.高职院校技能人才有效培养研究[D].南京师范大学,2014.
[24]方健华.中职学生职业核心素养评价及其标准体系建构研究[D].南京师范大学,2014.
[25]江奇.德国职业教育校企合作机制研究[D].陕西师范大学,2014.
[26]李静,周亮,卫莉.行业协会参与职业教育校企合作的运行机制研究——以电子商务专业人才培养为例[J].职业技术教育,2015(17):30-33.
[27]陈静.高职旅游教育校企合作动力机制研究[D].辽宁师范大学,2010.
[28]朱春秋.行业协会参与职业教育保障机制研究[D].沈阳师范大学,2011.
[29]卢金燕.行业协会在职业教育中的作用研究[D].河北科技师范学院,2011.
[30]姚树伟.职业教育发展动力机制研究[D].东北师范大学,2015.
[31]王永林.我国高职教育评估的价值取向研究[D].上海交通大学,2014.
[32]杨明娜.行业协会参与地方高等商科院校人才培养的模式构建研究[D].电子科技大学,2009.
[33]曾来.行业协会参与职业教育的职能研究[D].天津大学,2011.
[34]王璐瑶.中职"订单式"培养的教学现状与对策研究[D].河北师范大学,2014.
[35]魏体丽.澳大利亚行业技能委员会研究[D].华中师范大学,2013.
[36]李智.基于"2+1"模式的中职生职业能力培养研究[D].广东技术师范学院,2013.
[37]宋楠.职业教育管理体制创新研究[D].湖南师范大学,2004.
[38]吉莉莉.加拿大社区学院高等职业技术教育研究[D].中央民族大学,2007.
[39]高明.德国职业教育体系对我国技能型人才培养的启示[J].高等农业教育,2014(1):124-127.
[40]Ning WANG, Fang LIU. Restrictive factors of vocational education development in cultivation of rural practical skilled personnel and counter measures [J]. Asian Agricultural Research, 2014(6):70-73.
[41]林波.行业协会在现代职业教育体系中角色期待研究[D].江西科技师范大学,2012.
[42]程贵妞,韩国明.行业协会参与职业教育的角色分析[J].教育与职业,2008(6):11-13.
[43]邓娇娇,尹贻林,王美玲.行业协会促进产学合作教育的实现机制[J].高等工程教育研究,2015(6):53-58.
[44]郑学平.职业教育工学结合培养模式的问题及对策研究[D].河北师范大学,2008.
[45]程贵妞.行业协会参与职业教育机制研究[D].兰州大学,2008.
[46]陈仙.行业企业参与职业教育的动力机制研究[D].浙江工业大学,2009.
[47]郝志强.职业教育校企合作的管理机制研究[D].天津大学,2012.

[48]吴倩.中职学校人才培养方案与职业资格证书制度结合研究[D].江西科技师范大学,2014.
[49].论行业协会在现代职业教育中的角色定位与职能转变[C]//中国职协2015年度优秀科研成果获奖论文集(中册).2015:6.
[50]XJ ZHU. Research and practice of modern apprenticeship under school-enterprise cooperation community of vocational education group [A]. International Research Association of Information and Computer Science. Proceedings of the International Conference on Biotechnology, Agriculture, Environment and Energy (ICBAEE2014)[C]. International Research Association of Information and Computer Science,2014:3.
[51]Yan ZHAO. The application of Germany dual education system in nursing education in China[A].Information Engineering Research Institute, USA. Computer Science in Industrial Application (CSIA2014)[C].Information Engineering Research Institute,USA:2014:4.
[52]Rui ZHAO, Benzhuo FU, Haicheng ZHANG. Research on dilemma and counter measures of training objectives of higher vocational law talents [A]. Singapore Management and Sports Science Institute. Proceedings of 2015 4th International Conference on Physical Education and Society Management (ICPESM2015V47) [C]. Singapore Management and Sports Science Institute:2015:5.
[53]Fu ZHOU. Reflection and practice of vocational education in computer major students in vocational colleges [A]. Information Engineering Research Institute, USA. Proceedings of 2014 2nd International Conference on Teaching and Computational Science (ICTCS2014)[C]. Information Engineering Research Institute, USA:2014:4.
[54]HuiFang LI,Yin TANG. Research on personnel training model of urban rail transit (URT) information management major under instruction of CDIO [A].International Materials Science Society. Proceedings of 2012 International Conference on Future Energy, Environment, and Materials (V16(Part B)2012)[C].International Materials Science Society,2012:5.
[55]Hongmei YAN. On the reform of vocational art education and training of professionals [A].Information Engineering Research Institute, USA. Proceedings of 2013 3rd International Conference on Social Sciences and Society (ICSSS2013V39) [C]. Information Engineering Research Institute, USA:2013:5.
[56]Jun CHI. Counter measures for training high-qualified skilled talents in higher vocational colleges [A]. International Research Association of Information and Computer Science. Proceedings of the International Conference on Control, Mechatronics and Automation Technology (ICCMAT2014) [C]. International Research Association of Information and Computer Science,2014:4.
[57]Lunwen LU. Research on the school-enterprise cooperation mechanism of higher vocational school[A]. International Communication Sciences Association, Hong Kong Proceedings of 2010 International Conference on Broadcast Technology and Multimedia Communication (Volume1)[C]. International Communication Sciences Association, HongKong:2010:4.
[58]Changming LIU. Research and practice on cooperative education pattern for higher vocational colleges in China [A]. Hubei University of Technology, China. Proceedings of 2010 Third International Conference on Education Technology and Training (Volume1) [C]. Hubei University of Technology,China:2010:3.
[59]Hongzhu WANG. Education for industrial transformation to upgrade service-revelation for local industry in Ningbo vocational education [A]. IEEE. Business College Zhejiang Business Technology Institute Ningbo, China. Proceedings of 2011 4th IEEE International Conference on Computer Science and Information Technology (ICCSIT2011)VOL08[C].IEEE:2011:4.

项目名称:高职院校学生创新创业教育改革与实践——以烹饪工艺与营养专业为例
项目编号:LZW201503
项目负责人:方法林
项目负责人所在单位:南京旅游职业学院

高职院校学生创新创业教育改革与实践
——以烹饪工艺与营养专业为例

一、课题研究的目的和意义

　　国家人力资源和社会保障部的最新统计数据显示,2015年全国高校毕业生总数将达到749万人,比被称为"史上最难就业季"的2014年再增加22万人,江苏省普通高校毕业生达55.2万人,比2014年增加了1.1万人,两者均达到历史新高,就业形式十分严峻。随着社会经济发展和时代进步,社会对高等教育提出了更高的要求,在毕业生就业中研究生已越来越"抢手",本科生还能基本平衡,专科生则较明显地呈现供过于求的趋势。在此背景下,教育部早在2010年出台《关于大力推进高等学校创新创业教育和大学生自主创业工作的意见》和《国家中长期教育改革和发展规划纲要(2010—2020年)》,强调"提高自主创新能力,建设创新型国家,促进创业带动就业"和"促进高等教育改革"是重要的国家发展战略。2014年6月23日,李克强总理在会见全国职业教育工作会议代表时强调,职业教育作为国家教育体系和人力资源开发的重要组成部分,是广大青年打开成功成才大门的重要途径,高等职业院校肩负着培养多样化人才、传承技术技能、促进就业创业的重要职责。2015年5月4日,国务院办公厅下发的《关于深化高等学校创新创业教育改革的实施意见》中又明确指出,要进一步推动大众创业、万众创新,坚持创新引领创业、创业带动就业,已成为高职院校的一个重要研究课题,是社会经济发展的必然要求,也是培养创新创业人才、全面提高学生素质的需要。高职院校大学生作为最具自主创新创业能力的社会群体之一,是国家提出"创新型国家"建设过程中最为积极活跃因素的重要组成部分,因此大力加强高职院校大学生创新创业教育,全面培养高职院校大学生这个群体的创新创业素质,既对缓解就业压力,构建和谐社会,还对促进经济增长,为建设创新型国家起到积极而重要的作用。

　　我国高校毕业生体系已经由过去"毕业分配"向"双向选择"再逐步向"自主创业"过渡,这是提出解决大学生就业的最佳途径。创新创业教育将会开创一个全新的世界,使得包括高职院校毕业大学生在内的群体在面对社会竞争的时候能够充分发挥自己的创新意识和创业技能,既为自己解决就业岗位,还能创造机会博得大量财富,为社会发展注入强劲的动力。

在作为旅游业重要组成部分的酒店业,据近两年统计数据显示,高等级酒店客源量呈现下降态势。烹饪工艺与营养专业毕业生就业存在不稳定、难就业现象。南京旅游职业学院作为专门培养酒店人才的专门院校,审时度势,及时优化人才培养模式,把促进就业、服务社会放到首要职责。

在课题基于国务院办公厅下发的《关于深化高等学校创新创业教育改革的实施意见》以及教育部2010年出台的《关于大力推进高等学校创新创业教育和大学生自主创业工作的意见》两个重要文件精神,推行创新创业+(传统的人才培养模式如国际交流、继续深造、就业等)的新型人才培养模式,完善烹饪工艺与营养专业人才培养质量标准、创新人才培养机制以及课程体系等,与行(企)业合作,整合相关资源,共同修订烹饪工艺与营养专业创新创业人才培养模式和教育教学考核方式,探索烹饪工艺与营养专业创新创业人才培养的新机制与新途径。

二、课题研究内容及方法的创新

(一)课题研究内容

本课题经过几个月的调研、分析、查阅资料以及学校示范建设的实践推进,顺利完成了我校创新创业教育改革的前期部分,包括人才培养模式、2016级人才培养方案、人才培养方案修订意见、学分制管理及创新创业学分制转换的相关制度、烹饪各类创业活动、创业组织、创新创业与专业课程的高度融合的课程设置以及与之配套的创新创业教材一本。同时将研究的成果进行提炼,发表文章10篇,丰富了成果的内容,提高了成果的理论价值,并在此基础上将这种模式辐射到新疆伊犁职业技术学院、山东旅游职业学院和大学城的部分学校,南京旅游职业学院全校的26个专业方向也同步进行,取得了良好的效果,现在正在逐步推进,计划明年底将成果编写成专著出版。

(二)课题研究创新、价值和效益

本课题首次提出"创新创业+"的人才培养模式和教育理念,它代表一种新的教育模式改革发展导向,即将创新创业与高等教育中各类专业的人才培养及专业建设相结合,以创新创业教育为导向,以学生和社会需求为宗旨,改革传统的专业人才培养模式,提升专业建设质量。

在具体研究过程中,选择烹饪专业为切入点,着力于"创新创业+烹饪专业"的人才培养模式创新研究。目前江苏省内烹饪专业的人才培养较为注重创新创业教育,在大学生创新创业能力提升、创新创业实践指导、创新创业课程建设等方面都进行了一系列的研究和探索,积累了相应的创新创业实践经验,体现出一定的创新创业教育成效。该专业在创新创业教育方面具有一定的代表性和先导性。故而,选择烹饪专业作为研究的出发点,有助于"创新创业+"人才培养模式的研究和构建。

"创新创业+"的人才培养模式,其外延是无限延展的,是可推广、可复制的。该模式不仅适用于高职高专的专业人才培养模式,而且适用于综合性大学、研究型大学的专业、学科建设及人才培养模式的改革创新研究。简单地说,就是"创新创业+××专业=基于创新创业导向的专业人才培养模式",当然其成效绝不是简单的相加。

三、课题研究的主要特色和主要建树

本课题通过研究将现代职业教育的理念和国家创新创业的精神进行高度的凝练,契合现代"互联网+"、"旅游+"的发展,打破了职业教育中出现的专业建设和创新创业建设"两张皮"的现象,应用多中心理论进行分析,联合同行院校开展纵向和横向的研究和分析并加以提炼,形成了五个"统一"和三个"共享"。

(一)本课题形成"五个统一"

1. 专业教育与创新创业教育的统一

"创新创业+"作为一种新型人才培养模式,通过不断研究、创新和改革传统人才培养模式,突破传统教育模式中一味追求专业知识灌输和专业技能培养的局限,将教育重点落实到学生的全面综合素能及创新创业价值观的培养上。具体体现在我校新一轮人才培养方案的修订与完善工作上,该实践举措将学生全面综合素能培养与创新创业价值观养成充分结合。其中,新的课程设置、学分制转换和学分制管理制度,强调从顶层设计入手,确保专业教育与创新创业教育的融合,克服过去的专业教育和创新创业教育两张皮、互为孤岛的现象。该模式强调将创新创业教育融入到专业教育的每项过程,从入学教育到活动组织、从理论教学到专业实践、从日常养成到就业指导,创业教育紧扣教育过程的每一环节,充分实现了专业教育与创新创业教育的融合统一。

2. 教育理念与教育实践的统一

"创新创业+"的新型人才培养模式是建立在创新创业理念论、创新创业思辨哲学、实用主义教育观等相应理念思想的指导之上,从而构建出的既符合我国高等教育实情、又能满足新时期人才培养需求的创新创业人才培养模式与思维路径,对于各类层次、各种类型的高校开展创新创业教育具有普遍的理论与实践指导意义。科学的指导理念规范了"创新创业+"模式构建的目标、思路、方法和内容,实现创新创业教育理念与创新创业教育实践的高度统一。

3. 精英教育与大众教育的统一

"创新创业+"人才培养模式秉承科学先进的创新创业教育理念,教育内容由单纯的专业知识传授转变为可持续发展能力的培养,教育过程由传统的封闭模式向开放式教学模式转变,教育受众突破仅仅针对有创业意向学生的局限,转而面向全体学生,努力实现创新创业教育与专业教育的有机融合,努力实现全员参与到大众创业、万众创新的建设队伍中。我校在具体教育实践中充分考虑到精英教育与大众教育的统一。精英教育具体体现在三级大赛层面:校级成才杯大赛、省级技能大赛、国家级技能大赛,秉承以赛促学、以赛促教、以赛促改的理念,通过各级烹饪大赛的举办和参与,将烹饪专业精英教育模式推广至其他专业、其他院校建设。同时,我校烹饪专业依托实训周、创越会、实践社团、创客空间等方式将创新创业教育普及到全体学生,实现两者的高度统一。

4. 全面发展与个性教育的统一

"创新创业+"人才培养模式以培养拔尖创新创业型人才为目标,立足于学生可持续发展能力的培养,注重学生全面综合素能的提高。我校针对学生的综合素质拓展开展了相应

第二课堂教育,如养成教育、志愿者活动、文化艺术节、社会实践、各类创新创业活动等。同时充分考虑学生专业背景、知识背景、性格特点和学习动机等个体差异和个性化需求开展创新创业教育,在掌握知识技能的基础上,有针对性地进行个体化的实践教学活动,促进学生个性发展,做到个体全面发展与学生个性教育的有机统一。

5.精神锻造与能力培养的统一

"创新创业+"人才培养模式旨在培养大批创新创业型人才,以适应经济新常态对人才培养的需求。培养创新创业型人才,首先注重创新精神的引领作用,包括创新意识、创新思维和创新品格的培养。创新精神是创新创业能力培养的前提、原动力和重要保障,创新创业能力直接决定创新创业人才培养的质量和效能。我校通过烹饪文化周、酒店文化周、美食节等活动,让学生在实践活动的感知和操作过程中,激发创新精神,提升创业能力。同时,让学生参与到创新创业研究的课题中,进一步从理论层面得以提升。"创新创业+"模式注重在培养学生创新创业能力的同时,不断强化其创新创业精神的锻造。

(二)本课题研究达到三个"共享"

1.理念共享

理念是一个有机协调体系,其内在具有一定的逻辑发展,包含有逻辑起点、逻辑中介以及最终形成的逻辑终点。高等教育的理念涉及高等教育的本质内涵、价值特征以及外在的教育功能、教育目标和方法等,是将其内在和外在的这一系列问题进行理论化、系统化,进而形成的相对科学稳定的理论体系。创新创业教育理念从属于高等教育理念,它将更为具体地揭示创新创业的诸多方面。"创新创业+"的新型人才培养模式就是建立在创新创业理念论、创新创业思辨哲学、实用主义教育观等相应理论思想、理念思维的指导之上的,对于各领域创新创业人才的培养具有普遍的理念指导意义,进而形成一种辐射带动作用。主要体现在两个方面:一是我校烹饪专业创新创业教育理念对其他专业的带动作用;二是我校创新创业教育理念对其他高职院校形成的辐射影响,如我校对新疆伊犁职业技术学院、山东旅游职业技术学院等兄弟院校的方法指导与理念共享。

2.模式共享

"创新创业+"人才培养模式代表一种新的教育模式改革发展导向,即将创新创业与高等教育中各类专业的人才培养及专业建设相结合,以创新创业教育为导向,以学生和社会需求为宗旨,改革传统的专业人才培养模式,提升专业建设质量。首先,受到该模式的影响,我校在全校范围内掀起了新一轮人才培养方案和模式创新的大讨论,由此推动了学校其他二十多个专业的人才培养方案与模式的修订与完善工作。此外,该模式外延是无限延展的,是可推广、可复制的,不仅适用于高职高专的专业人才培养模式,同样适用于综合型大学、研究型大学的专业、学科建设及人才培养模式的改革创新研究。

3.资源共享

"创新创业+"人才培养模式积极推进科教结合、产教协同育人,将行业企业引入人才培养全过程,把优秀科研人员、先进实验室、前沿科研项目等优质资源引入高校育人全过程,鼓励学生及早参与课题研究、走进实验室,真正实现科技与学生教育、行业与人才培养的强强联合、资源共享,实现校企人力、智力、市场、资金等资源的优势互补。

四、课题研究成果

（一）研究成果的核心观点

1. "创新创业+"模式

"创新创业+"代表一种新的人才培养模式，即创新创业+（传统的人才培养模式如国际交流、继续深造、就业等）的新型人才培养模式，是将创新创业理念深度融入到传统的人才培养模式中的一种创新。它引导学校师生不断更新和升华教育观念，强化对学生创新创业精神、创新创业意识和创新创业能力的培养，切实提高人才培养质量。

2. 创新创业教育融合

专业教育和创新创业教育有机深度融合，强调将创新创业教育融入到专业教育的每项过程，从入学教育到活动组织、从理论教学到专业实践、从日常养成到就业指导，创新创业教育紧扣教育过程的每一环节，充分实现专业教育与创新创业教育的融合统一。

3. 创新创业教育体系

以培养学生"创造、创新、创业、创优"素质与能力为核心，构建"各专业教育、教育全过程、某一个环节、某一项任务"四层教育层次，形成创新创业教育课程体系、实践体系和支撑体系三者融合为一体的创新创业教育体系。

4. 多方协同育人机制

在多中心理论治理模式下，政、行、校、企、教学单位和职能部门共同治理，汇聚集体智慧，摒弃高职院校创新创业的"孤岛效应"，共同将创新创业的理念和措施深入到教育教学的各个环节，深入到学校的各个方面。

（二）研究成果的主要内容和对策建议

1. 拓展"创新创业+"的概念内涵，提升了学校创新创业教育理念

课题组通过对创新创业教育理论的深入研究，拓展"创新创业+"的概念内涵。"创新创业+"代表一种新的人才培养模式，是适应我国经济新常态下的一种教育模式改革的发展导向，是将创新创业理念深度融入到传统人才培养模式中的一种创新。"创新创业"作为核心概念，其内涵是以构建培养拔尖创新创业人才为指向的现代高等教育模式为目的，引导学校师生不断更新和升华教育观念，深化教育教学改革，将人才培养、科学研究、社会服务紧密结合，实现从注重知识传授向更加重视能力和素质培养的转变，强化对学生创新创业精神、创新创业意识和创新创业能力的培养，切实提高人才培养质量。"+"作为模式外延，将创新创业与高等教育中各类专业的人才培养及专业建设相结合，以创新创业教育为导向，改革传统的专业人才培养模式，提升专业建设质量，以适应我国经济新常态下对人才培养的需求。

基于"创新创业+"的理念，贯彻国家和我省关于创新创业教育改革的相关文件精神，课题组在全院范围内开展创新创业教育改革大讨论，推动学院创新创业教育理念的提升（见研究论文成果：高职院校创新创业人才培养与发展的困境与破局——以南京旅游职业学院为例）。图1为高职院校"创新创业+"的教育教学体系。

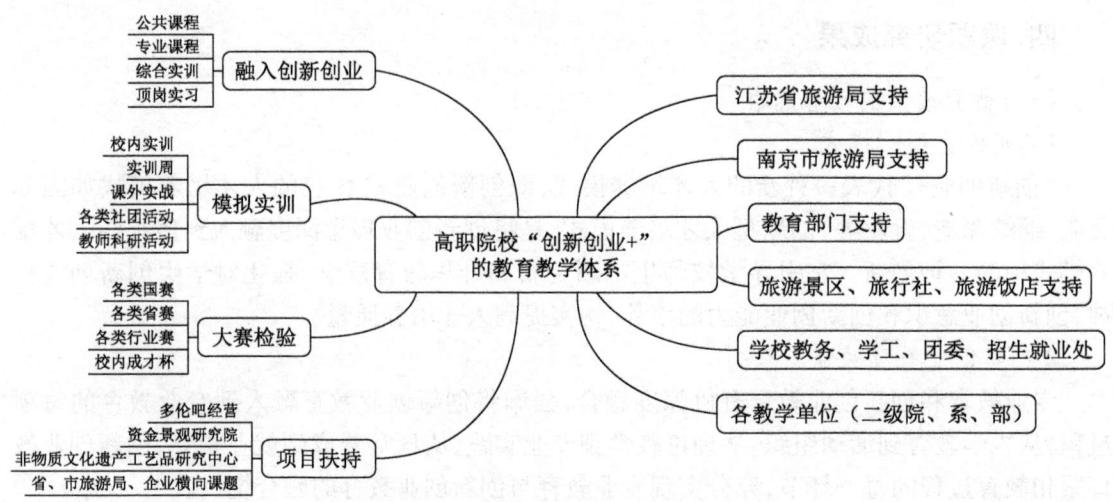

图1 高职院校"创新创业+"的教育教学体系

2.完善人才培养质量标准，出台了融入创新创业教育改革思想的人才培养方案修订意见

人是创新最关键的因素，尤其是顶层人员。加强统筹谋划，整体协同推进是创新创业教育困境破局的关键。学校的顶层要把思想和行动统一到创新创业教育的改革决策部署中，深入推进创新创业教育改革，树立科学、牢固的创新创业教育理念。要根据国际职教体系的精神，努力落实立德树人的根本任务，把社会主义核心价值观融入创新创业教育，要树立创新创业教育是全面提高高职教育质量应用意义的理念，把创新创业教育质量作为衡量办学水平的重要指标，作为学校教育教学评估指标体系和专业评估指标体系的重要指标，要树立旨在促进学生全面发展的理念，注重激发学生强烈的社会责任感，着力增加学生敢于梦想、勇于突破、脚踏实地、勤勉践行的创新精神、创业意识和创新创业能力。

课题组通过与学校顶层的反复沟通研讨，引领学校并起草制定了《南京旅游职业学院关于修订2016级专业人才培养方案的意见》（南旅院教【2016】5号）（下称"意见"）（见研究文件成果：南京旅游职业学院关于修订2016级专业人才培养方案的意见）。在意见中，明确创新创业教育改革的方向和理念，推进建立通识教育、专业教育和实践教育与创新创业教育的有机融合，构建创新创业教育体系（见研究论文成果：多中心理论视阈下"创新创业+"的教育体系构建与实践——以南京旅游职业学院为例），把培养学生的创新意识和创业能力作为明确的人才培养目标。

3.创新人才培养模式，制订了体现创新创业教育改革思想的人才培养计划

人才培养计划是人才培养模式的核心，要保证创新创业教育能够有效开展，就必须根据人才培养目标，结合不同的专业特点，以学生综合素质培养为主线，设计学生的知识、能力、素质结构和满足创新创业教育要求的人才培养方案。

课题组在对南京、无锡、苏州、上海4个城市的餐饮行业，江苏开设烹饪专业的4所院校，南京周边的7所高职院校学生创新创业意愿进行深入调研（见调研报告成果：烹饪工艺与营养专业设置可行性研究与调研报告，高职院校学生创新创业教育的调查报告）的基础

上,充分对比分析高职院校创新创业烹饪人才培养现状、行业对烹饪创新创业人才需求和学生创新创业需求,基于"创新创业+"的教育理念,厘清烹饪专业学生在创新创业过程中存在的问题,共同推动创新创业导向的人才培养模式改革即"创新创业+烹饪专业"改革,明确培养目标和培养要求(见研究方案成果:烹调工艺与营养专业人才培养方案)。

专业培养目标:面向中式烹调工作岗位,培养与社会发展和区域经济建设要求相适应,在德智体等方面协调发展,掌握必要的文化知识和基本专业技能,具有良好的身心素质,德业兼备,有一定的组织、协调、控制能力,符合国内外高星级宾馆、饭店等餐饮业从事中餐菜点生产、经营和厨房管理的一线岗位需要,并具有本专业职业发展能力,具有创新精神和实践能力,适应未来餐饮行业发展需要的高素质、技能型专门人才。

专业培养要求:全面贯彻国家的教育方针,坚持育人为本,德育为先,把立德树人作为根本任务。以"高素质技能型人才"为培养目标,高度重视学生的职业道德教育、学生的诚信品质、敬业精神、责任意识和遵纪守法意识、实践能力、就业能力和创新创业能力等方面的培养。

4.创新人才培养机制,再造创新创业+烹饪专业的课程体系

人才的培养需要一个好的机制,国务院创新创业指导意见中明确提出"完善学科专业预警、退出管理办法,探索建立需求导向的学科专业结构和创业就业导向的人才培养类型结构,调整新机制,促进人才培养与经济社会发展、创业就业需求紧密对接"。学校创新性地建立了"人才培养、科技服务、人员互聘、岗位实践、就业创业"五位一体的校企合作机制,完善工作机制,创新发展平台,推进合作育人,合作发展。与校外合作单位组建南京旅游职业学院理事会,创建混合所有制旅游交通学院、户外休闲服务与管理专业、蓝蛙订单式人才培养、"双师"型教学团队建设等,构建"专业共建、人才共育、过程共管、责任共担、成果共享"的紧密型校企合作机制。

课程体系是"创新创业+"人才培养模式的核心组成部分,是"创新创业+"人才培育的核心环节,也是观念转化的桥梁。设计一个适用的、全新的"创新创业+"的不同于以往的课程体系,有利于最佳发挥教育过程中培养学生创新创业能力,最终达到精准实现将创新创业与专业教育融合在一起的教育体系。"创新创业+"的课程体系是指创新创业教育的课程与专业教育的课程有机地耦合在一起,形成一个密不可分的课程体系。在创新创业教育的价值观念和理念指导下,将同一专业不同课程门类按照门类顺序排列,是创新创业教育教学内容和进程的总和,其构成是它的课程观、目标、内容、结构和活动方式等,其中创新创业课程观起着主宰作用。建立创新创业教育课程体系是"创新创业+"模式的形式表现。

课题组通过多次调整、多方调研、科学论证,最后构建了创新创业教育与专业教育有机融合的课程体系,包括公共基础课程、旅游职业素养课程、创新与博雅课程、专业基础课程、专业核心课程、专业选修课程和实践与毕业设计七大模块。初步形成了基于创新创业导向的"培养学生创新创业知识和能力的创新创业平台课程(创新与博雅课程),培养素质、管理与交际能力的公共文化通识课程(公共基础课程),培养对接职业群的烹饪专业通用与核心能力课程(专业基础课程和专业核心课程),培养多元需求的就业(升学、研修)方向模块课程和培养对接未来与个性化需求的专门选修课程(专业选修课程)"交互课程体系(见研究

论文成果:"创新创业+"的人才培养模式核心:课程、课程结构及课程体系——以南京旅游职业学院烹调工艺与营养专业为例),挖掘和充实各类专业课程的创新创业教育资源,在基础课程中加入创新创业基础知识,启发全体学生创新创业的意识,在传授专业知识过程中加入创新创业课程实务和方法进行训练,调动学生创新创业的能力,同时引入行业、企业职业标准、岗位标准对接课程标准,并把岗位技能需求、职业资格证书的内容与课程相融合,对核心岗位能力课程进行优化和改造,共同制定"岗课、证课"融通的课程标准,研发系列创新创业教育课程教材和产学教材(见开发教材成果:《创新理论与实践》、《创业基础》),构建集"通识能力、专业能力、综合能力和创新创业能力"于一体的创新创业课程体系。

5.立足三个课堂,构建并实施了分阶段进阶式的创新创业+实践体系

本课题基于当前高职院校创新创业教育实践的现状和开展形式,构建具有高职特点、符合高职定位的创新创业教育实践体系,即以创新、创造、创业、创优"四创"人才培养为目标,以校内外实践课程体系、校内外创新创业实践基地平台和各种创新创业活动为载体,紧密结合社会发展和专业优势,对创新创业意识进行引导、对创新创业想法进行转化、对创新创业项目进行模拟、对创新创业教育内容进行实践,着重培养大学生的创新精神。通过创建新型的创新创业教育实践平台和载体,营造健康和谐的创新创业教育实践环境与文化,深化高素质技能型人才培养的模式和途径,培养学生的创新思维,向学生传授创业知识,提升学生的创业技能,塑造学生的创业精神,提高学生的社会责任感、职业荣誉感和历史使命感,从而促进学生全面发展且有机会从事创新创业实践活动。

我们以三个课堂阶段为依托,构建一套进阶式的创新创业教育实践培育体系,拓宽学生创新创业视阈。

(1)立足第一课堂,培育创新创业实践认识。改革创新创业实践课程设置,面向所有在校生开设"大学生创新理论课、创业基础课和大学生职业生涯规划课"等课程,与南京市人力资源和社会保障局合作,针对烹调工艺与营养专业开设"创业网络课堂(互联网创业、网创项目选择与定位、网络产品规划策略、货源平台采购与财务管理、网络推广与全网营销、网创项目风险分析、网店管理等)"课程。同时依托市场营销、成本控制、餐饮管理、连锁经营等专业基础课程,通过两类基础课程的开设与知识融合,培育学生创新创业实践认识。

以基础课程为基点,建立与烹调工艺与营养专业核心课程和项目单门课程的联系,深入开展校内烹调实训课程、校内综合实训课程,拓展学生对创新创业实践的基本认识,提升学生创新创业的软实力,并最终培育学生良好的自我创新创业实践意识。校内烹饪实训课程:教师以提升学生专业技能实践能力为明确实训目标,编制课程实训大纲、实训教材和指导书,学生依托专业核心课程和项目课程的校内实训课程教学、课程教学资源学习平台(精品课程学习网站)和自主学习平台的学习,提升专业实践技能,拓展创新创业实践基础。校内综合实训课程:在传授专业知识的过程中,有意识地加强创新创业教育,使学生在上课时潜移默化地增强创新创业意识。以项目课程为主线,学生团队从原材料采购、菜肴烹调制作、菜品包装设计、营销推广策划、销售核算等一系列过程,完成整个过程环节,教师给予指导。通过此实训课程,让学生在课程中对专业理论与实践的紧密联系,前场与后场的紧密结合,烹调技能与餐饮经营的深度融合有个全面的认知,实现学生综合实践能力的提升,增强了学

生的创新创业素质。

（2）立足第二课堂，实施创新创业实践体验。以第二课堂为依托，锻炼与提升学生创新创业实践基本职业品质。通过强化综合性实践和拓展性实践，柔性化教学管理，以导师制主导实践和学生自选项目选题、组织实施实践的两种方式进行创新创业项目（科研、活动）实践体验，让学生在项目（科研、活动）中获得设计、组织、协调等实践技术能力，成为真正参与创新创业项目实践活动各个环节的主体，如大学生实践创新训练计划以及各类活动，比如美食文化节活动、名厨访谈、南旅大讲堂、创新创业学生社团活动（创越协会、江南小天厨、创意工作坊、创新创业沙龙俱乐部、创新创业校友协会社团、创新烹饪工艺美术品制作社团等），还有综合毕业设计及成果展示会、各类纵向横向科研课题研究、各类职业技能大赛（成才杯技能大赛、国家或省级烹饪技能大赛）和创新创业大赛（创新创业知识竞赛、互联网+创新创业大赛、职业生涯规划大赛）等。（见项目活动实践成果：美食文化节、名厨访谈、创越会、江南小天厨、成才杯技能竞赛、国家或省级职业技能大赛等相关资料成果）。

（3）立足第三课堂，实施创新创业实践培育。创新创业实践教育的基本点在于对社会实践的认同。在创新创业实践人才的训练培养过程中，应依托高校间开展创新创业计划竞赛、校企创新创业实践基地、创新创业孵化基地等多种方式打造实践平台，从而引导与催化学生获得就业创业技能，强化实践动手操作和解决实际问题的能力，如学生与教师共同打造服务平台，创办创新创业企业，如中国好厨师网、微商推广服务平台。学生合理利用课余时间，加盟品牌企业业务推广，并通过企业开展的一系列成熟的商业品牌策划、营销等活动，达到锻炼自身创新创业实践能力的目的，如微店"柚丁"等。依托学校御冠教学酒店和实践基地，打造学校创新创业孵化基地，利用此类基地，提供学生创新创业空间，实施创新创业实战，如"面包工艺坊"、"研磨时光"咖啡生活馆等（见项目实践成果：中国好厨师网、微商推广服务平台、"研磨时光"咖啡生活馆等相关资料成果）。

6.改革教学方法和考核方式，建立了"创新创业+"的教学模式

在"创新创业+"的教育教学改革过程中，特别重视教学过程的教学方法和考核方式的转变。过去教师满堂灌的传统方式已不能满足高职院校的人才培养，学校积极采取措施，开展各类教学方法的研讨活动，广泛开展启发式、讨论式、翻转课堂等的参与式教学，开展"以研促学、以赛助学"，将学生带入教师的科研课题中学习，带入到各类大赛里学习，注重培养学生的批判性和创造性思维，激发创新创业灵感，根据不同学生的需求开展分类分层学习，充分利用现代信息技术开展在线学习，鼓励学生自主学习，并创造条件将学生参与的各类活动和在线学习、自主学习纳入到学业成绩考核中。

改革传统教学模式，依托学校"烹饪与营养研究所"，鼓励学生参与教师教学科研活动，激发学生创新创业灵感。创造品牌活动，开设"新市场、新技术、新工艺、新品种"现代中、西面点技艺与创新高级研修班；考查注重学生运用知识分析、解决问题的能力，避免以往"重结果、轻过程"的考核方式，以及"高分低能"的结果。深化校企合作、校校合作以及国际合作的协同育人机制，构建较为完备的学生学业预警系统。

7. 强化"管理、指导、服务"于一体，完善了"创新创业+"的人才培养保障机制

（1）创新创业师资队伍保障

打造专兼结合的由校内专业教师、校内创新创业导师和校外创新创业实践导师组成的混合式创新创业师资团队，充分发挥校内创新创业导师的理论水平和校外创新创业导师的实践经验。

充分发挥御冠教学酒店（基地）的经营实体作用，出台《教师进店实践管理制度》，制订《教师进店挂职锻炼计划》、《双师素质师资培养计划》、《"四师"（行业培训师、项目策划师、企业咨询师、大赛指导师）培养计划》，实施"双岗双职双薪"的激励政策,提升全体教师创新创业教育责任,完善专业技术职务评聘和绩效考核标准,加强创新创业教育的考核评价,采取教师有目的、有计划、有岗位、有责任、有考核的研岗、跟岗、顶岗、轮岗等措施,通过教师在学校与酒店的双向岗位流动、职务互换,实现由教师向师傅,师傅向教练,教练向导师的能力转变;同时通过以老带新、项目驱动等措施,着力培养教师产学服务能力和协同创新能力,建设一支高水平的创新创业教师服务队伍(见研究论文成果:烹调专业教师创新创业教育能力的内涵、实践及构想)。

（2）创新创业实践基地保障

强化创新创业实践教学是高职教育的特色，是培养学生实践动手能力和创新能力的核心。创新创业实践基地建设是提高实践教学质量的物质基础。它既不能完全依赖企业，也不能完全由学校来实现，必须充分利用校内外两种教育资源来保证创新创业实践教学环境的实施。

完善校内实训基地建设。完善实训基地功能，提升实训基地档次和硬件建设水平。继续打造实现实训中心职业技能运用、职业能力训练和职业素质培养的主要职能,继续开设面向行业的实训课程,同时承担各种培训,以独特的模拟实际职业环境的训练方式,缩短学生就业前与企业岗位技能要求的差距,提升学生创新创业实践能力,满足多层次人才实训的需求。

打造校内创新创业教育实践平台和载体。创新创业教育实践的困难在于为学生营造客观、真实的创新创业实践环境,提供大学生能够真正从事创新创业的有效平台和载体。为了满足大学生创新创业实践的客观需求,我们统筹规划校园空间布局,优化设计三大功能区域。一是规划整修校园内沿街部分商铺、部分活动中心、部分食堂区域,作为大学生开展实体店铺创业与实践辅导的功能区;二是将学校体育馆和图书馆部分空间改造设计成大学生创新创业实践活动中心,作为大学生开展创新创业培训和创业沙龙的功能区;三是利用学校实训楼和御冠教学酒店,通过对实训楼现有使用空间的调整和御冠酒店创新创业服务中心的空间利用,营造大学生从事管理服务咨询与开展创新创业的功能区。三大功能区域不仅注重基础条件建设和环境布置,更强化服务功能作用和教育引导,重在为学生搭建真实的创新创业实践平台。

构建创新创业孵化扶持体系。创新创业教育实践贵在完善学生实现创新和创业的创新创业扶持体系,提供学生实现创新和创业的制度保障。依托学校教学酒店,成立创新创业指导中心,并专门设立大学生创新创业扶持基金,通过创新创业项目的遴选、孵化、扶持,到跟

进、指导,使创新创业项目从萌芽、发展,直至壮大,有了一定市场竞争力,创新创业项目才能健康、持续发展。

创新创业内容涵盖技术研发、文化创意及商务服务等领域。通过项目负责人申报,组织专家对申报项目进行遴选的方式决定最终入选扶持的项目。项目负责人都由学生担任,学生组织团队,写策划书、申报书等。负责人需依次对项目创意、团队组织、市场评估、营销策划及运行现状等内容进行介绍和展示,专家评审认真听取项目汇报,并对照评分标准给予项目评级,遴选优秀项目入选扶持项目。项目入选以后,需为学生提供创新创业环境,充分发挥学生的创新创业才能。

学校不仅为在校大学生创新创业团队提供创新创业所需的创新创业场所方面的"硬条件",而且更多则是为在校大学生创新创业团队提供资金、项目、指导和管理方面的"软服务"。

此外,还搭建学生校外"众创空间"平台。利用校企合作的资源优势,搭建创新创业教育"众创空间"新平台,为学生提供可持续利用的创新创业发展空间。通过校企合作优势的互补,依托深度合作平台的作用,与企业建立"紧密型"合作关系,广泛建立校外创新创业实践基地。通过校企合作基础为学生拓展专业实践空间和创新创业实践视野,使学生奠定坚实的专业知识、职业素养和创新创业能力。与合作企业建立校企合作创新教学工厂。校企合作创新教学工场是学生与企业互通"耦合"的创新载体,其组成结构单元是:学生为主体、教师为指导的"虚拟项目"和社会真实项目。在校企合作创新教学工场中,学生"虚拟公司"的创业实践可以和学业学分挂钩,参与创业实训项目的学生可以获得相应免修课程的资格,真正实现"教学"与"创新创业"的有机耦合。

(3)创新创业管理组织与制度保障

成立就业与创业教育指导委员会,建立大学生创业指导服务中心,为学生创业免费提供工商注册、税务登记、银行贷款、政策咨询等一站式服务。设立大学生创业基金,出台创业孵化基地管理办法、创业基金管理办法等相关管理制度,为学生实践提供有力保障。组建由创业指导教师、创业校友、企业家组成的咨询团队,指导和帮助创业学生熟悉各项政策,建立培训课程,实施创业培训制度。健全创新创业教育配套教学管理制度,实施弹性学制,支持学生休学创业,实施学分制,创设创新创业学分积累与转换制度。学工处、招就处、团委、科研开发处、教务处共同研发,建立了南京旅游职业学院创新创业学分积累与转换制度,将学生开展社团活动、创新实践、发表论文、获得专利和自主创业等情况折算为学分,将学生参与老师的课题研究、社会调查实践等活动认定为课堂学习。学工处与教务处合作,为有意愿、有潜质的各专业学生制订创新创业能力培养计划,建立创新创业学分制银行,客观记录并量化评价学生开展创新创业活动情况。对积极参与创新创业的学生给予优先转专业,实施放宽学生修业年限,允许调整学业进程的弹性学制,并拿出一定的资金用于优秀创新创业学生的表彰(见制度文件成果:南京旅游职业学院学籍管理规定、南京旅游职业学院学分制管理规定、南京旅游职业学院创新创业学分认定管理办法)。营造校园创新创业文化氛围,提升学生创新创业意识,激发学生创新创业热情和兴趣。

(4)创新创业各项政策支持和保障体系

学校示范校建设期间总体预算经费为4320万元。其中省财政专项资金1500万元,行业企业投入370万元,举办方投入600万元,学院自筹资金1850万元。其中50%资金应用在"创新创业+"的教育教学体系硬件建设中,包括御冠教学酒店的综合实训基地建设,通过创立并建设实践教育教学中心,搭建学生实习实训平台;创立大学生创新创业中心,搭建学生创新创业平台;创立大学生职业素质养成中心,搭建学生职业素质提升平台;创立旅游咨询服务中心,搭建专业服务社会平台,打造集人才培养、生产经营、技术服务、社会培训、创业孵化为一体的互利共赢合作平台,充分发挥御冠教育教学酒店(基地)的生产、教学、实习、科研、服务、师资培养,文化辐射等独特作用,增强学校的综合服务能力。50%资金应用在"创新创业+"的教育体系的软件建设,包括人才培养方案的建设、创新创业型教师队伍的建设、课程体系的建设以及学生创新创业的资金支持方面。

(三)研究成果存在的不足或欠缺,尚需深入研究的问题

本课题从2015年10月开始启动,时间短任务重。课题研发不应仅仅停留在理论研究阶段,更重要的是要把它转化成指导实践、推进改革、提高职业教育质量的行动。在研究和推进过程中遇到种种困难和阻力,主要体现在以下几方面:

(1)时间较短,课题的研究深度还不够。虽然开展一部分工作,比如最重要的2016级人才培养方案的制订以及"创新创业+"的人才培养模式设置、课程设计都做了全面的调整,克服了创新创业课程与专业课程两张皮的现象(在排课时就已经体现出融合的效果),但还需要在纵向上和横向上全面开展。

(2)职能部门和教学部门的配合默契度有待于进一步的提升和经受实践的检验,学校形成"创新创业+"人才培养模式的全局性、全过程性难度还比较大。

(3)学校顶层设计和管理层的重视程度还不足以将一个全新的模式和创新的内容全面开展。需要全力的支持和落地的各项政策保障和制度支撑,而不是仅仅喊在口号上。

(4)教师本身的创新创业意识和实践经验还不足,尤其在教学过程中对学生创新意识和创新精神的培养还不足以支撑"创新创业+"模式的深度发展。因此教师本身创新创业精神及能力的进一步培育和提升需要很长一段时间和比较好的一个环境。

(5)教材的建设方面,虽然编写了一本,但远远不够,还需要力求在各方面包括专业教材内容里都嵌入创新创业精神和知识点等。

项目名称：基于企业需求的旅行社计调专业人才培养标准研究
项目编号：LZW201504
项目负责人：樊豫陇
项目负责人所在单位：郑州旅游职业学院

基于企业需求的旅行社计调专业人才培养标准研究

【摘　要】党的十八届三中全会印发的《关于全面深化改革若干重大问题的决定》提出，要"加快现代职业教育体系建设，深化产教融合、校企合作，培养高素质劳动者和技能型人才"。这指明了今后一个时期职业教育改革创新发展的目标、途径和任务。高职教育是以培养具有一定的理论知识、较强的实践能力，生产、管理、服务于一线职业岗位的应用型、技能型人才为目的的教育，旨在培养技能型、应用型的管理人才。这类人才要既具备更加扎实的专业基础知识，又有综合性职业能力。

近年来，随着我国旅游业的快速发展，旅行社行业也迎来了发展的黄金期，作为掌握着旅行社经营成本和质量的核心岗位的旅行社计调，已经成为炙手可热的紧缺人才。从现实情况来看，当前我国旅行社计调人才的培养数量和质量都难以满足快速发展的旅行社行业的用人需求。但当前关于旅行社计调专业人才培养的相关理论研究与实践成果却很少，这与我国当前旅行社行业的快速发展不匹配。

项目组通过对旅游行业人才需求方面研究文献的分析发现，由于我国高校关于旅游类专业人才的培养多集中在旅游管理和酒店管理类人才的培养方面，作为对工作要求和技能非常专业的旅行社计调岗位，其绝大多数从业人员都来自于导游岗位，且由于高校专业设置的原因，更多旅行社计调从业人员的专业背景都是旅游管理专业，旅行社经营管理专业的很少，旅行社计调专业的人数为零。这与我国旅行社行业的快速发展对计调专业人才的需求实际不相匹配，也在一定程度上阻碍了旅行社行业的转型升级发展。本项目研究在对旅行社计调人才供求现状调研的基础上，进行基于企业需求的旅行社计调专业人才培养标准开发，可以为旅行社计调专业人才的培养提供标准参照，有利于为我国旅行社行业的发展提供更多的专业优秀计调人才。

本项目研究内容共分为五个部分：

第一部分主要介绍了项目研究的背景、研究意义、研究思路、研究方法及主要研究内容和创新点等。

第二部分主要对高等职业教育、专业、人才培养标准、旅行社计调等相关概念进行界定，并对旅行社计调人才培养的国内外相关研究进行综述。

第三部分主要对旅行社计调人才的供需现状进行调研分析。首先对旅行社人才需求特征和发展趋势进行分析研究,并对当前旅行社计调从业人员的来源和职业能力现状进行调研和分析,指出旅行社计调专业人才培养的紧迫性;其次,通过问卷调查、实地走访、专家访谈等方法,以对河南省部分高职院校和中国旅游院校五星联盟单位的旅行社类专业人才培养现状的调研结果分析为基础,查找旅行社计调专业人才培养存在的问题。

第四部分进行基于企业需求的旅行社计调专业人才培养标准开发。首先通过对以上调研院校旅行社类专业人才培养的相关数据进行收集整理,结合调研结果的分析,针对当前旅行社对计调岗位人才的需求实际,进行人才培养标准的开发,取得了立足市场需求定位人才培养目标、对接企业用人规格定位人才培养规格、基于企业岗位职业能力设计课程体系等成果,并开发出旅行社计调专业的人才培养目标、人才培养规格和课程体系。

第五部分为结论部分。对项目研究取得的成果和存在的不足进行总结,并对未来的研究进行展望。

【关键词】旅行社　计调专业　人才培养标准　岗位职业能力

一、前言

人才培养标准就是学校对所培养的人才的质量标准进行的规定,是学校教育教学工作的立足点。专业人才培养规格标准是专业人才培养目标的细化,是学校制订教学计划和课程标准,组织教学和评估教育质量的重要依据。

当前,对于旅行社的经营成本和质量起着决定作用的专业计调人才的极度缺乏,已经是摆在众多旅行社企业面前的严峻现实。造成这个问题的根源在于我国至今为止并没有针对旅行社计调岗位开设专门的旅行社计调专业,旅行社的计调岗位从业人员绝大部分是由导游从业人员转岗而来。但是,随着旅游业的蓬勃高速发展,旅行社行业不可避免地迎来转型升级的挑战,随之而来的就是对岗位人员专业素质要求的进一步提升,由其他岗位从业人员转岗而来的计调人员的素质和能力,已经难以满足旅行社转型升级发展的需求。专业计调人才的培养势在必行。于2015年7月29日审议并颁布的2015版《中华人民共和国职业分类大典》中,确定了职业分类结构为8个大类、75个中类、434个小类、1481个职业,此次新修订的职业大典明确将旅游团队领队、旅行社计调、旅游咨询员、休闲农业服务员等4个职业作为新职业纳入《大典》,这标志着上述职业身份在国家职业体系中首次得以确立。

项目组以基于企业需求的旅行社计调人才培养为着眼点,从当前旅行社计调人才供需现状出发,结合对河南省、云南省、海南省等地的旅行社和河南省内部分高职院校、中国旅游院校五星联盟成员校及国内其他职业院校的调研,进行旅行社计调人才培养标准开发的探索,力争为旅行社计调人才的培养寻找科学的途径和办法。

(一)研究背景

1.我国高等职业教育发展迅速

党的十八届三中全会通过的《关于全面深化改革若干重大问题的决定》中,提出要"加快现代职业教育体系建设,深化产教融合、校企合作,培养高素质劳动者和技能型人才",对我国职业教育的发展进行了科学的规划。为了落实这一决定,2014年5月2日国务院以国发〔2014〕19号文件的名义下发《关于加快发展现代职业教育的决定》，并于6月22日正式面向社会公开发表。6月23日至24日，全国职业教育工作会议召开，教育部、发改委、人社部、农业部、财政部、扶贫办联合发布《现代职业教育体系建设规划（2014—2020）》（简称《规划》）。6月23日，习近平总书记就职业教育做了重要批示。他指出，职业教育是国民教育体系和人力资源开发的重要组成部分，是广大青年打开通往成功成才大门的重要途径，肩负着培养多样化人才、传承技术技能、促进就业创业的重要职责，必须高度重视。这里使用了三个"重要"来阐明职业教育的重要性。

高职教育是以改革为基础构建现代职教体系的中坚，是现代职业教育以高层次技术技能人才服务国家经济转型升级的主阵地，是职业教育与继续教育沟通衔接的结合部。随着党和国家对职业教育的高度重视，我国的高等职业教育也迎来了发展的春天。2014年高等职业教育招生数达到337.98万人，招生数占高等教育招生数的比例达到46.9%；高等职业教育在校生数首次突破1000万人，达到1006.63万人，非学历教育注册学生达到5593万人。高职教育为社会培养了大批高素质人才。

2.旅行社行业人才供需矛盾日益突出

据国家旅游局统计数据显示，2015年，我国旅游业实现国内旅游人数40亿人次，国内旅游收入3.42万亿元；入境旅游人数1.34亿人次，实现国际旅游收入1136.5亿美元；出境旅游人数达到1.17亿人次，旅游花费1045亿美元；全年实现旅游业总收入4.13万亿元，旅游业对GDP的直接贡献为3.32万亿元，占GDP总量比重为4.88%；综合贡献为7.34万亿元，占GDP总量的10.8%。旅游直接就业2798万人，旅游直接和间接就业7911万人，占全国就业总人口的10.2%。

项目组对我国2010年至2015年间旅游业发展的情况进行了数据统计，结果见图1。

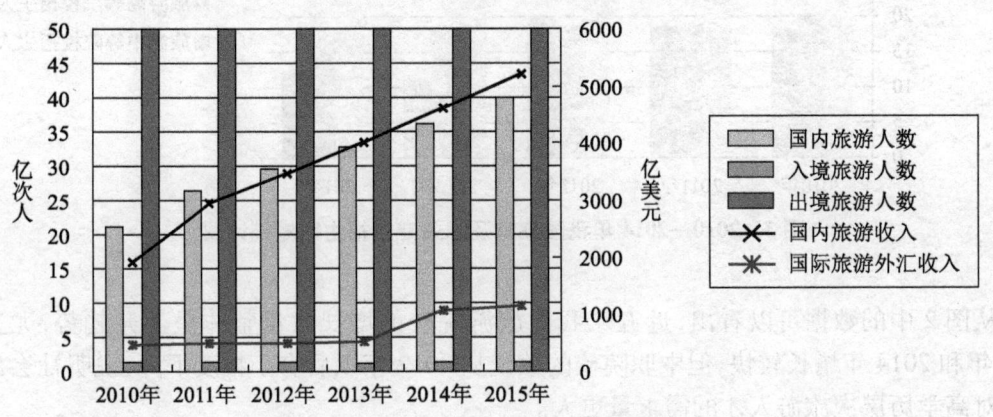

图1 2010—2015年我国旅游业发展现状图

从图中数据可以看出，近年来我国旅游业发展态势很好，无论是国内游还是出境游人数都呈明显上升趋势，国内旅游收入增长迅速，国际旅游外汇收入近三年增长较快。

旅游业的快速发展需要相应数量的人才智力作为支撑。据国家教育部有关统计数据显示，截至2014年年底，全国共有高等旅游院校及开设旅游系（专业）的普通高等院校1122

所,在校生 43.52 万人,比上年减少 5.91 万人;中等职业学校 933 所,在校学生 31.81 万人。两项合计,旅游院校总数 2055 所,在校学生为 75.33 万人。2014 年全年,全行业在职人员培训总量达 462.13 万人次,比上年增加 34.83 万人次,增长 8.2%。

项目组对我国 2010 年至 2014 年间旅游院校数量和 2010—2014 年间我国旅游及相关专业招生数量进行了统计,结果见图 2 和图 3。

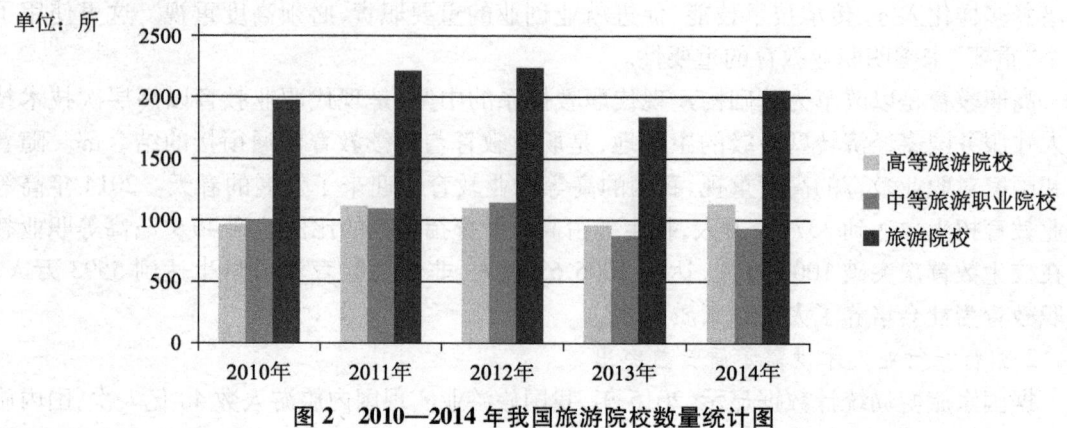

图 2　2010—2014 年我国旅游院校数量统计图

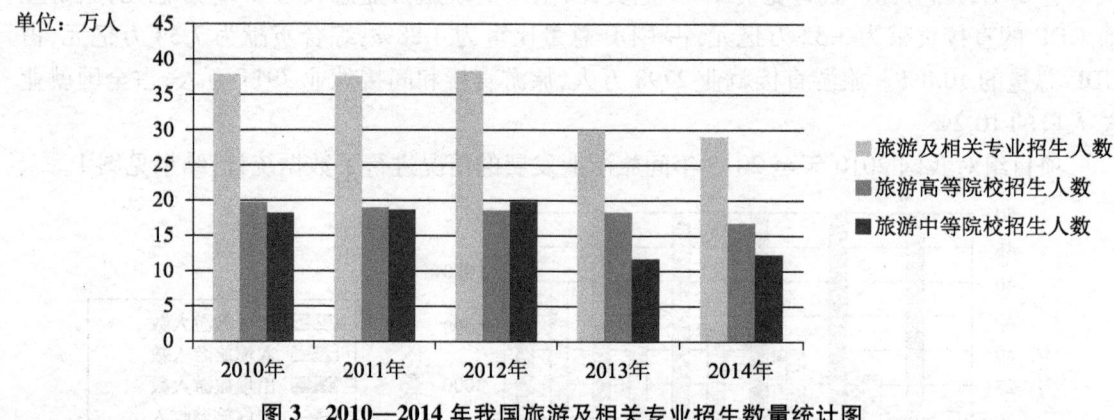

图 3　2010—2014 年我国旅游及相关专业招生数量统计图

从图 2 中的数据可以看出,近五年我国旅游院校的增长数量整体呈上升趋势,尤其是 2013 年和 2014 年增长较快,但中职院校的数量从 2012 年以后有小幅度下降,说明社会经济发展对高学历层次旅游人才的需求量更大。

从图 3 中的数据可以看出,近五年,我国旅游及相关专业招生数量整体上呈下降趋势,尤其是 2012 年以来下降幅度较大,这与旅游业的快速发展不匹配。整个旅游行业的人才供需存在不平衡问题。

据 2014 年中国旅游业统计公报数据显示,截至 2014 年年底,全国旅行社总数为 26 650 家,旅行社资产总额 1292.97 亿元,各类旅行社共实现营业收入 4029.59 亿元,完成营业税金及附加 16.60 亿元。2014 年全年,全国旅行社共招徕入境游客 1410.04 万人次、6165.94 万人天,经旅行社接待的入境游客为2002.56万人次、6855.15万人天,全国旅行社共组织国内过夜游客13 116.66万人次、41 545.83万人天,经旅行社接待的国内过夜游客为14 457.77万人次、34 978.44万人天。

旅行社人才是旅行社行业发展的最主要因素,其数量、质量直接决定着行业发展的水平。旅行社行业的快速发展需要大批高素质的计调人才,但据上述资料表明,我国旅游院校的数量和旅游类相关专业的招生数量已经远远跟不上旅游业的发展,作为旅游类专业中招生人数所在比例很小的旅行社类专业来说,专业人才数量的欠缺已经成为制约旅行社行业发展的大难题,人才培养质量也堪忧。

3. 计调人才的缺乏逐渐成为制约旅行社行业发展的瓶颈

计调作为旅行社企业的一个重要岗位,掌握团队从旅游开始到结束的各项旅游服务安排,其岗位职能更是随着旅行社功能的增加而不断延伸。计调是旅行社完成地接、落实发团计划的总调度、总指挥、总设计。计调岗位十分需要高素质、高水平的人员,尤其是我国旅游法实施后,整个旅行社行业实现了快速发展,并进一步向规模化纵深发展,旅行社计调的职能和分工更加明确,业务能力强、职业素养高、经验丰富的计调成为各旅行社紧缺的人才,计调人才的缺乏已经制约了旅行社的高质量快速发展。

另外,最新的市场研究报告表明,目前,我国选择互联网报名旅游度假产品的消费者呈现出大幅上升趋势。《2015—2016年中国在线旅行社市场研究报告》显示,2015年,中国旅行社市场总交易规模约为3652.9亿元,较2014年3285.1亿元同比增长11.2%。其中在线市场规模达735.5亿元,较2014年429亿元同比增长71.4%。在线渗透率为20.1%,较2014年13.1%增长约7个百分点,在线渗透率持续扩大。专家预计,2016年在线旅游市场的份额还将大幅提升,特别是移动互联网和智能手机将成为主要的推动力量。据业内专家分析,这些线上旅行社的运营,更是需要大量的专业计调人才。

项目组对河南省、云南省、海南省等旅游业比较发达省份的旅行社行业进行了调研。很多旅行社经理纷纷表示,目前,高水平、高素质的计调人才非常少,可谓是一"才"难求。目前我国旅行社计调人员主要来源有旅行社内部人员转岗、社会化招募、旅游院校培养三种途径。由于目前我国的旅游院校开设旅行社类相关专业的并不多,而且尚未有院校开设旅行社计调专业,所以院校能够为旅行社培养的专业计调人才很少。旅行社计调人员绝大部分都只能靠内部人员转岗,还有一小部分是从社会上招聘而来。由于计调的工作效率在很大程度上影响到旅行社的盈亏,而无论是从数量上还是从质量上看,当前的旅行社计调人才都难以满足旅行社行业快速发展的需要。

4. 旅行社计调人才培养的相关研究数量少

项目组分别以"旅游行业人才需求"和"旅行社计调专业人才培养"为关键词,对1999—2014年中国知网(CNKI)收录的文献资料进行检索,共检索出1109条结果,其中与项目研究相关文献仅5篇。通过文献综述,得出结论如下:(1)我国关于旅游行业需求和专业人才培养的研究不断深入。自2003年至2015年,我国关于高职高专专业设置的研究逐渐增多,相应的,关于专业人才培养的研究逐渐兴起并不断深入,旅游类专业人才的培养研究逐渐走向高峰;(2)专业人才培养研究视角逐步明朗。从对文献资料的梳理分析发现,专业人才培养的研究主要集中在人才培养的目标、规格,尤其是人才培养模式及课程体系设置方面,而就职业与专业、岗位与专业、知识与技能的相关关系进行的定量研究较少;(3)当前旅游类专业人才培养研究与旅游行业发展不匹配。绝大部分的研究集中在旅游管理专业、酒店管理专业,也有少部分关于导游专业、旅游英语专业和景区开发与管理专业的人才培养研究,但是关于旅行社经营管理专业方面的研究很少,而由于职业类别划分等诸多因素的影响,关于旅行社计调专业人才的研究更是一片空白。

从对旅游行业人才需求方面的研究文献的分析,项目组发现,我国高校关于旅游类专业人才的培养多集中在旅游管理和酒店管理类人才方面,作为对工作要求和技能非常专业的旅行社计调岗位,其绝大多数从业人员都来自于导游岗位,且由于高校专业设置的原因,更多旅行社计调从业人员的专业背景都是旅游管理专业,旅行社经营管理专业的很少,旅行社计调专业的人数为零。

(二)研究意义

1. 理论意义

近年来,随着高等职业教育的迅速发展,高职院校的专业设置能否适应行业发展的需求等方面的问题也已受到了学术上的重视,相关的研究成果也日渐增多。项目组通过文献检索发现,关于高职专业设置优化的研究论文数量已经呈逐年增长趋势,与之相匹配,关于专业人才培养标准的研究也逐年增多。但是,由于旅行社专业开设时间较晚,远远滞后于旅行社行业的发展,关于旅行社专业方面人才培养标准的研究较少。本项目以旅行社紧缺的计调专业人才培养标准开发为研究的重点,通过对旅行社计调人才供需状况的调研分析,进行基于企业需求的人才培养标准研究,所取得的立足市场需求的计调人才培养目标定位、对接企业用人规格的人才培养规格定位和基于计调岗位职业能力的课程体系设计等成果,对于高职院校旅行社计调专业人才培养具有一定的理论借鉴作用,并对高职旅游类专业人才培养标准研究的丰富和发展具有一定的理论意义。

2. 现实意义

首先,高质量的专业人才培养标准是提高高职教育质量的关键。人才培养标准是专业人才培养的依据,是学校教育教学工作的立足点,更是学校制订教学计划和课程标准,组织教学和评估教育质量的重要依据。

其次,基于企业需求的人才培养标准开发是高职专业建设的需要。高职教育是培养高素质技术技能型实用型人才的教育,为行业企业生产一线培养适用人才是高职教育的本质属性。制定对接企业生产岗位技能需求的专业人才培养标准,是高职院校专业建设的重要内容之一。

最后,本项目的研究成果可以对很多高职院校起到示范作用。专业人才培养标准开发一直是众多高职院校提高教学质量和人才培养质量的难题,而专业人才培养标准的制定又是一项庞大、系统、艰难的工程。目前很多高职院校虽然也想加强专业人才培养标准的研发工作,但由于很多问题难以解决而无法实现,因此本项目研究成果具有较大的推广和应用价值,可以为这些院校的专业人才培养标准研发工作提供借鉴,也可以为高职旅行社计调专业的人才培养提供依据和参考。

（三）研究思路与方法

1.研究思路

本项目研究主要从旅行社对计调专业人才需求的角度出发,通过对旅行社计调人才需求现状的调查及未来发展趋势的预测,结合我国当前旅游类专业开设的实际情况(开设有旅游类专业的本科院校绝大部分都只开设了旅游管理和酒店管理专业,而高职高专院校大部分开设的旅游类专业较多,有一些高职院校开设有旅行社经营管理专业,部分高职院校设置有旅行社计调课程),对河南省部分高职院校和中国旅游院校五星联盟单位的旅行社类专业的人才培养情况进行实地调研,将职业与专业、岗位与技能进行相关性检测和分析,对旅行社计调专业设置的必要性和可行性进行论述,并从专业人才培养目标与定位、人才培养规格和课程体系设置等方面,探索旅行社计调专业人才培养的标准,促使旅行社计调专业培养出更符合旅行社行业发展的专业人才,更好地服务于旅游产业发展。

本研究拟在高等教育供求理论的指导下,对基于旅游企业人才需求的旅行社计调专业人才培养标准进行研究,尝试开发出符合企业需求的旅行社计调人员培养标准,为旅行社计调岗位人才培养提供科学、适用的专业人才培养标准,为高校的专业设置和国家旅游局的职业标准开发提供借鉴。

首先,通过对旅行社计调人才需求现状的调研和旅行社行业未来发展趋势的分析,梳理总结当前旅行社计调从业人员的来源及岗位技能现状,对旅行社计调专业设置的可行性和必要性进行论证,阐述在当前旅行社行业转型升级背景下旅行社计调专业人才培养的紧迫性。

其次,通过对当前我国旅行社计调专业人才培养现状的调研分析,从专业设置、课程体系设计、专业师资培养、教学条件等方面找出旅行社计调人才培养存在的问题。

再次,将旅行社行业调研数据和职业院校调研数据进行汇总分析,以旅行社计调岗位职业能力分析为基础,从人才培养目标定位、人才培养规格标准制定、课程体系设计三方面进行基于企业需求的旅行社计调人才培养标准开发。

最后,将研究结果提供给旅游行指委及国内开设旅行社类专业的高职院校,为高职院校进行旅行社计调专业设置及旅行社计调专业人才的培养提供理论参考和数据参照。

2.研究方法

（1）文献研究法:通过查阅文献资料,广泛收集国内外专家学者对旅行社类专业人才培养的研究成果,对文献进行综合分析和归纳,为本项目开展寻找实施的理论依据以及可资借鉴的成功经验和有效做法。

（2）问卷调查法:项目组对河南省、云南省、海南省等地的旅行社行业和开设旅行社类相关专业的职业院校进行了问卷调查,以获得旅行社计调人才供求的第一手资料。

（3）访谈法:为了防止问卷调查过程中的偏颇性,项目组在对旅行社行业和开设旅行社类相关专业的职业院校进行问卷调查的基础上,对旅游企业的管理者、高职院校的教师、学生等进行了无结构访谈,获得了旅行社计调人才的供求现状、旅行社计调人才培养存在的问题等第一手资料。

（四）创新之处

1.理念创新

项目组根据文献资料的搜集整理、我国部分职业院校的咨询和旅行社行业企业资深人士的访谈得出，目前国内关于旅游管理类专业人才培养的研究较多，但关于旅行社类专业人才培养的研究并不多见，关于旅行社计调人才培养的研究则少之又少，形成的研究成果数量少且可借鉴性不强，难以为当前众多高职院校的旅行社计调人才培养工作提供借鉴和参考。

本项目以旅行社计调人才培养标准的研究为切入点，通过对旅行社行业计调人才需求现状和我国当前开设旅行社类专业的高职院校旅行社计调人才培养现状的调研，提出基于企业需求的旅行社计调人才培养标准的研究内容，在理念上有一定创新。

2.内容创新

本项目以 2015 版《中华人民共和国职业分类大典》中确定的旅行社计调职业的人才培养为主要研究内容，以高职教育服务区域经济发展的主要特征为研究的大背景，立足行业需求培养适用人才，将文献研究与实地调研结果有机结合，进行旅行社计调人才培养标准的研究，为高职院校的专业设置和人才培养提供理论依据和实践参考，在研究内容上有一定创新。

（五）研究技术路线

本项目研究的技术路线如图 4 所示。

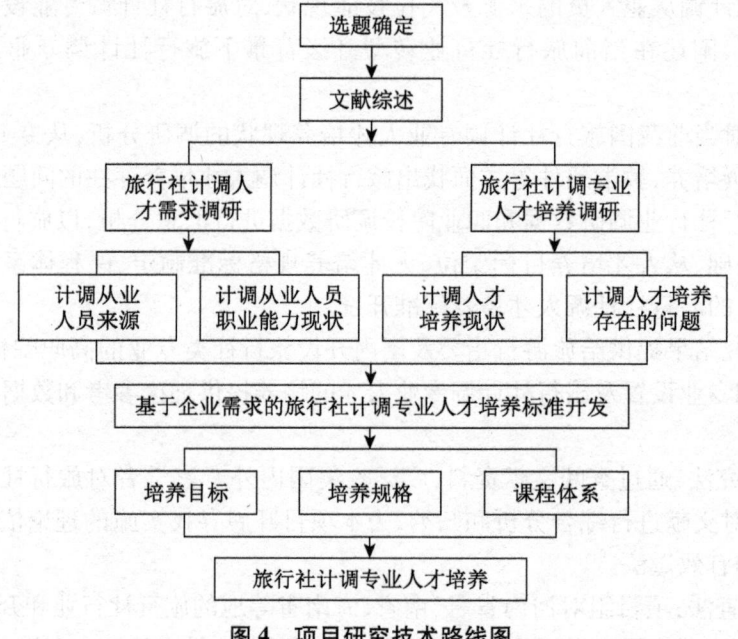

图 4　项目研究技术路线图

二、基础理论研究

（一）相关概念界定

1.专业

项目组通过对相关文献的查阅发现，关于"专业"一词，在不同的文献中有不同的理解，描述的角度也不相同。比如《教育大辞典》第3卷中指出：专业主要是中国、前苏联等国家的高等学校培养学生的各个专业领域，大体相当于《国际教育标准分类》的课程计划或美国学校的主修。并指出专业划分的依据是社会的职业分工、学科分类、科学技术和文化发展状况及经济建设与社会发展需要等。

《教育管理辞典》中则将专业定义为：专业是高等学校或中等专业学校根据社会分工需要而划分的学业门类。各专业都有独立的教学计划，以体现本专业的培养目标和要求。《辞海》中也指出专业是一种学业门类。

项目组通过对这些关于"专业"定义的整理分析，认为《教育大辞典》中关于"专业"的定义描述比较完整，但指向并不是很明晰；《教育管理辞典》中对专业的定义强调了社会分工需要对专业划分的重要性，但并没有描述专业与学科的关系；学者周川对"专业"的定义描述，从广义、狭义、特指三个层面进行分析，比较符合事实，但缺少对专业划分依据的分析；潘懋元、王伟廉用课程来定义专业，揭示了专业与课程之间的本质联系，但缺少对专业本身的进一步分析。

综合以上对"专业"定义的分析，本研究认为：专业是指人类社会科学技术进步、生活生产实践中，依据社会的职业分工、学科分类、科学技术和文化发展状况及经济建设与社会发展需要等而划分的学业门类，具有某些特定的社会职业特点，专业的培养主要通过相关课程的教学来实现。

2.人才培养标准

(1)人才培养标准的概念和内涵

人才培养标准在实质上是人才培养的规格标准。人才培养规格是学校对所培养的人才的质量标准进行的规定，指受教育者应达到的综合素质。人才培养标准是学校教育教学工作的立足点和重要依据。高等学校人才培养规格是高等学校各专业培养目标的细化，是学校对毕业生培养质量要求的规范，是学校制订教学计划和课程标准，组织教学、检查和评估教育质量的重要依据，指明了专业人才培养的方向。

(2)人才培养标准的构成要素

从项目组对文献的梳理来看，目前我国学者对人才培养规格构成因素的划分，主要有二要素法、三要素法和四要素法三种。二要素法认为人才培养规格的构成要素包括专业知识结构和能力结构；三要素法认为人才培养规格的构成要素包括复合知识结构、综合能力结构、人格素质结构；四要素法则把人才培养规格的构成要素分为知识、能力、素质和价值。

(3)人才培养标准的制定

本研究认为，要制定出一个专业科学、适用的人才培养标准，就必须处理好以下两个关系：

一是处理好知识、能力、素质三者协调发展的关系。知识、能力、素质三者的协调发展，是专业人才培养规格优化的重要目标之一。对于高职教育所要培养的应用型技术技能人才，在掌握基础知识和技能的基础上，还应要求其具有较强的应用能力和实践能力。而在素质结构方面，则应要求其具有良好的服务意识和奉献精神，有良好的职业道德素养，等等。

二是处理好人才培养的统一性要求与多样性需要的关系。高等学校人才培养规格的多样性,实质上是在国家对人才培养规格的统一性要求基础上的多样性。因为,国家对于人才培养规格是有一个基本的质量标准要求的。但是,人才培养规格的多样性,并不是人才培养规格的随意性,而是要根据社会需要的人才类型以及本地区、本校的实际情况,进行科学的、合理的、精心的设计,包括对人才的知识结构、能力结构、素质结构以及三者的整体结构进行科学的、合理的、精心的设计。

3. 旅行社计调

(1) 旅行社计调的定义

计调,就是计划与调度的结合称谓。旅行社计调是指旅行社内部专职为旅行团和散客的运行走向安排接待计划,统计与之相关的信息,并承担与接待相关的旅游服务采购和有关业务调度工作的一种职位类别。旅行社计调岗位的工作核心是成本与质量的控制。

旅行社计调岗位掌握着旅行社的成本。因此,一个优秀的计调人员必须要做到成本控制与团队运作效果相兼顾,在保证团队有良好的运作效果的前提下,在不同行程中编制出一条能把成本控制得最低的线路来。旅行社计调要与接待旅游团队的酒店、餐馆、旅游车队及合作的地接社等洽谈接待费用。

质量控制是指除了要细心周到地安排团队行程计划外,还要对所接待旅游团队的整个行程进行监控。因为导游在外带团,与旅行社唯一的联系途径就是计调,而旅行社也恰恰是通过计调对旅游团队的活动情况进行跟踪、了解,对导游的服务进行监管,包括对游客在旅游过程中的突发事件代表旅行社进行灵活地应变。所以说,计调是一次旅行的幕后操纵者。

旅行社计调从业人员还要具有整合旅游资源、包装旅游产品、进行市场定位等能力。在具体的旅游团操作过程中,计调人员必须要业务非常熟练,对团队旅行目的地的情况、接待单位的实力、票务运作等都了然于胸。

(2) 旅行社计调人员的素质要求

基于前面对旅行社计调岗位工作核心的分析,可以看出计调岗位在旅行社业务操作运营中的重要作用。因此,旅行社计调职业岗位是一个对从业人员的素质要求非常高的岗位,相对于旅行社的其他岗位而言,旅行社计调人员必须具有很强的责任心;工作要有计划性;还应具有与合作地接社、酒店的谈判技巧;在制定线路、新产品的开发及采购方面具有较强的市场意识;具有风险和法律意识,熟悉旅游相关法规等。

(3) 旅行社计调岗位的职业能力要求

项目组在调研中发现,无论是规模较大的旅行社还是小微旅行社,计调人员的数量和质量都不足。在岗位职业能力方面,旅行社企业负责人基本上都表示,旅行社计调人员应该具备以下几方面的能力:能够熟练掌握旅游计调业务的程序、标准;能够与同行、合作单位、游客等进行有效的沟通交流;能够进行旅行社经营成本、利润的核算;能够进行旅游产品的设计、报价;能有效应对和处理旅游突发事件和意外情况;能够进行旅游产品的采购和旅行社产品的营销;能够有效运用旅游相关的法律法规;能够熟练使用现代办公软件、设备,懂得网络营销技术等。

(4) 计调师职业资格的国家认证

早在2009年,旅游计调师职业标准就已经通过了国家职业资格培训鉴定实验基地的专家评审。按照国家人力资源和社会保障部的相关规定,旅游计调师职业共设三个等级,分别为助理旅游计调师(国家职业资格四级)、旅游计调师(国家职业资格三级)、高级旅游计调师(国家职业资格二级)。

(二)国内外相关研究概况

1.国外相关研究概况

国外关于旅行社人才培养的研究文献并不多,大部分都是关于旅游业人力资源和旅行社员工管理方面的研究。归纳起来,主要有以下几方面:

旅游业人力资源开发与管理研究。海伦·威廉斯和克里斯蒂·瓦茨(Helen Williams and Christy Watts,2002)从案例研究的角度分析了旅游业的人力资源管理。伯利(Birley, 2003)认为管理者应有充沛的精力、广博的知识来管理旅行社,而且要善于接受新思想。T·鲍姆·汤姆森(T. Baum. Thomson,2006)在其著作《旅游、酒店和休闲业人力资源管理国际透视》中直接指出了旅游业从业人员素质状况不高的特征,并对人力资源管理各职能部门的旅游业人力资源情况进行了分析。汤姆·鲍姆(Tom Baum,2007)通过对旅游人力资源管理发展情况的分析,指出影响旅游业人力资源管理的主要因素。

旅行社的雇用理念研究。弗恩海姆(Furnham,2003)指出旅行社要雇用合适的员工,因为工作效率和个人满足感直接依赖于人与工作是否合适,即"人——工作"合适理论。人与工作越合适,工作效率越高,人的满足感越强。

旅行社员工管理研究。沙里宁·辛格(Shalini Singh,1997)提出旅游业发展的巨大成功对高质量专业人才的需求非常紧迫,要探索和尝试有效的措施来促进高质量的旅游业人力资源发展。亚伯拉罕·匹赞姆(Abraham Pizam,1999)指出旅游业快速发展所需要的外语、计算机、营销类人才非常短缺,并呼吁政府和旅游教育培训机构要为旅游人才教育和培训提供支持。

2.国内相关研究概况

项目组通过对文献的梳理发现,我国早期对旅游类相关专业人才培养的研究主要集中在酒店管理专业和旅游管理专业方面,关于旅行社类相关专业人才培养的研究在2009年以前虽然整体呈上升趋势,但总体数量较少,2009年至2014年这五年间增长速度较快,逐渐成为研究的热点。而关于旅行社计调人才培养的研究2005年以前非常少,2005年以后虽然也呈增长趋势,说明随着旅游业的快速发展,计调人才的培养也逐渐受到重视,但总体数量仍然不多。

(1)旅行社人才培养研究

旅行社行业作为旅游业的三大支柱产业之一,其人才培养研究和旅游人才培养研究基本同步进行,我们以"旅行社人才培养研究"和"旅游人才培养研究"发表的论文作为关注程度的典型代表,将时间设定为2005年到2015年,观察研究者对"旅行社人才培养研究"和"旅游人才培养研究"的关注程度。其中以"旅行社人才培养研究"为关键词,一次性查询共查出41 967条相关文献。这是一个比较庞大的数据,并且近五年每年的研究文献都在4000篇以上,说明旅行社人才培养研究成为学者们关心的热点话题之一。但是,参照图5可以发现,相对于"旅游人才培养研究"总数超过43万条的检索结果,学界对旅行社人才培养研究的关注还不够。关于"旅行社人才培养研究"和"旅游人才培养研究"的相关研究数量及增长情况见图5。

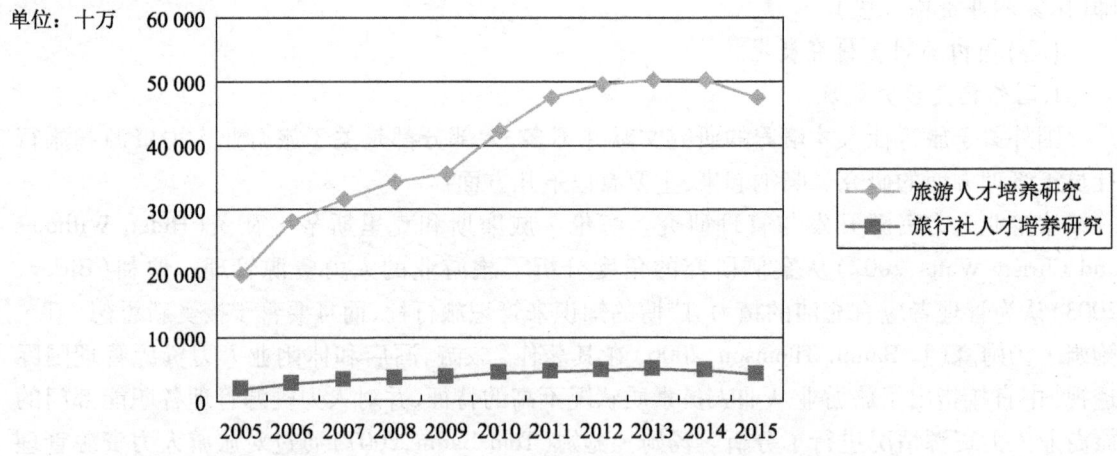

图5　2005—2015年旅游人才培养和旅行社人才培养研究情况对比图

（2）旅行社计调专业人才培养研究

我们以"旅行社计调专业人才培养研究"作为关注程度的典型代表，从CNKI期刊网上查询，共检索到30 466条相关文献。接着把时间段设定为2005年到2015年，以"旅行社计调专业人才培养研究"为关键词，观察近十年来研究者对旅行社计调专业人才培养标准的关注程度，共检索出26 654条相关文献。这个数据相对来说不够大，但是分析其增长情况可以看出，近五年来，学界对旅行社计调专业人才培养研究的关注度在不断提升，对旅行社计调专业人才培养的研究越来越重视。

图6　2005—2015年旅行社计调专业人才培养研究情况统计

通过对检索到的文献进行分析，发现我国研究者对旅行社计调人才培养的研究主要集中在以下几个方面：

旅行社人力资源现状研究。如李雅琳、韩国华等，他们或者在行业发展新动态的背景下进行旅行社人力资源（包括计调人员）需求研究，或者选择某一区域为样本，进行该地区旅行社人力资源管理的现状及问题研究。

课程的优化与开发研究。如钱学礼、庄元、吴薇等,主要侧重于对《旅行社计调与外联实务》《旅行社计调与营销》《旅行社计调业务》《计调业务与管理》等课程的现状分析、课程优化和开发研究。

职业能力评价体系研究。如张颖、于迎军等,张颖以旅游业产业转型为切入点,进行旅行社计调职业能力评价体系的构建研究;于迎军创新地提出了由国家劳动与社会保障部和国家旅游局共同委托中国旅游协会具体负责职业资格标准制定、职业技能鉴定和证书颁发的具体实施方案。

三、旅行社计调人才供需调研分析

(一)旅行社计调人才需求调研分析

1.旅行社发展趋势及人才需求特征分析

(1)旅行社行业发展趋势分析

项目组通过对文献的梳理和对河南省、云南省、海南省以及北京、上海等地的多家旅行社企业的实地调研发现,近年来,随着旅游业和互联网业的迅猛发展,旅行社行业逐渐呈现出以下几种发展趋势:

一是游客出游方式和消费方式呈现多样化,除了传统的景区观光游、历史文化旅游依然受到游客的广泛欢迎以外,养生保健游、户外探险游、奖励旅游、修学旅游等新旅游形式逐渐受到游客的热捧。随着经济的快速发展,人们的收入水平日益提升,自驾车游、房车游、邮轮游艇旅游等高端旅游产品越来越受到游客的欢迎。旅行社为应对这种变化,更加细分市场,缩小目标市场选择范围,提供的服务更专业、更具体、更细致,以适应旅游个性化时代的到来。

二是随着旅游业政策红利和繁荣发展,旅行社行业悄悄呈现出兼并整合趋势。仅在2014年,就出现了万达旅业相继并购位于北京、深圳、浙江、南京、云南等地的共13家旅行社和北京众信国际旅行社股份有限公司将竹园国际旅行社有限公司收入囊中的大事件。行业集中度进一步提高,市场竞争环境更加规范,迫使旅行社行业向内部管理制度化和分工精细化趋势发展。

三是随着互联网技术带来的旅游电子商务的发展,旅行社行业同其他行业线上线下的合作进一步加强。旅行社行业通过与农业、交通运输业、房地产业等相关行业的融合式发展,进一步延伸了产业链条,逐步实现旅行社行业的更新升级。依托现代信息技术、面向散客大众市场的在线旅行商发展势头良好,也吸引了大量资本进入,取得良好的经济效益,在线旅游企业还借助平台优势加强了线上线下旅行商的合作,供应商与渠道商组成了新的合作联盟,上下游服务链条更加紧密。

(2)旅行社岗位群人才需求状况分析

项目组通过对调研数据的整理发现,在旅行社的主要业务岗位群对人才的需求方面,有超过57%以上的传统旅行社和在线旅游企业表示目前最紧缺的是优秀的计调人才,其次比较缺乏的是外联人员,再次是导游和门市两个岗位的人才。造成这种情况的主要原因在于市场竞争日趋激烈,传统旅行社产品创新能力比较差,急需优秀的计调人员进行资源的整合和产品的设计。此外,随着网上旅行商的壮大,旅游销售咨询和旅游资源调度调配业务也相应地水涨船高,导致旅行社对计调岗位人员的需求量也越来越大。

在学历要求方面,被调查的旅行社对计调、导游、门市和外联营销的学历要求基本一致,均要求至少大专学历,其中对计调岗位学历的要求更为严格,要求必须是大专及以上学历。

在工作经验方面,旅行社对计调人员的要求并不是像我们所猜想的那样非常倾向于有工作经验的人员,56.3%的旅行社表示会直接从大中专院校中招聘计调人员。当然,也有近一半的旅行社表示愿意从社会招聘优秀的计调人员。

2.旅行社计调从业人员的来源分析

项目组对河南省、云南省、海南省等旅游业比较发达地区的旅行社行业进行了调研,很多旅行社经理纷纷表示,目前,高水平、高素质的计调人才非常少,可谓是一"才"难求。调研结果显示,目前我国旅行社计调人员主要来源有旅行社内部人员转岗、社会化招募、院校培养三种途径。这三种来源途径的计调人员具有各自的优势条件和劣势条件,具体见表1。

表1 旅行社计调人员来源分析表

岗位	人员来源	优势	劣势
计调	院校培养	基础知识扎实 职业素养高 可塑性强	缺乏工作经验 缺少人脉资源 实践技能差
	社会化招募	工作经验丰富 人脉资源广 技能水平高	流动性强 对薪水要求高
	内部人员转岗	熟悉本社情况 熟悉客户情况 有一定的经验	工作积极性不高 管理难度大

3.旅行社计调从业人员职业能力现状分析

(1)旅行社计调人员的主要业务工作内容

旅行社计调是旅行社内部专职为旅行团和散客的运行走向安排接待计划、统计与之相关的信息,进行旅游服务采购并承担有关业务调度工作的一种职业岗位。计调人员的业务内容主要包括定制线路和产品报价、协助线路推广和电话招徕、负责旅游商品采购、做好行程计划和成本核算、联络沟通和掌控团队、处理游客投诉和售后反馈、做好信息收集和存档等。具体见表2。

表2 旅行社计调人员业务工作内容分析表

岗位	主要工作	具体工作内容
计调	定制线路和产品报价	面对同业客户和公司客户,按客户要求为游客定制旅游线路; 接待同业人员及游客的咨询,制定线路价格。
	协助线路推广和电话招徕	协助市场外联人员进行线路推广; 通过电话销售旅游线路。
	负责旅游商品采购	与旅游服务商签订采购协议; 为旅游者提供购买服务; 协同处理有关计划变更和突发事件。
	做好行程计划和成本核算	根据产品线路特点和旅游者的需求安排好每天活动节点、交通工具、抵离时刻、购物点、住宿酒店、餐饮、娱乐项目、导游、司机、特殊细节等; 搞好成本核算。
	联络沟通和掌控团队	向导游下达接待计划; 协助导游和司机做好接待工作; 处理旅游接待过程中导游无法现场处理的意外情况; 监控导游和司机工作; 保证旅游团队质量。
	处理游客投诉和售后反馈	在旅游活动结束之后采取多种形式负责追踪跟进; 定期电话回访; 处理游客来信来访以及电话投诉意见; 解答游客的咨询; 征集游客对旅游接待的意见并改进。
	做好信息收集和存档	信息资料收集整理; 信息资料汇编和装订成册、存档、建档; 按月填报统计报表; 编写年度、月度计划; 为业务决策和计划管理提供信息服务。

(2)旅行社计调人员的职业能力现状

项目组在对旅行社负责人的访谈中得知,目前,旅行社计调人员普遍存在知识欠缺、职业能力不强、工作态度差的情况。

在调研中,多数旅行社的负责人表示,计调人员在法律知识、礼仪礼节知识、历史地理知识、市场营销知识等方面比较欠缺,难以有效开展线路制定推广、旅游商品采购、联络沟通及掌控团队等工作,导致旅行社在市场中的竞争力不强,阻碍了旅行社的业务发展。

在职业能力方面,计调人员应具备的计划协调能力、产品策划设计能力、收集信息的能力、语言表达能力、快速反应能力、抗压能力等还不够强,尤其是产品策划设计能力、语言表达能力、快速反应能力等比较弱。

在工作态度方面,由于计调工作人员的业务范围涉及内容比较多,劳动强度比较大,劳动重复性强,很多计调人员都存在心态失衡,对工作现状不满意的情况,工作态度比较差,有的甚至直接影响到旅行社的服务质量,对旅行社造成不良影响。

(二)旅行社计调专业人才培养现状调研分析

1. 旅行社计调专业人才培养现状调研

根据项目组对旅行社调研结果的统计,100%的旅行社都设有计调岗位,而且计调人员的数量占员工数量的半数以上。但院校计调专业人才的培养调研结果显示,就项目组所调研的83所高职院校来看,开设旅行社计调专业的院校数量为零,仅有27%的高职院校开设有旅行社经营管理专业,而且年平均招生人数高于50人的寥寥无几。可见,当前旅行社计调人才的培养数量是非常不足的,根本无法满足旅行社对计调人才的数量要求。

从培养质量来看,旅行社负责人纷纷表示,院校培养出来的旅行社经营管理专业毕业生在从事计调岗位工作的时候,存在知识面窄、知识结构不合理、缺乏对市场的了解和掌握、缺乏服务意识、沟通能力不强、创新能力不足、专业技能水平低等情况。

目前,我国旅行社计调人才的培训和开发工作还非常薄弱,院校缺乏旅行社计调专业的设置,社会上也缺乏正规的培训机构,旅行社自身对计调人员也缺乏系统的培养,导致旅行社计调人员缺乏系统规范的专业教育或培训。而且,一些旅行社"重使用、轻培养"的人力资源管理模式也导致计调岗位缺乏吸引力,难以留住优秀人才,计调人员的整体队伍素质堪忧。

2. 旅行社计调专业人才培养存在的问题

从旅行社行业的发展趋势来看,旅行社未来的竞争焦点在于以旅行社产品品质为基础的品牌竞争。计调人员掌握着旅行社的成本和质量,其业务水平将决定着旅行社产品品质的高低。高品质的旅行社产品需要高端的计调人才。目前计调人员的素质远远不能满足旅行社竞争的需要。未来旅行社的发展需要兼具多学科知识和多种技能的高级复合型人才。但从项目组调研的结果来看,我国当前旅行社计调专业人才的培养还存在以下几方面的现实问题:

(1)专业设置问题

从抽样调研数据来看,没有一个高职院校开设有旅行社计调专业。可见,当前我国高职院校的专业设置与行业发展存在脱节现象。要想快速增加旅行社计调人才的培养数量,从专业设置和招生规模上解决问题是有效途径之一。高职院校应该在深入研究行业发展现状的基础上,针对企业职业岗位需求优化调整专业设置,培养行业发展需要的专业人才。

表3 2015年河南省开设旅游类专业的院校统计表
(含本科、高职)

序号	学校名称	开设专业	学制(年)
1	郑州大学	旅游管理	4
2	郑州大学(自主选拔农村生)	旅游管理	4

续表

序号	学校名称	开设专业	学制(年)
3	河南大学	旅游管理	4
4	河南大学(地方农村专项)	旅游管理	4
5	郑州大学体育学院	旅游管理(体育旅游)	4
6	河南农业大学	旅游管理	4
7	河南科技学院	旅游管理	4
8	河南师范大学	旅游管理	4
9	河南师范大学(中外合作办学)	旅游管理	4
10	洛阳师范学院	旅游管理	4
10	洛阳师范学院	旅游管理(酒店服务与营销方向)	4
10	洛阳师范学院	旅游管理(涉外旅游方向)	4
11	许昌学院	酒店管理	4
11	许昌学院	旅游管理	4
11	许昌学院	旅游管理(涉外旅游方向)	4
12	安阳师范学院	旅游管理	4
13	河南财经政法大学	旅游管理类(含旅游管理(含酒店管理方向)、会展经济与管理专业)	4
14	南阳师范学院	旅游管理	4
15	河南科技大学	旅游管理	4
16	郑州航空工业管理学院	旅游管理	4
17	河南理工大学	旅游管理	4
18	河南工业大学	旅游管理	4
19	河南城建学院	旅游管理	4
20	黄淮学院	旅游管理	4
21	平顶山学院	旅游管理	4
22	洛阳理工学院	酒店管理	4
23	郑州大学西亚斯国际学院	旅游管理	4
23	郑州大学西亚斯国际学院	旅游管理(涉外旅游方向)	4
24	郑州华信学院	旅游管理	4

续表

序号	学校名称	开设专业	学制(年)
25	郑州科技学院	旅游管理	4
26	郑州大学与嵩山少林武术职业学院联办	酒店管理	4
27	郑州升达经贸管理学院	旅游管理	4
28	河南大学民生学院	旅游管理	4
29	河南师范大学新联学院	旅游管理	4
29	河南师范大学新联学院	酒店管理	4
30	河南科技学院新科学院	旅游管理	4
30	河南科技学院新科学院	酒店管理	4
31	河南理工大学万方科技学院	旅游管理	4
32	安阳师范学院人文管理学院	旅游管理	4
33	信阳师范学院华锐学院	旅游管理(宾馆与酒店管理方向)(师范)	4
33	信阳师范学院华锐学院	旅游管理(景区规划与管理方向)(师范)	4
34	郑州大学西亚斯国际学院	旅游管理	3
35	河南农业大学	旅游英语	3
36	河南农业大学(中外合作办学)	旅游管理类(中外合作办学)(酒店管理)	3
37	河南科技大学	旅游管理	3
38	河南师范大学	酒店管理	3
39	许昌学院	酒店管理	3
40	河南牧业经济学院(龙子湖校区)	会展策划与管理	3
40	河南牧业经济学院(龙子湖校区)	景区开发与管理	3
40	河南牧业经济学院(龙子湖校区)	酒店管理	3
40	河南牧业经济学院(龙子湖校区)	旅游管理	3
40	河南牧业经济学院(龙子湖校区)	旅游英语	3
40	河南牧业经济学院(英才校区)	旅游管理	3
40	河南牧业经济学院(英才校区)	酒店管理	3
40	河南牧业经济学院(英才校区)	景区开发与管理	3
40	河南牧业经济学院(英才校区)	旅游英语	3
40	河南牧业经济学院(英才校区)	会展策划与管理	3

续表

序号	学校名称	开设专业	学制(年)
41	信阳师范学院	旅游管理	3
42	平顶山学院	旅游管理	3
43	黄河科技学院(民办)	旅游管理	3
44	信阳农林学院	旅游管理	3
45	黄淮学院	酒店管理	3
46	河南工程学院	酒店管理	3
47	洛阳理工学院	旅游管理	3
48	郑州华信学院(民办)	酒店管理	3
		旅游管理	3
		旅游英语	3
		酒店管理(涉外酒店方向)	3
		商务管理(会展管理方向)	3
49	郑州科技学院(民办)	旅游管理	3
50	郑州轻工业学院(办学点在河南省工业设计、轻工业、工艺美术3所学校)	旅游英语	3
51	郑州财经学院(民办)	旅游管理	3
52	河南信息统计职业学院	旅游管理	3
		酒店管理	3
53	郑州升达经贸管理学院(民办)	酒店管理	3
54	商丘学院(民办)	旅游管理	3
55	商丘工学院(民办)	旅游管理	2
56	河南机电高等专科学校	旅游管理	3
		酒店管理	3
57	河南财政税务高等专科学校	酒店管理	3
		旅游英语	3
58	黄河交通学院(民办)	酒店管理	3

续表

序号	学校名称	开设专业	学制（年）
59	焦作师范高等专科学校	旅游管理	3
		旅游英语	3
		酒店管理	3
60	中州大学	会展策划与管理	3
		旅游管理	3
		酒店管理	3
		旅游英语	3
61	开封大学	旅游管理	3
62	焦作大学	旅游管理	3
		酒店管理	3
63	黄河水利职业技术学院	酒店管理	3
		旅游管理	3
		涉外旅游	3
64	河南职业技术学院	酒店管理	3
		旅游管理	3
		旅行社经营管理	3
65	河南工业职业技术学院	旅游管理	3
		酒店管理	3
		旅游英语	3
		旅游英语（国际邮轮乘务方向）	3
66	郑州铁路职业技术学院	旅游管理	3
		酒店管理	3
67	河南化工职业学院	旅游管理	3
68	郑州信息科技职业学院	酒店管理	3
69	平顶山工业职业技术学院	旅游管理	3
		酒店管理	3
70	鹤壁职业技术学院	旅游管理	3
		旅游管理（民航服务方向）	3

续表

序号	学校名称	开设专业	学制(年)
71	三门峡职业技术学院	旅游管理	3
		酒店管理	3
72	许昌职业技术学院	旅游管理	3
		酒店管理	3
		旅游英语	3
73	漯河职业技术学院	旅游管理	3
		酒店管理	3
		会展策划与管理	3
		旅游管理(邮轮管理方向)	3
74	商丘职业技术学院	旅游管理	3
		旅游英语	3
75	周口职业技术学院	旅游管理	3
		酒店管理	3
76	济源职业技术学院	旅游管理	3
		涉外旅游	3
		酒店管理	3
77	河南经贸职业学院	旅游管理	3
78	河南农业职业学院	酒店管理	3
		旅游管理	3
		酒店管理(涉外酒店管理)	3
79	河南交通职业技术学院	旅游管理	3
		酒店管理	3
80	郑州旅游职业学院	旅游管理	3
		旅游管理(企划与影响方向)	3
		旅游管理(文案方向)	3
		旅游管理(人力资源方向)	3
		旅游管理(生态旅游方向)	3

续表

序号	学校名称	开设专业	学制(年)
80	郑州旅游职业学院	旅游管理(财会方向)	3
		导游	3
		旅行社经营与管理	3
		景区开发与管理	3
		酒店管理	3
		酒店管理(营销方向)	3
		酒店管理(财会方向)	3
		国际邮轮乘务	3
		旅游英语(旅游方向)	3
		旅游英语(酒店方向)	3
		旅游日语	3
		旅游管理(休闲旅游方向)	3
		旅游管理(会展经济方向)	3
81	郑州职业技术学院	会展策划与管理	3
82	永城职业学院	旅游管理	3
		酒店管理	3
83	信阳职业技术学院	旅游管理(高铁服务与管理方向)	3
		旅游管理	3
		酒店管理	3
84	河南工业贸易职业学院	酒店管理	3
		旅游英语	3
85	新乡职业技术学院	酒店管理	3
		旅游管理	3
86	安阳职业技术学院	旅游管理	3
		酒店管理	3
87	驻马店职业技术学院	旅游管理	3
88	郑州城市职业学院(民办)	旅游管理	3
89	淮河食品职业学院(民办)	酒店管理	3

续表

序号	学校名称	开设专业	学制(年)
90	郑州理工职业学院(民办)	旅游管理	3
91	郑州信息工程职业学院(民办)	酒店管理	3
		旅游管理	3
92	焦作工贸职业学院(民办)	旅游管理(高铁乘务)	3
		酒店管理	3
		旅游管理(旅游方向)	3
		旅游管理(高尔夫运动与管理)	3
93	长垣烹饪职业技术学院	酒店管理(酒店服务与管理方向)	3
		酒店管理(职业经理方向)	3
		酒店管理(茶艺与调酒方向)	3
		旅游管理	3
94	许昌陶瓷职业学院	旅游管理	3
		酒店管理	3
95	周口科技职业学院(民办)	旅游管理	3
96	嵩山少林武术职业学院(民办)	旅游管理	3
		酒店管理	3
97	河南教育学院	酒店管理	3
		旅游管理	3
98	平顶山教育学院(成人高校招收普通高考生)	旅游管理	3
		酒店管理	3
		旅游英语	3
99	开封文化艺术职业学院	旅游管理	3
		酒店管理	3
		旅游英语	3
100	郑州商贸旅游职业学院(民办)	旅游管理	3
		酒店管理	3

续表

序号	学校名称	开设专业	学制(年)
101	南阳职业学院(民办)	旅游管理	3
		旅游管理(高铁服务方向)	3
		旅游管理(高尔夫球场管理方向)	3
102	河南理工大学万方科技学院(独立学院)	旅游管理	3
103	安阳师范学院人文管理学院(独立学院)	旅游管理	3
104	郑州成功财经学院(民办)	酒店管理	3

数据来源:根据2015年度河南省招生专业目录统计

表4 河南省开设旅游相关专业的中职学校统计表

序号	学校名称	专业名称
1	河南省信息管理学校	旅游服务与管理
		酒店服务与管理
2	河南省轻工业学校	酒店服务与管理
3	郑州工业贸易学校	酒店服务与管理
4	河南省工商行政管理学校	酒店服务与管理
5	河南省经济管理学校	旅游服务与管理
		酒店服务与管理
		会展服务与管理
6	河南省财经学校	酒店服务与管理
		旅游服务与管理
7	河南省商务中等职业学校	酒店服务与管理
		旅游服务与管理
8	河南省民政学校	酒店服务与管理
9	河南省工业科技学校	酒店服务与管理
		旅游服务与管理
10	驻马店财经学校	酒店服务与管理
		旅游服务与管理

续表

序号	学校名称	专业名称
11	河南省外贸学校	酒店服务与管理
		旅游服务与管理
12	郑州市电子信息工程学校	酒店服务与管理
		旅游服务与管理
13	郑州财贸学校	酒店服务与管理
14	郑州理工中等专业学校	酒店服务与管理
15	郑州百年农工子弟职业学校	酒店服务与管理
16	开封市第一职业中等专业学校	酒店服务与管理
17	开封市文化旅游学校	酒店服务与管理
		旅游服务与管理
18	开封文化艺术职业学院	酒店服务与管理
19	洛阳市第一职业高中	酒店服务与管理
20	洛阳旅游学校	酒店服务与管理
21	洛阳科技职业学院	酒店服务与管理
22	新乡市职业教育中心	酒店服务与管理
		旅游服务与管理
23	焦作市职业教育中心学校	酒店服务与管理
		旅游服务与管理
24	安阳市中等职业技术学校	酒店服务与管理
		旅游服务与管理
25	河南省许昌工商管理学校	酒店服务与管理
		旅游服务与管理
26	许昌经济管理学校	酒店服务与管理
		旅游服务与管理
27	漯河第二中等专业学校	酒店服务与管理
		旅游服务与管理
28	商丘市职业教育中心	酒店服务与管理

续表

序号	学校名称	专业名称
29	驻马店经济开发区职业教育中心	酒店服务与管理
		旅游服务与管理
30	河南省信阳市第一职业中等专业学校	酒店服务与管理
		旅游服务与管理
31	河南省信阳市第六职业中等专业学校	酒店服务与管理
		旅游服务与管理
32	息县职业教育中心	酒店服务与管理
33	罗山县中等职业学校	酒店服务与管理
		旅游服务与管理
34	淮滨县职业教育中心	酒店服务与管理
		旅游服务与管理
35	河南省南阳文化艺术学校	酒店服务与管理
36	永城市第一职业高级中学	酒店服务与管理
37	长垣烹饪职业技术学院	酒店服务与管理
38	新蔡县栋城职业高中	酒店服务与管理
39	郑州市财税学校	会展服务与管理
		旅游服务与管理
40	河南省林业学校	旅游服务与管理
41	河南信息工程学校	旅游服务与管理
42	河南省经济技术学校	旅游服务与管理
43	黄河科技学院附属中专	旅游服务与管理
44	郑州市财经学校	旅游服务与管理
45	登封市中等专业学校	旅游服务与管理
46	郑州市中牟电子科技中等专业学校	旅游服务与管理
47	河南省新密市职教中心	旅游服务与管理
48	郑州机电工程学校	旅游服务与管理
49	郑州电子信息中等专业学校	旅游服务与管理
50	新郑市中等专业学校	旅游服务与管理

续表

序号	学校名称	专业名称
51	新密市第二中等专业学校	旅游服务与管理
52	洛阳市东方中等专业学校	旅游服务与管理
53	洛阳商务学校	旅游服务与管理
54	新安县职业高级中学	旅游服务与管理
55	新安县第二职业中等专业学校	旅游服务与管理
56	宜阳县职业教育中心	旅游服务与管理
57	嵩县中等专业学校	旅游服务与管理
58	栾川县中等职业学校	旅游服务与管理
59	平顶山市理工学校	旅游服务与管理
60	叶县职业教育培训中心	旅游服务与管理
61	辉县市职业中等专业学校	旅游服务与管理
62	获嘉县职业中等专业学校	旅游服务与管理
63	原阳县职业教育中心	旅游服务与管理
64	焦作财会学校	旅游服务与管理
65	孟州市职业中等专业学校	旅游服务与管理
66	沁阳市职业中等专业学校	旅游服务与管理
67	博爱县职业中等专业学校	旅游服务与管理
68	温县职业技术教育中心	旅游服务与管理
69	武陟县职业教育中心	旅游服务与管理
70	修武县职业教育中心	旅游服务与管理
71	沁阳市职业教育中心学校	旅游服务与管理
72	安阳县理工中等专业学校	旅游服务与管理
73	林州市职业教育中心	旅游服务与管理
74	林州市经济管理学校	旅游服务与管理
75	汤阴县职业技术教育中心	旅游服务与管理
76	濮阳第二职业中等专业学校	旅游服务与管理
77	濮阳县职业技术学校	旅游服务与管理
78	鹤壁市机电信息工程学校	旅游服务与管理

续表

序号	学校名称	专业名称
79	淇县职业中等专业学校	旅游服务与管理
80	鹤壁工业中专	旅游服务与管理
81	河南省三门峡中等专业学校	旅游服务与管理
82	灵宝市职业中等专业学校	旅游服务与管理
83	陕县中等专业学校	旅游服务与管理
84	渑池县职业中等专业学校	旅游服务与管理
85	卢氏县职业中等专业学校	旅游服务与管理
86	禹州市中等专业学校	旅游服务与管理
87	许昌旅游学校	旅游服务与管理
88	漯河市第一中等专业学校	旅游服务与管理
89	漯河市源汇区中等专业学校	旅游服务与管理
90	漯河市召陵区中等专业学校	旅游服务与管理
91	漯河市舞阳中等专业学校	旅游服务与管理
92	临颍县职业教育中心	旅游服务与管理
93	漯河职业技术学院	旅游服务与管理
94	虞城县第一中等专业学校	旅游服务与管理
95	宁陵县职业中等专业学校	旅游服务与管理
96	睢县职业技术教育培训中心	旅游服务与管理
97	商丘学院	旅游服务与管理
98	河南省周口女子职业中等专业学校	旅游服务与管理
99	河南省郸城县职业中等专业学校	旅游服务与管理
100	西华县第二职业中等专业学校	旅游服务与管理
101	泌阳县职业技术学校	旅游服务与管理
102	遂平县职业教育中心	旅游服务与管理
103	西平县职业教育中心	旅游服务与管理
104	上蔡县职业中等专业学校	旅游服务与管理
105	汝南县职业教育中心	旅游服务与管理
106	正阳县职业中等专业学校	旅游服务与管理

续表

序号	学校名称	专业名称
107	河南省信阳市第三职业高级中学	旅游服务与管理
108	新县职业高级中学	旅游服务与管理
109	河南省商城县职业高级中学	旅游服务与管理
110	南阳第二中等职业学校	旅游服务与管理
111	南阳市万维科技中等职业学校	旅游服务与管理
112	潢川县机电中等职业技术学校	旅游服务与管理
113	内乡县职业中等专业学校	旅游服务与管理
114	西峡县中等职业学校	旅游服务与管理
115	桐柏县中等职业学校	旅游服务与管理
116	社旗县中等职业学校	旅游服务与管理
117	方城县机电信息中等专业学校	旅游服务与管理
118	南阳职业学院	旅游服务与管理
119	巩义市第一中等专业学校	旅游服务与管理
120	汝州市职业中等专业学校	旅游服务与管理
121	滑县中等职业技术学校	旅游服务与管理

资料来源：根据河南省教育厅网站数据整理

（2）课程体系问题

从开设有旅行社经营管理专业的院校的课程体系设计来看，92%以上的院校都没有针对旅行社计调专业方向的课程设计，都只是在专业核心课程模块中设置有《旅行社计调外联实务》、《旅行社经营管理》等课程，只有不到9%的院校开设有《旅行社计调实务》、《旅行社产品设计》、《旅行社财务管理》、《旅行社销售管理》、《旅游电子商务》等培养计调职业能力的相关课程。缺乏对接旅行社计调岗位职业能力的完整课程体系，仅仅依靠少量的旅行社类专业课程来实现计调专业人才的培养，根本无法达到旅行社计调专业的人才培养目标，也难以培养出适应旅行社行业发展所需的专业计调人才。

（3）专业师资问题

师资队伍是高职院校培养优秀人才的有力保障，对专业的发展和核心竞争力的提升具有举足轻重的作用。教师是人才培养方案的主要实施者，因此，师资队伍的水平直接影响人才培养的质量和结果。项目组在调研中发现，专业师资，尤其是双师型教师的缺乏是抽样调研的样本学校普遍存在的问题，高达85%的被调研院校都存在专业师资不足问题。由于我国当前开设旅行社经营管理专业的院校本身就不多，而且由于该专业开设时间较晚，学历层次较低,目前的专业师资主要来自于旅游管理专业、酒店管理专业或市场营销专业等的教师转型。这些教师缺乏旅行社企业的工作实践,对于旅行社计调岗位的工作内容和业务流程并不熟悉,在教学中只能照本宣科,不但无法吸引学生的学习兴趣,也难以培养出旅行社行业发展急需的专业知识扎实、专业技能过硬的计调人员。

(4) 教学条件问题

完善的实训室是培养学生实践技能的重要场所。尤其对于技能操作要求比较高、实践性强的旅行社计调专业,如果没有功能完备、设施设备先进的实训条件支撑,是很难培养出实践技能强的计调人才的。项目组在调研中发现,多数高职院校都建有导游模拟实训室、旅游规划实训室、餐饮实训室、客房实训室等旅游管理专业和酒店管理专业的实训室,而针对旅行社经营管理专业的实训室很少,有的学校甚至没有,更不用说针对计调技能培养的实训室。项目组在访谈中得知,实训教学条件薄弱、实践教学水平低已经成为旅行社计调人才培养的一个大难题,很多旅行社类专业的学生即使已经在校学习了两年,仍然没有任何的计调业务操作技能,毕业后到旅行社计调岗位无法胜任岗位工作也就在所难免了。

四、基于企业需求的旅行社计调专业人才培养标准开发

随着我国旅游业的快速发展和产业的转型升级,旅行社对计调人员的素质要求也越来越高。由于计调岗位是旅行社的枢纽、核心,旅行社计调人才队伍对整个旅行社行业的发展起着重要的推动作用,因此,计调在未来我国旅行社发展中仍然会居于核心主导位置。进行旅行社计调专业人才培养标准的开发,培养旅行社发展急需的专业计调人才,对于我国整个旅行社行业乃至旅游产业的发展,都具有重要的意义和作用。

(一) 人才培养目标定位

要提高旅行社计调专业的人才培养质量,定位人才培养目标是关键。旅行社计调专业人才培养目标的定位,要以市场需求导向为原则,要在了解旅行社行业市场情况、分析市场发展动态的基础上,以市场需求作为人才培养目标定位的基本出发点。旅行社行业和计调职业岗位工作对人才的知识、能力和素质的要求是旅行社计调专业人才培养目标定位的重要依据。

1. 旅行社计调岗位工作职责

旅行社计调的工作职责包括内部工作和外部工作两部分,内部工作包括信息统计、旅游接待、行程安排、计划编制;外部工作主要包括产品采购和公共关系两部分。具体内容见表5。

表5 旅行社计调岗位职责分析表

工作职责	工作内容	具体业务
内部工作	信息统计	编写旅游接待人数、收入、成本等月季年报表; 同业、合作社旅游市场动态的信息收集整理分析; 旅游团反馈信息整理。

续表

工作职责	工作内容	具体业务
内部工作	旅游接待	旅游线路的编制、创新、对外报价等； 与合作者或客户的谈判以及旅游合同的签订； 协调沟通各个供应商，落实接待事宜； 计划、行程变更等突发事件的处理。
内部工作	计划编制	编制旅游年度计划； 预测市场，为决策层提供信息和资料分析报告。
外部工作	产品采购	对房、餐、车、景点、导游等相关服务和产品的采购； 核算产品成本。
外部工作	公共关系	计调与供应商的合作关系； 计调与客户的沟通往来关系。

2.旅行社计调岗位的知识、能力、素质要求

项目组在对旅行社的调研走访中了解到，要想成为一名合格的旅行社计调人员，除了要具有爱岗敬业的态度、吃苦耐劳的职业素养外，还必须具备下列专业知识和技能。

（1）计调岗位操作规范

计调岗位操作规范主要包括产品报价、价格询问、行程编制、团队预报、计划发送、计划确认、计划下达、编制结算、账目结算、归档等业务知识和岗位工作流程。

（2）旅行社经营管理常识

计调人员必须了解现代旅游企业经营管理理念，熟悉旅行社企业的经营模式和业务流程，以便于配合旅行社的相关部门开展工作，发挥计调工作信息统计、产品设计这样的岗位作用。

（3）市场营销知识

由于旅游业发展很迅速，旅行社市场竞争也非常激烈，计调人员必须具有市场的敏锐性，能够预测市场的发展态势，并针对可以预见的消费旺季，提前控房、控车，为旅行社赢得竞争力。在瞬息万变的市场变化中，具有敏锐的市场嗅觉和创新意识，还可以帮助计调人员在进行产品设计时，为旅行社招徕更多的客户。

（4）计算机应用知识

计算机是现代社会办公的基本工具，计调人员必须掌握良好的计算机应用知识，并能够熟练运用各种办公自动化软件，进行简单的图形处理，才能做好计调工作，提高工作效率。

（5）电子商务知识

在互联网技术日趋成熟的今天，很多在线旅游企业已经开始占领传统旅行社的大部分市场业务，线上线下旅游营销活动也开始逐渐对接。在电子商务技术越来越普及的态势下，计调人员必须掌握电子商务知识，能够熟练进行线上线下的操作。

(6)沟通交际常识

由于旅行社计调人员在工作过程中需要频繁与外界打交道,既要与同行沟通,又要面对游客,还要与各个旅游服务提供单位打交道,因此,懂得基本的礼仪礼节常识,善于人际协调和沟通是计调从业人员必备的条件之一。

(7)法律法规知识

熟练掌握并能够科学运用法律法规知识可以有效地帮助旅行社计调人员合理合法地开展业务工作,避免发生一些不必要的状况和接待事故,也可以为旅行社规避风险。

(8)信息储备能力

除了掌握以上的知识和技术以外,优秀的计调人员还必须有很强的信息储备能力,时刻掌握航空、铁路、公路等交通信息和相关的票务情况,尤其是旅行社所在地的交通情况;掌握能够提供旅游接待服务的宾馆、酒店的有关情况;掌握旅游车队的相关信息;熟悉各景区景点、娱乐表演等相关信息;了解每个导游的年龄性格、外形特点、带团风格、服务水平等信息;还要了解和掌握同行旅行社的信息。

3.旅行社计调专业的人才培养目标定位

要提高旅行社计调专业的人才培养质量,人才培养目标定位是关键。旅行社计调专业人才培养目标的定位,要以市场需求导向为原则,要在了解旅行社行业市场情况、分析市场发展动态的基础上,以市场需求作为人才培养目标定位的基本出发点。旅行社行业和计调职业岗位工作对人才的知识、能力和素质的要求是旅行社计调专业人才培养目标定位的重要依据。

结合旅行社行业人才需求调研的结果和计调职业岗位工作对人才的知识、能力和素质的要求,本研究认为应该将旅行社计调专业人才培养目标定位为:

本专业主要培养面向旅行社、在线旅游等行业(企业)从事计调岗位工作,具备旅游企业经营与管理职业能力的高素质劳动者和高端技能型人才。

(二)人才培养规格定位

人才培养规格是指受教育者应达到的综合素质和能力要求,是专业人才培养目标的细化,是学校对所培养的专业人才的质量标准要求,规定了专业人才培养的方向。高职教育强调要依托产业办专业,学校的人才培养要与企业的用人需求对接,因此,专业人才培养规格应结合企业用人规格来定位。

1.旅行社行业发展新常态背景下的用人规格变化分析

旅行社计调专业主要对接的是旅行社企业的计调岗位,从调查的结果来看,未来我国旅行社计调岗位人才需求量仍然比较大,专业人才培养供不应求。在旅行社行业发展新常态背景下,旅行社计调岗位的工作内容、工作标准出现了新的变化。为应对新常态,旅行社行业的人才需求和用人规格呈现新的特点,开始更加重视基本素质、更加强调法律法规知识和网络营销知识、更加看重学习能力和理解能力。

从对旅行社企业负责人的访谈中,我们发现,现在的旅行社企业越来越看重员工的基本素质,87%以上的旅行社经理认为,决定一个计调人员能否在旅行社行业中留下来、待得住的,是他们的基本素质而并非是能力。旅行社计调岗位与旅游企业的其他岗位相比较,招聘员工的门槛较高,基本素质是旅行社人力资源人员招聘时重点考察的内容。调查结果显示,旅行社对计调岗位基本的素质要求主要有:诚实守信、待人热情、具有亲和力、做事能够严谨细致、果断自信、顾全大局等。

另有79%的旅行社表示更加重视计调人员的法律法规知识和网络营销知识。在行业越来越自律、经营越来越规范、互联网技术越来成熟、电子商务技术越来越发达的趋势下,旅行社对计调人员的法律法规知识和网络营销知识也越来越看重。调查结果显示,旅行社要求计调人员必须具备的知识内容主要侧重于以下方面:法律法规知识、心理学知识、网络营销知识、旅游消费行为知识。

100%的旅行社都很看重计调人员的学习能力和理解能力。由于计调岗位工作内容的统筹性、工作对象的变换性、工作过程的间断性等特点,需要从业人员具有较强的抗压能力和接受挫折的能力。保持学习能力和较好的理解能力,适应旅游业态的发展变化,是计调人员必须要具备的。

2.旅行社计调专业人才培养规格定位

针对旅行社行业发展新常态对计调人才需求和用人规格的变化,本研究认为应该将旅行社计调专业人才培养规格定位为:

(1)职业素养

①热爱旅游事业,具有奉献精神;

②具有良好的职业道德;

③具有求真务实、团结协作的品质;

④具有良好的经营管理意识和创新精神;

⑤具有高度的责任感和团队精神。

(2)专业知识和技能

①熟悉并能够科学运用旅游相关的法律、法规知识和网络营销知识;

②具有礼仪礼节知识、历史知识、地理知识、导游带团知识和旅游消费行为知识等;

③具有搜集、了解不断变化的旅游市场信息及同行相关动向的能力;

④能够制定出符合市场需求的旅游产品及旅游线路;

⑤具有与合作单位谈判的技巧和能力。

(三)课程体系设计

课程体系是实现专业人才培养目标的重要载体与手段,它以培养目标为指导思想,围绕培养目标来设计,并充分反映培养目标的要求。课程体系的科学与否,对人才培养的规格、质量和水平起着决定性的作用。为实现旅行社计调专业人才培养的目标,项目组建议在该专业课程体系的设计中,要在充分调研旅行社计调岗位能力的基础上,进行基于岗位能力的课程体系设计。

1.旅行社计调专业课程体系设计的基本思路

在旅行社计调专业人才培养标准的开发中,基于旅行社行业需求导向的旅行社计调专业课程的开发涉及课程的目标定位、课程结构、课程内容等一系列的问题。本项目研究坚持"以行业需求为导向,以能力为本位,以职业实践为主线"的原则进行课程体系的设计,主要

设计思路如下:

首先,以职业能力为课程体系设计的主线。以旅行社计调职业岗位能力培养为专业课程体系的主线,通过对旅行社计调岗位职业能力的分析,找出培养这些能力所对应的课程和教学内容,并以能力主线替代知识主线来进行计调专业整个课程体系的设计。

其次,以职业岗位为整体课程体系设计的导向。以旅行社计调的职业岗位导向作为课程体系建构的主导,不追求理论的系统和知识的全面,理论知识以够用、适用为度,将职业岗位所需的实用理论作为课程选取的前提,整体课程体系的构建完全对接旅行社计调的职业岗位。

最后,以岗位工作任务为课程教学内容的架构。以旅行社计调岗位的工作任务和工作流程为基础,设计课程模块,开发教学内容,以项目活动为单位,设计计调岗位工作任务,学生在任务完成中求得知识,学会技能。

2. 旅行社计调岗位职业能力要求

项目组根据旅行社计调专业人才培养目标所对应的典型岗位(群)的工作任务进行分析,归纳出学生需要掌握的技能和操作能力,并对所需的知识点、技能点进行梳理,确定本专业需要开设的课程,构建完整的课程体系。旅行社计调人员岗位职业能力要求见表6。

表6 旅行社计调岗位职业能力分析表

工作岗位	工作任务	职业能力
旅行社计调	计调	能进行自我仪容、仪表、仪态规范
		能掌握旅游计调业务的程序、标准
		能与同行、合作单位等多方面进行有效沟通,善于协调、合作、应变,执行力强
		能进行基础外语交流
		能落实产品中的安全细节
		能应对旅游突发事件和意外情况
		懂成本、利润核算的基础常识
		能有效运用旅游业相关的法律常识
		懂证照常识
		熟悉国内外及本地主要旅游产品的概况、特点及报价,能熟练组合、采购旅游产品
		能熟练使用现代办公软件、设备

3. 旅行社计调专业课程体系架构

项目组依据旅行社计调岗位调研的结果,对旅行社计调岗位的核心职能、工作任务、职业能力与素质等进行全面剖析,发现旅行社计调工作具有信息量大、人脉资源广、职业素养要求高等特点,要求计调人员必须熟练掌握旅游接待程序、旅游线路设计、旅游产品组合策划、成本核算能力、旅游突发事件处理等岗位能力。对接旅行社企业计调岗位的职业能力要求，本研究将旅行社计调专业的课程设计为四个模块，具体为：基本素质模块、职业核心能力模块、职业素质拓展模块、实践教学模块四个模块部分。其中基本素质模块主要包括人文素质课程和专业基础课程两部分，职业核心能力模块主要是职业知识与技能课程，职业素质拓展模块包括专业拓展和人文拓展两部分，实践教学模块主要是实习实训课程。

对接旅行社计调岗位的职业能力要求，按照"以行业需求为导向，以能力为本位，以职业实践为主线"的课程体系设计原则，本研究建议将旅行社计调专业的课程体系架构及每个模块的具体课程设计为如图7所示的内容。

图7 旅行社计调专业课程体系架构图

五、结论

本项目采用文献研究与实地调研走访相结合的研究方法,从专业人才培养标准的角度对旅行社计调专业人才的供需现状进行审视,在对我国旅行社行业发展及人才需求趋势分析的基础上,进行我国旅行社计调从业人员的来源和职业能力现状的分析,并通过对人才供给方——职业院校的调研走访,分析旅行社计调人才培养的现状,并找出人才培养中存在的问题,如专业设置问题、课程体系设计问题、专业师资问题、教学条件问题等。项目组在调研数据分析的基础上,基于企业岗位职业能力的需求分析,进行旅行社计调人才培养标准的研究,并从人才培养目标的定位、人才培养规格标准的制定、课程体系的设计等方面进行探索,尝试进行旅行社计调专业人才培养标准的开发,取得了立足市场需求定位人才培养目标、对接企业用人规格定位人才培养规格、基于企业岗位能力设计课程体系等成果,为高职院校进行旅行社计调专业人才的培养标准制定提供了可供参照的依据。

但专业人才的培养是一项庞大的系统工程,需要持续性地研究和实施。随着时代的发展,科学技术的进步,以及旅行社行业的快速发展,旅行社计调人才的培养还将遇到新问题,这些都有待于项目组在今后进一步加强研究与探讨,争取有新的突破。

参考文献:

[1] 杨金土,等.对发展高等职业教育几个重要问题的基本认识[J].教育研究,1995(6):7-15.
[2] David Airey. Attitudes to careers in tourism: an Anglo Greek comparison[J]. Tourism Management,1997(3):149-158.
[3] 吕鑫祥.高等职业技术教育研究[M].上海:上海教育出版社,1998.
[4] 姜大源.面向未来的探索——"双元制"职业教育在中国的实践[M].北京:经济科学出版社,1998.
[5] 宋耘,等.旅行社人力资源管理[M].广州:广东旅游出版社,2000.
[6] 俞克新.高等职业教育学制改革对策的思考[J].教育与职业,2005(9):26-27.
[7] 杨秀丽,颜萍.刍议旅游人力资本与旅游业发展[J].沈阳师范大学学报(社会科学版),2006(3):73-74.
[8] 于迎军.论旅行社计调员职业资格认证制度的建立[J].北京第二外国语学院学报,2007(7):88-93.
[9] 陈焕,周花.国内外旅行社人力资源管理研究综述[J].时代金融,2007(11):40-41.
[10] Tom Baum. Human resources in tourism: still waiting for change[J]. Tourism Management, 2007(28):1383-1399.
[11] 羊绍全.广西沿边、沿海地区旅游业人才培养模式探索[J].教育与职业,2008(6):59-60.
[12] 李冰.旅行社员工离职问题研究[D].辽宁大学,2009.
[13] 刘筱秋.基于企业工作岗位分工的高职旅游管理专业课程设置及建设研究——以石家庄职业技术学院为例[D].河北师范大学,2009.
[14] 蒋玲.中外高职教育复合型高技能人才培养范式比较研究[J].教育探索,2009(6):147-149.
[15] 王杨.旅行社计调员岗位胜任力模糊综合评价模型的构建与运用[J].漳州师范学院学报(自然科学版),2010(4):164-169.
[16] 刘占明.基于工作过程导向的高职旅游类专业课程体系创新研究[D].河北师范大学,2010.
[17] 姚雪莹,张欣.旅行社计调职业能力指标体系构建[J].北方经贸,2010(8):101-103.

[18] 张颖,伍新蕾.基于校内生产性实训基地的课程开发探讨——以《旅行社计调业务》课程为例[J].淮北职业技术学院学报,2010:(2)56-57.

[19] 施丽珍.高职院校《旅行社计调业务》课程建设的实践与思考[J].学理论,2010(18):287-288.

[20] 叶娅丽,陈学春.旅游行业新职业技能培训项目的构建与实施——以旅行社计调师为例[J].价值工程,2011(29):114-115.

[21] 张静岩.任务驱动教学法在《旅行社计调实务》教学中的运用[J].机械职业教育,2011(7):47-57.

[22] 王宏.旅行社员工继续教育问题研究——以沈阳市旅行社为个案[D].福建师范大学,2012.

[23] 张云霞,张明.如何做好计调工作[J].才智,2012(10):61-63.

[24] 刘一沙.旅行社人才流失的影响因素及对策[J].湖南工业职业技术学院学报,2012(12):52-53.

[25] 李翔凌.旅行社外联业务从业分析[J].科技视界,2013(12):10-16.

[26] 徐慧慧.旅游法背景下导游服务质量评价体系的重构研究[J].延安大学学报(社会科学版),2014(3):66-69.

[27] 张培茵,孙静.为特殊的旅游业培养特殊的人才[J].黑龙江高教研究,2014(10):144-145.

[28] 韩国华.基于计调职业能力培养的高职课程开发研究[J].中国成人教育,2014(16):131-133.

[29] 张颖.产业转型视阈下的旅行社计调职业能力评价体系构建研究[J].重庆文理学院学报,2015(3):111-115.

[30] 韩国华.基于行业新常态背景的旅行社经营管理专业人才需求研究[J].青岛职业技术学院学报,2016(1):69-74.

[31] 柯球.旅行社计调外联实务课程改革思路[J].旅游纵览(下半月),2016(5):217-219.

附录1 旅行社计调专业人才培养标准研发调研问卷

尊敬的答卷人:

您好!

为适应旅行社行业发展对计调人才的需求,提高高职院校旅行社类相关专业教育教学质量,培养适应旅行社发展需要的高素质应用型人才,敬请您在百忙中抽空填写此表!

非常感谢您对我们工作的支持!

1.贵社招聘计调人员的主要途径是(按重要性排序):＿＿＿＿＿

A.进学校直接招聘　　　　　　B.人才招聘中介公司、人才市场

C.与学校共同定向培养　　　　D.内部自主培养

2.您最希望通过哪些渠道进行计调人才招聘:＿＿＿＿＿

A.进学校直接招聘　　　　　　B.人才招聘中介公司、人才市场

C.与学校共同定向培养　　　　D.内部自主培养

3.在员工招聘阶段您最看重以下哪些因素(请按重要性排序选出前三):＿＿＿＿＿

A.学习成绩　　　　　　　　　B.职业资格证书

C.所学专业　　　　　　　　　D.学校品牌

E.工作经验　　　　　　　　　F.人际关系能力

G.语言表达能力　　　　　　　H.个人形象气质

I.所获得荣誉　　　　　　　　　　J.思想品德

K.其他(请注明)：_____

4.高职毕业生在贵社入职后适应工作岗位需要的时间一般为：_____

A.1个月以下　　　　　　　　　　B.1~3个月

C.4~6个月　　　　　　　　　　　D.6个月~1年

E.1年以上

5.贵社对计调人员开展的经常性培训是(最多选3项)：_____

A.业务技能培训　　　　　　　　　B.管理能力培训

C.沟通技巧培训　　　　　　　　　D.心理健康培训

E.规章制度培训　　　　　　　　　F.其他

6.贵社一般采用的培训方式有(最多选3项)：_____

A.课堂讲授　　　　　　　　　　　B.座谈研讨

C.师徒制　　　　　　　　　　　　D.高校进修

F.网上培训　　　　　　　　　　　F.参观考察

G.其他

7.您认为哪些能力素质对高职旅行社类专业毕业生胜任工作最重要(请按重要性排序选出前三)：_____

A.具有较强的专业理论知识　　　　B.具有较强的适应能力和解决突发问题的能力

C.具有良好的礼仪素养和职业道德　D.具有较强的服务意识和团队合作能力

E.具有较高的专业技能水平　　　　F.具有独立自主学习的能力

G.具有较清晰的职业规划

8.贵社在员工晋升时最看重哪方面？_____

A.学历　　　　　　　　　　　　　B.职称

C.技能　　　　　　　　　　　　　D.对企业的贡献

9.如果职业院校与贵社进行校企合作，共同培养学生，那么您对下列合作项目感兴趣的是(请按重要性排序选出前三)：_____

A.参与人才培养方案的制订与实施　B.为师生提供到企业挂职和实习机会

C.委托学校给企业进行员工培训　　D.与学校签订人才需求订单式培养协议

E.为学校提供实训设备　　　　　　F.为学校提供兼职教师

G.企业在学校建立实训车间　　　　H.出资联合办学

10.您希望旅行社计调专业毕业生能获得什么样的技能鉴定资格证书(请写出)：_____

再次真诚感谢您的支持和参与！衷心祝您开心愉快！

附录2　旅行社计调专业设置调研问卷

一、基本信息

学校名称_____	电子邮箱_____
填表人_____	联系电话_____
部门职务_____	学校地址_____

二、专业信息

学校办学层次	☐职业中专　　☐高职高专　　本科院校			
学校办学性质	☐市属中专　　☐省属中专　　市属地方高校　　☐省部共建高校 ☐民营高校　　☐其他			
是否开设有旅行社计调专业_____	开设时间为_____年　　招生人数为_____			
旅行社类相关专业在校生人数	_____人			
旅行社类各专业的不同年级人数统计	专业名称	2012级人数	2013级人数	2014级人数	2015级人数
旅行社类相关专业学制包括	☐三年制中专　　☐五年制大专　　☐二年制高职　　☐三年制高职 ☐四年制本科　　☐本科以上			
学生毕业时是否需要获得职业资格证书	☐是　　☐否			
旅行社类相关专业是否建有配套实验室	☐有　　☐无			
该实验室主要针对专业为_____				

三、教师信息

旅行社类相关专业教师总人数		
在编在职教师人数	外聘教师人数	行业/企业专家人数
双师型教师人数		
拥有硕士及以上学历教师人数	（其中）拥有博士学历的教师人数	
拥有副高及以上职称的教师人数	（其中）拥有教授职称的教师人数	
拥有旅游专业相关背景教师人数		

续表

40 岁以下青年教师人数		
四、实习及就业信息		
旅行社类相关专业是否有长期合作的实习单位	□有　□无	
实习单位包括	□旅行社　□酒店　□景区　□旅游咨询企业　□其他	
学生的实习期大致为	□1~3 个月　□4~6 个月　□6 个月以上	
学生实习前集中培训的时间为	□1 周以下　□1~2 周　□2 周以上	
学生实习的薪酬大致为	□1000 元以下　□1000~1500　□1500~1800　□1800 以上	
近三年旅行社类相关专业总体就业情况如何	□好　□不好　□一般	
近三年旅行社计调专业平均对口就业率为_____%	近三年旅行社计调专业平均最终就业率为_____%	
五、旅行社计调专业设置及人才培养问题		
1.贵校在旅行社类专业设置方面存在哪些问题？有何建议？		
2.贵校旅行社类相关专业近三年招生情况如何？存在哪些问题？		
3.贵校开设的旅行社计调专业学生的就业前景如何？		
4.贵校的旅行社计调专业主要开设有哪些课程？		

附录 3　旅行社负责人访谈提纲

旅行社名称：
业务范围：
受访人职务：
受访时间：
1.您认为旅行社在招聘计调人员时非常注重哪些方面的素质和能力？

2.贵社对计调人员的培训主要有哪些方面？请举例说明。

3.旅行社类专业毕业生进入贵社后在职业发展中存在哪些问题？据此您在中高职旅行社计调专业人才培养方面有哪些建议？

4.您认为校企合作能否提升高职旅行社计调专业毕业生的专业技能？

5.贵社目前最缺人才的岗位分别是哪些？

附录4　高职院校教师访谈提纲

尊敬的老师：

您好！非常感谢您能参与此次问卷调查。为了进一步优化旅行社计调专业人才培养，提高教育教学质量，我们设计了这份调查问卷。本次调研不涉及任何商业用途，并对您填写的资料严格保密，您的参与对我们的调查意义重大，非常感谢您的大力支持。

1.请问贵校开设有哪几种旅行社类相关专业？

2.请问贵校开设有旅行社计调专业吗？如果有，是从哪年开始招生的？平均每年招收多少学生？

3.您是否参与制定过旅行社类相关专业的人才培养方案及课程设置？对目前执行的人才培养方案您是否感到满意？

4.贵校的旅行社类相关专业的课程体系在设计之前是否进行多次讨论，是否曾引入外校教师和行业专家参与设计？

5.您认为旅行社计调专业的人才培养目标应该如何定位？

6.您认为旅行社计调专业的学生应该具备哪些知识、素质和能力？

7.结合您的教学经验，您觉得旅行社计调专业的核心课程应该是哪些？

附录5　项目研究期间撰写的论文

1.《E时代的旅游人才培养模式创新研究》

2.《旅行社转型升级背景下的计调人才需求现状》

项目名称:大数据视角下旅游高等职业教育课程绩效评价研究
项目编号:LZW201505
项目负责人:马卫
项目负责人所在单位:南京旅游职业学院

大数据视角下旅游高等职业教育课程绩效评价研究

一、绪论

(一)课题研究的目的和意义

为进一步落实《国务院关于大力发展职业教育的决定》精神,以科学发展观为指导,促进高等职业教育健康发展,2006年,教育部发布了《关于全面提高高等职业教育教学质量的若干意见》(教高[2006]16号),要求加大课程建设与改革的力度,增强学生的职业能力。2014年6月,国务院又印发《关于加快发展现代职业教育的决定》(以下简称《决定》),全面部署加快发展现代职业教育。《决定》明确了今后一个时期加快发展现代职业教育的指导思想、基本原则、目标任务和政策措施,提出要"培养数以亿计的高素质劳动者和技术技能人才"。培养专业知识扎实、综合素质高、专业技能强的高水平职业人才成为职业教育发展的重要目标之一。

作为旅游专业人才培养的重要基地,旅游高等职业教育的目标就是要培养满足旅游行业需求的高素质从业者。如何培养出优秀的旅游从业者?这一问题无疑最终落到课程上。旅游行业由于自身的行业属性,其最终的服务对象为旅游者——人,其服务的性质对其从业人员也提出了较高的要求。近几年,旅游行业飞速发展,但也出现了"旅游投诉与市场齐飞"的现象,其中不乏对旅游从业人员的不满,如近期"云南女导游"事件等,引发我们不得不去反思旅游职业人才的培养:旅游高等职业教育培养出来的旅游人才,是否具有较高的职业素养,是否具有良好的职业道德,是否真正满足了行业企业的需求……作为从事旅游高等职业教育的管理者和教育工作者,这些问题引发我们不得不从源头——课程教学上去反思:课程教学是否真正达成了其设置的初衷?是否真正实现了课程目标?是否真正实现了预期的教育教学效果?其"绩效"情况究竟如何?通过文献检索,发现针对这一类问题,目前尚缺乏专门的研究。

本项目旨在以旅游高等职业教育课程为研究对象,对其进行绩效评价研究,构建科学系统的绩效评价体系,在此基础上,从大数据的视角,对课程的实际实施情况进行系统分析研究,通过对课程、学生以及成绩等数据的动态分析,科学评价旅游高等职业教育课程的合理性、科学性和有效性,为旅游高等职业教育课程的科学评价和优化升级提供参考。

（二）课题的研究思路和方法

首先通论理论文献的分析与整理，在深入调研目前国内外课程绩效评价的基础上，借鉴国外先进经验，构建起科学、合理的具有政策导向的技术和管理创新体系。

其次，从各个层面深入分析如何在旅游业应用方面进行科技创新。通过建立研究假设，以问卷调查与访谈等方式开展调研，梳理旅游从业人员的能力构成，对其进一步深入分析，确定课程绩效评价要素；同时，结合旅游高等职业教育的不同类型课程，构建科学合理的课程绩效评价指标体系（图1）。

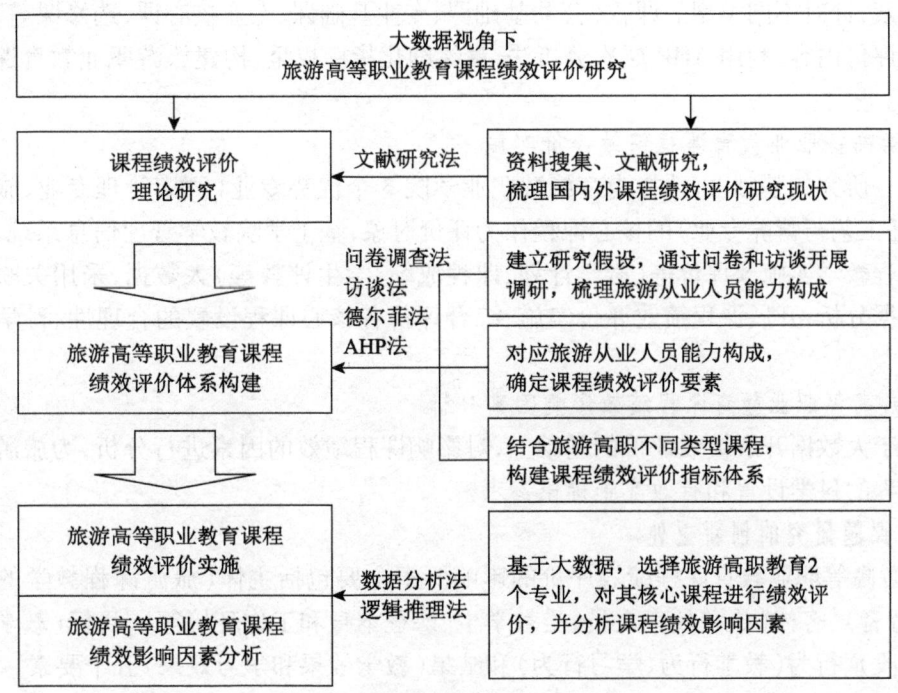

图1 课程绩效评价研究思路

最后，以南京旅游职业学院近三年教务系统的教师评价和学生成绩的数据为基础，选择学院的酒店管理和旅游管理2个专业，对其核心课程进行绩效评价，并进一步分析课程绩效的影响因素。结合文献资料、实地调研，借鉴先进经验，建立综合性、多元化的体系，促进创新的自我完善和螺旋式上升。

（三）课题研究的基本内容

1. 课程绩效评价理论研究

搜集国内外课程绩效评价研究成果，开展文献研究，对课程绩效评价研究现状进行梳理、分析和归纳，借鉴其研究经验和方法，为项目研究提供理论支撑。

2. 旅游高等职业教育课程绩效评价体系构建

（1）旅游从业人员职业能力需求调研

通过问卷调查法、访谈法等，深入酒店、旅行社、景区等旅游行业开展调研，从基本职业素养、岗位工作技能、综合服务能力、可持续发展能力等方面，结合工作岗位，系统分析旅游从业人员的职业能力构成。

（2）确定旅游高等职业教育课程绩效评价要素

在前期调研的基础上，结合旅游高等职业教育课程的特点，将职业能力和专业课程建立关联，从课程设置与实施、教学效果与应用、学生就业质量和社会适用度等方面，确定课程绩效评价要素。

（3）构建旅游高等职业教育课程绩效评价指标

结合旅游职业教育特点，依照课程评价理论，结合绩效评价技术，依据旅游职业教育课程评价要素，针对不同类型的课程（公共基础课、专业基础课、专业核心课、选修课等）设置评价指标和评价内容，利用 AHP 层次分析法，最终细化指标权重，构建旅游职业教育课程绩效评价体系。

3.旅游高等职业教育课程绩效评价实施

在前一研究的基础上，选择南京旅游职业学院 3 个优势专业（酒店管理专业、旅游管理专业、烹饪工艺与营养专业）的核心课程作为评价对象，基于学院教学管理信息系统，对 5 年来核心课程教学实施及评价等（教学计划、课程成绩、学生评教等）大数据，采用关联规则算法进行数据分析，开展课程绩效评价实施，综合评价各核心课程设置的合理性、科学性和有效性。

4.旅游高等职业教育课程绩效影响因素分析

在基于大数据开展绩效评价的基础上，对影响课程绩效的因素进行分析，为旅游高等职业教育课程的科学设置和有效实施提供参考。

（四）课题研究的创新之处

1.旅游高等职业教育课程绩效评价的影响要素主要包括主体（旅游课程教学的组织管理者、执行者）、客体（旅游教育人员、受教学生、课程本身和工作环境等）、目标（教学本身以及方法手段）、行为（教学行为、学习行为）和结果（教学效果和学习效果）五个要素。

2.在旅游高等职业教育课程绩效评价中，主体（旅游课程教学的组织管理者、执行者）以及结果（教学效果和学习效果）对课程评价的影响较大，其次是目标因素（教学本身以及方法手段），而客体（旅游教育人员、受教学生、课程本身和工作环境等）和行为（教学行为、学习行为）因素影响较小。

3.课程性质影响学生对课程本身的评价，偏重于实践实训的课程更容易得到学生的认可。关于课程设置学生主要关注：是否具有实用性、是否注重实践、能否对接行业产业、课程是否融通以及课程之间是否具有连贯性这五个方面。

4.教师教学行为中，学生认为上课枯燥和表达不清对于课程绩效的影响最大，其次为照本宣科、缺乏与专业关联以及实验实训缺乏有序组织，而教师教学速度快慢对课程绩效的影响最小。

5.教育技术能力成为提升高职人才培养质量的重要途径，助推高职教师发展。旅游高等职业教育教师通常对于基本的知识和技术工具能够掌握，在课堂教学中进行使用，但对教育教学的基本理论、多样化教学模式、教学评价等相关理论运用相对缺乏，在技术工具的有效应用和深度使用上尚存在不足。教师对于教育技术能力培训需求明显。

二、基于绩效评价的旅游职业教育课程评价体系构建

(一)引言

中国旅游业的飞速发展离不开现代旅游职业教育,但旅游职业教育整体发展值得深思的问题是:旅游职业教育培养出的旅游从业人员是否满足行业企业的发展需要。归其源头,需反思旅游教育的课程教学是否真正达到了教学设计的初衷。所以,有必要加强职教政策的科学指导,对旅游职业教育课程的实施情况进行评价,全面、系统、客观地整体评估课程实施绩效,以促进课程体系改革,促进课程结构不断优化,从而提高课程的教学效果,进而促进旅游人才培养质量的不断提高。基于此,探索旅游职业教育课程绩效评价机制对于旅游高等职业院校的课程建设具有重要的理论与实践意义。

国外关于课程绩效评价的研究较为系统,先后出现了如泰勒(Tyler)提出的目标评价模式[1]、斯塔夫尔比姆(Stufflebeam)的 CIPP 课程全过程评价模式[2]和斯克里文(Scriven)的消费者导向的评价模式[3]等。在绩效评价教育政策方面,教育规划纲要《国家中长期教育改革和发展规划纲要(2010—2020)》中指出,通过对高等学校的学科、专业、课程等水平和质量进行评估,建立科学规范的评估制度,形成特有的评价模式。虽然,国外的研究有一定的借鉴意义,但主要是以对学生学习成绩和教学效果的评价为主,对整个课程的教学过程和课程实施等其他影响因素的评价研究不足;国内现有的课程绩效评价研究起步较晚,相关研究多集中在网络课程教育,对旅游职业教育课程绩效评价指导意义不大。本文以旅游高等职业教育课程为研究对象,提取旅游课程绩效的影响要素,构建科学合理的绩效评价体系,以评价旅游高等职业教育课程的合理性、科学性和有效性,为旅游高等职业教育课程的科学评价和优化升级提供参考。

本文探索旅游职业教育课程绩效评价机制,对于旅游高等职业院校的课程建设具有深远的意义。本文以全面提升旅游职业教育人才培养质量、促进现代旅游职教体系构建为根本目的,对接职业教育教学改革深化、人才培养方式创新,利用改进的层次分析法构建了科学合理、客观公平、操作性强的旅游职业教育课程绩效评价体系,有利于该体系在旅游职业教育课程的运用与实践,可有效评估旅游职业教育课程实施,为旅游职业教育的发展和质量提升提供有力保障。

(二)旅游职业教育课程绩效评价的影响要素分析

绩效(performance)往往表示工作或所从事活动的表现、效果、效率及影响其工作效率的各类要素。绩效本质上是静态的工作结果与动态的行为过程内容(行为、技能、能力和素养)的综合表征。绩效的概念来源于管理学,将其引入到教育领域,作用于教育的主体和对象的评估即产生了课程绩效评价。课程绩效评价是在教学管理过程中对教学的识别、衡量与反馈的过程,是对教学内容的辨识与分析,是对教学质量优劣的评判与评价,是对教学组织和教学人员的指导与发展[4]。所以说,课程绩效评价本质上是课程评价与绩效技术的有机融合,而旅游职业教育课程的绩效评价是绩效技术作用于特定的专业领域。绩效评价为其科学评价、优化升级提供了有力的保障,有利于旅游职业教育课程教学目标的明确,教学质量的客观评价,教学水平的持续提升。

根据绩效评价理论及文献阅读归纳提炼,绩效评价的影响要素主要包括主体、客体、目标、行为和结果,如图2所示。这些要素相互联系,相互影响。根据主要因素分析旅游职业教育课程绩效评价的影响要素,运用文献分析法获得二级影响因子13个和三级影响因子40个。

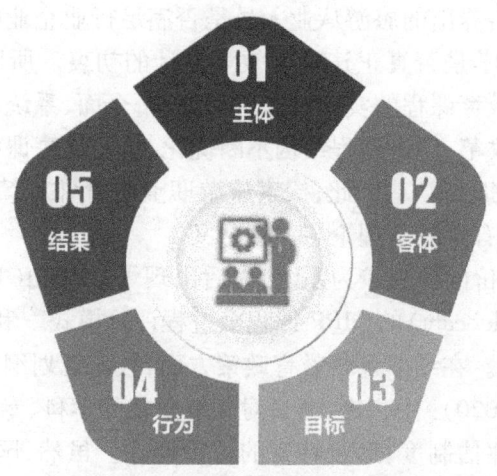

图2 旅游课程绩效评价五要素

1. 主体

旅游职业教育课程评价的主体是指旅游课程教学的组织管理者、执行者,主要完成对评价对象行为的组织与实施,在评价体系中处于主导地位,其对课程实施的态度起到重要的价值导向作用,其独立公平原则直接影响旅游课程绩效评价结果的公正性。所以,必须遵循从实际出发,对评价对象及其工作职责,根据目标客观评价,有效建立优良的管理机制,制定配套的人力资源管理政策,实现管理水平的有效提高。

2. 客体

课程绩效评价的客体是评价行为的实施受体,包括旅游教育人员、受教学生、课程本身和工作环境等评价对象。其中旅游教育人员又分为教学人员和教辅人员两类,教学人员主要为主讲教师,而教辅人员包括教务人员、实训人员和图书资料管理员。绩效评价的最终落脚点应是人的发展,所以旅游职业教育课程的评价过程也是追求和达成人的自我价值的过程。评价的目标不仅是促进学生的潜力发展,也是教师不断修炼提升的过程。

3. 目标

旅游职业教育课程承载着对旅游服务技能与管理水平兼具的培养理念,旅游职业教育课程绩效评价则是对这一理念的价值评判,评价的目标即是实现教育价值的最大化。因各旅游院校实际教学理念的差异和课程设置的不同,课程绩效评价过程应明确具体的目标,并能量化评价实施。

4. 行为

课程绩效评价行为包括教师的教学行为和学生的学习行为。这一行为要素强调的是在旅游职业教育课程评价实施过程中完成潜移默化的教学策略和循序渐进的学习过程。应改变传统的课程一味强调对理论知识的记忆、技能的掌握的方法,而应让课程的评价实现教学主体形成性的学习过程,突显课程绩效评价的灵活性与探索性。

5.结果

旅游职业教育课程绩效评价的结果分为教学效果和学习效果。绩效评价并非为了证明结果,而是希望通过结果作为下一阶段评价的衡量依据,动态的评价实现课程绩效评价的不断提升与改进、优化与升级,是一种动态发展性的评价,强调激励与发展,尊重学生个体差异化的形成性学习过程。表1为旅游职业教育课程绩效评价表。

表1 旅游职业教育课程绩效评价表

一级指标	序号	二级指标			序号	三级指标
主体(X_1)	1	发展规划(Y_{11})			1	领导重视(Z_{111})
					2	教学督导(Z_{112})
					3	规划设计(Z_{113})
	2	组织管理(Y_{12})			4	常规管理(Z_{121})
					5	人事政策(Z_{122})
					6	管理水平(Z_{123})
	3	评价实施(Y_{13})			7	制订方案(Z_{131})
					8	组织实施(Z_{132})
					9	评价反馈(Z_{133})
客体(X_2)	4	教育人员(Y_{21})	教学人员	主讲教师	10	知识掌握(Z_{211})
			教辅人员	教务人员	11	能力要求(Z_{212})
				实训人员	12	工作态度(Z_{213})
				图书馆员	13	个性品质(Z_{214})
	5	受教学生(Y_{22})			14	知识掌握(Z_{221})
					15	能力发展(Z_{222})
					16	素养提升(Z_{223})
	6	课程本身(Y_{23})			17	课程定位(Z_{231})
					18	对接产业(Z_{232})
					19	课程发展(Z_{233})
	7	工作环境(Y_{24})			20	校园文化(Z_{241})
					21	资源配置(Z_{242})

续表

一级指标	序号	二级指标	序号	三级指标
目标(X_3)	8	教学本身（Y_{31}）	22	教学目标（Z_{311}）
			23	教学计划（Z_{312}）
			24	教学大纲（Z_{313}）
	9	工作方法（Y_{32}）	25	教学手段（Z_{321}）
			26	教学工具（Z_{322}）
			27	教学环节（Z_{323}）
行为（X_4）	10	教学行为（Y_{41}）	28	教学准备（Z_{411}）
			29	课堂讲授（Z_{412}）
			30	案例讨论（Z_{413}）
			31	实验实训（Z_{414}）
			32	网络教学（Z_{415}）
	11	学习行为（Y_{42}）	33	学前准备（Z_{421}）
			34	学习活动（Z_{422}）
			35	复习总结（Z_{423}）
结果（X_5）	12	教学效果（Y_{51}）	36	教学质量（Z_{511}）
			37	教研成果（Z_{512}）
	13	学习效果（Y_{52}）	38	知识考核（Z_{521}）
			39	技能考核（Z_{522}）
			40	潜力发展（Z_{523}）

（三）旅游职业教育课程绩效评价体系构建

绩效评价体系是融合评价制度、标准指标、实施方法、组织管理等一系列方式的表现形式，是整个绩效评价组织的中心纽带。旅游职业教育课程绩效评价体系构建的核心是评价指标的设置与分值量化。科学合理地建立一套健全有效的评价体系在课程绩效评价过程中举足轻重，意义深远。

1.旅游职业教育课程绩效评价指标体系

根据文献分析和专家咨询，本文提炼形成了旅游职业教育课程绩效评价的指标体系，该体系的一、二级指标构成与设置如下：

主体要素的一级指标为发展规划、组织管理和评价实施。以组织管理为例，其对应的二级指标包括常规管理、人事政策和管理水平。常规管理是指对旅游职业教育课程的组织、协调、管理、奖惩和反馈等。人事政策是对人力资源管理工作进行连续性的指导策略和行为准则,包括竞聘上岗、考核培训、工资福利等政策。课程绩效评价的组织管理水平是衡量组织实施者的协调组织、管理创新、指导执行的能力。

客体要素分为四个一级指标,分别是:教育人员、受教学生、课程本身和工作环境。教育人员对应的二级指标包括知识掌握、能力要求、工作态度和个性品质。其中,对于教育人员的知识掌握应具备旅游教育领域的专业性与广博性,尤其对于旅游教育一线的主讲教师来说,担负着课程教育的引路人与实施者角色,很大程度上影响着教学效果。能力要求包括教学方案设计实施、教学过程管理掌控、教学研究创新等。工作态度是教育人员对教育发展、对课堂教学、对学生成长、对自我提升的一种职业修养。个性品质表现了自信、自律、责任、谦虚善学的崇高品质。受教学生的二级指标分为知识掌握、能力发展和素养提升。对学生的评价更为侧重其素质与潜能发展水平的提高,重视其学习过程的行为表现,尊重个性差异,注重因材施教。课程本身包括课程定位、对接产业和课程发展三个二级指标。其中,课程定位以岗位就业为导向,设置的课程符合区域旅游的发展需要。对接产业更加强调课程教育吻合旅游职业标准和职业岗位需求,符合旅游产业发展现状,能很好地体现行业产业发展的新趋势、新知识、新模式。课程发展包括校企合作参与课程的深度,建立校企双赢的运行平台,为学生的可持续发展提供基础。工作环境分为校园文化和资源配置。校园文化是以学生为主体,以校园精神为主要特征,涵盖校风、教风、学风和班风的群体文化。资源配置是衡量教学设施资源和教学条件建设。

目标要素包括教学本身和工作方法两个一级指标,其中教学本身涵盖三个二级指标,分别是教学目标、教学计划和教学大纲。工作方法分为教学手段、教学工具和教学环节三个二级指标。教学手段指应恰当运用多种教学形式,合理选择教学媒体,实现教学媒体在教学中的使用方式和目的。教学工具形式多样,包括教材教案、案例课件、题库资料、拓展平台等。教学环节是根据教学内容选择合理的教学组织形式,所列环节应衔接紧密,结构严谨,合理分配教学时间。

行为要素分为教学行为和学习行为两个一级指标,教学行为又包括教学准备、课堂讲授、案例讨论、实验实训和网络教学。教学行为可以更加全面合理地评判课程的价值,避免单纯从考试结果、学生成绩方面片面地否定旅游职业教育课程的教学过程。学生的学习行为包括学前准备、学习活动和复习总结。其中,以学前准备为例是需要给予学生相应知识、能力方面的指导,帮助其顺利完成教学环节。

最后,关于结果要素包括教学效果和学习效果两个一级指标。教学效果又分为教学质量和教研成果两个二级指标。学习效果包括知识考核、技能考核和潜力发展三个二级指标。课程绩效对结果的评价是为人或课程本身提供信息,衡量课程实施是否实现了预期目标,是否面临新的挑战,如何解决问题,并进行新一轮的绩效评价与技术推广。

2.旅游职业教育课程绩效体系权值量化

对于课程绩效的评价过程,在确定课程绩效的各级指标之后需要对不同的指标按照一定的准则设置相应的分值,进行相应的量化与加权。本文采用改进的层次分析法(Improved

Analytic Hierarchy Process, Improved-AHP)[5],利用专家决策的经验来判断衡量,确定旅游职业教育课程绩效评价体系中各级指标的权重,避免了使用传统的层次分析法计算一致性的繁琐。为了简化改进的层次分析法的建模过程,其标度准则和判断矩阵构建等采用 Matlab(Matlab R2012b)软件编程实现计算求解。具体步骤为:

(1)构建层次结构图。课程绩效评价体系分为3层,分别是目标层一级指标 $X = (x_{ij})_{n \times n}$、准则层二级指标 $Y = (y_{ij})_{n \times n}$ 和方案层三级指标 $Z = (z_{ij})_{n \times n}$。

(2)建立比较判断矩阵。根据专家评分法,以准则层二级指标教育人员、受教学生、课程本身和工作环境为例,此时 n 取值为4,得到相应的比较判断矩阵为:

$$A = (a_{ij})_{n \times n} = \begin{bmatrix} a_{11} & a_{12} & \cdots & a_{1n} \\ a_{21} & a_{22} & \cdots & a_{2n} \\ \cdots & \cdots & \cdots & \cdots \\ a_{n1} & a_{n2} & \cdots & a_{nn} \end{bmatrix}_{n \times n} = \begin{bmatrix} 0.5 & 1 & 0 & 1 \\ 0 & 0.5 & 0 & 1 \\ 1 & 1 & 0.5 & 1 \\ 0 & 0 & 0 & 0.5 \end{bmatrix}$$

式中,a_{ij} 表示第 i 个元素与第 j 个元素比较的重要程度,依据三标度原则,第 i 个元素与第 j 个元素比较不重要、同等重要和重要分别取值为 0,0.5 和 1。

(3)确定重要性排序指数。设重要性排序指数为 $r_i(i = 1,2,\cdots,n)$,则取值如下:

$$r_i = \sum_{j=1}^{n} a_{ij} = [2.5, 1.5, 3.5, 0.5]^T$$

通过取值得到 $r_{\min} = \min\{r_i\} = 0.5$,$r_{\max} = \max\{r_i\} = 3.5$。

(4)计算间接判断矩阵 $B = (b_{ij})_{n \times n}$,其中 $b_i(i = 1,2,\cdots,n)$ 中的各元素的计算是根据重要性排序指数的取值获得,具体计算方式如下:

$$b_{ij} = \frac{r_i - r_j}{r_{\max} - r_{\min}} \times \left(\frac{r_{\max}}{r_{\min}} - 1\right) + 1 = \frac{r_i - r_j + r_{\min}}{r_{\min}}, r_i \geq r_j$$

$$b_{ij} = \left[\frac{r_j - r_i}{r_{\max} - r_{\min}} \times \left(\frac{r_{\max}}{r_{\min}} - 1\right) + 1\right]^{-1} = \frac{r_{\min}}{r_j - r_i + r_{\min}}, r_i < r_j$$

式中 $i,j = 1,2,\cdots,n$,所以可得 $B = [1, 3, 0.333, 5; 0.333, 1, 0.2, 3; 3, 5, 1, 7; 0.2, 0.333, 0.143, 1]$。

(5)计算反对称矩阵。根据间接判断矩阵的各元素 b_{ij},计算反对称矩阵 $C = (c_{ij})_{n \times n}$,各元素 $c_{ij} = \lg b_{ij}$。从而可得 $C = [0, 0.477, -0.477, 0.699; -0.477, 0, -0.699, 0.477; 0.477, 0.699, 0, 0.845; -0.699, -0.477, -0.845, 0]$。

(6)求解最优传递矩阵。根据反对称矩阵 $C = (c_{ij})_{n \times n}$ 计算最优传递矩阵 $D = (d_{ij})_{n \times n}$,其中关于元素 d_{ij} 的计算公式如下所示。可得 $D = [0, 0.350, -0.331, 0.680; -0.350, 0, -0.680, 0.331; 0.331, 0.680, 0, 1.011; -0.680, -0.331, -1.011, 0]$。

$$d_{ij} = \frac{1}{n}\sum_{k=1}^{n}(c_{ik} - c_{jk}) = \frac{1}{n}\sum_{k=1}^{n}(\lg b_{ik} - \lg b_{jk}), (i,j = 1,2,\cdots,n)$$

(7)建立拟优一致性矩阵。拟优一致性矩阵 $B^* = (b_{ij}^*)_{n \times n}, (i,j = 1,2,\cdots,n)$,此处的 $b_{ij}^* = 10^{d_{ij}} = \frac{1}{n}\sum_{k=1}^{n}(c_{ik} - c_{jk}), (i,j = 1,2,\cdots,n)$ 计算可得 $B^* = [1.000, 2.236, 0.467, 4.787;$

0.447,1.000,0.209,2.141;2.141,4.787,1.000,10.247;0.209,0.467,0.098,1.000]。

(8)特征向量计算。利用方根法计算相应特征向量,计算过程为将拟优一致性矩阵的行元素相乘开 n 次方。可得权重 $w^* = [1.495, 0.669, 3.201, 0.312]$。

$$w^* = \sqrt[n]{\prod_{j=1}^{n} b_{ij}^*}, (i = 1, 2, \cdots, n)$$

(9)确定评价指标体系权重。对向量进行归一化处理可得评价指标体系权重 $w = [0.263, 0.118, 0.564, 0.055]$,计算公式如下所示:

$$w_i = w^* / \sum_{i=1}^{n} w_i^*, (i = 1, 2, \cdots, n)$$

同理可求得其他的各级指标权重,如表2至表4所示。

表2 旅游职业教育课程绩效评价一级指标权重

旅游职业教育课程绩效评价指标专家调查和计算结果						
一级准则层判断矩阵						
	X_1主体	X_2客体	X_3目标	X_4行为	X_5结果	权重
X_1主体	0.5	1	1	1	0.5	0.3407
X_2客体	0	0.5	0	0.5	0	0.0779
X_3目标	0	1	0.5	1	0	0.1629
X_4行为	0	0.5	0	0.5	0	0.0779
X_5结果	0.5	1	1	1	0.5	0.3407

表3 旅游职业教育课程绩效评价二级指标权重

二级指标层判断矩阵:主体				
	发展规划 Y_{11}	组织管理 Y_{12}	评价实施 Y_{13}	权重
发展规划 Y_{11}	0.5	1	1	0.6370
组织管理 Y_{12}	0	0.5	1	0.2583
评价实施 Y_{13}	0	0	0.5	0.1047
二级指标层判断矩阵:客体				
	教育人员 Y_{21}	受教学生 Y_{22}	课程本身 Y_{23}	工作环境 Y_{24}	权重
教育人员 Y_{21}	0.5	1	0	1	0.2634
受教学生 Y_{22}	0	0.5	0	1	0.1178
课程本身 Y_{23}	1	1	0.5	1	0.5638
工作环境 Y_{24}	0	0	0	0.5	0.0550

续表

二级指标层判断矩阵:目的			
	教学本身 Y_{31}	工作方法 Y_{32}	权重
教学本身 Y_{31}	0.5	1	0.7500
工作方法 Y_{32}	0	0.5	0.2500
二级指标层判断矩阵:行为			
	教学行为 Y_{41}	学习行为 Y_{42}	权重
教学行为 Y_{41}	0.5	0	0.2500
学习行为 Y_{42}	1	0.5	0.7500
二级指标层判断矩阵:结果			
	教学效果 Y_{51}	学习效果 Y_{52}	权重
教学效果 Y_{51}	0.5	0	0.2500
学习效果 Y_{52}	1	0.5	0.7500

表4 旅游职业教育课程绩效评价三级指标权重

三级方案层判断矩阵:发展规划			
	领导重视 Z_{111}	教学督导 Z_{112}	规划设计 Z_{113}	权重
领导重视 Z_{111}	0.5	0	0	0.1111
教学督导 Z_{112}	1	0.5	0.5	0.4444
规划设计 Z_{113}	1	0.5	0.5	0.4444
三级方案层判断矩阵:组织管理				
	常规管理 Z_{121}	人事政策 Z_{122}	管理水平 Z_{123}	权重
常规管理 Z_{121}	0.5	1	1	0.6370
人事政策 Z_{122}	0	0.5	0	0.1047
管理水平 Z_{123}	0	1	0.5	0.2583
三级方案层判断矩阵:评价实施				
	制订方案 Z_{131}	组织实施 Z_{132}	评价反馈 Z_{133}	权重
制订方案 Z_{131}	0.5	0	0	0.1047
组织实施 Z_{132}	1	0.5	1	0.6370
评价反馈 Z_{133}	1	0	0.5	0.2583

续表

三级方案层判断矩阵:教育人员					
	知识掌握 Z_{211}	能力要求 Z_{212}	工作态度 Z_{213}	个性品质 Z_{214}	权重
知识掌握 Z_{211}	0.5	0.5	0	1	0.1798
能力要求 Z_{212}	0.5	0.5	0	1	0.1798
工作态度 Z_{213}	1	1	0.5	1	0.5850
个性品质 Z_{214}	0	0	0	0.5	0.0553

三级方案层判断矩阵:受教学生				
	知识掌握 Z_{221}	能力发展 Z_{222}	素养提升 Z_{223}	权重
知识掌握 Z_{221}	0.5	0.5	0	0.2222
能力发展 Z_{222}	0.5	0.5	0	0.2222
素养提升 Z_{223}	1	1	0.5	0.5556

三级方案层判断矩阵:课程本身				
	课程定位 Z_{231}	对接产业 Z_{232}	课程发展 Z_{233}	权重
课程定位 Z_{231}	0.5	0.5	1	0.4444
对接产业 Z_{232}	0.5	0.5	1	0.4444
课程发展 Z_{233}	0	0	0.5	0.1111

三级方案层判断矩阵:工作环境			
	校园文化 Z_{241}	资源配置 Z_{242}	权重
校园文化 Z_{241}	0.5	0	0.2500
资源配置 Z_{242}	1	0.5	0.7500

三级方案层判断矩阵:教学本身				
	教学目标 Z_{311}	教学计划 Z_{312}	教学大纲 Z_{313}	权重
教学目标 Z_{311}	0.5	1	1	0.5556
教学计划 Z_{312}	0	0.5	0.5	0.2222
教学大纲 Z_{313}	0	0.5	0.5	0.2222

三级方案层判断矩阵:工作方法				
	教学手段 Z_{321}	教学工具 Z_{322}	教学环节 Z_{323}	权重
教学手段 Z_{321}	0.5	1	1	0.6370
教学工具 Z_{322}	0	0.5	0	0.1047
教学环节 Z_{323}	0	1	0.5	0.2583

三级方案层判断矩阵:教学行为						
	教学准备 Z_{411}	课堂讲授 Z_{412}	案例讨论 Z_{413}	实验实训 Z_{414}	网络教学 Z_{415}	权重
教学准备 Z_{411}	0.5	0	0	0	1	0.0636
课堂讲授 Z_{412}	1	0.5	1	0	1	0.2638

续表

案例讨论 Z_{413}	1	0	0.5	0	1	0.1296
实验实训 Z_{414}	1	1	1	0.5	1	0.5100
网络教学 Z_{415}	0	0	0	0	0.5	0.0329

三级方案层判断矩阵:学习行为				
	学前准备 Z_{421}	学习活动 Z_{422}	复习总结 Z_{423}	权重
学前准备 Z_{421}	0.5	0	0	0.1047
学习活动 Z_{422}	1	0.5	1	0.6370
复习总结 Z_{423}	1	0	0.5	0.2583

三级方案层判断矩阵:教学效果			
	教学质量 Z_{511}	教研成果 Z_{512}	权重
教学质量 Z_{511}	0.5	1	0.7500
教研成果 Z_{512}	0	0.5	0.2500

三级方案层判断矩阵:学习效果				
	知识考核 Z_{521}	技能考核 Z_{522}	潜力发展 Z_{523}	权重
知识考核 Z_{521}	0.5	0	0	0.1111
技能考核 Z_{522}	1	0.5	0.5	0.4444
潜力发展 Z_{523}	1	0.5	0.5	0.4444

（四）小结

综上所述,本文利用改进的层次分析法对旅游职业教育课程绩效评价进行了定性与定量分析,为旅游高等职业教育课程发展研究开辟了新的方法与途径。改进的层次分析法在绩效评价旅游职业教育课程方面应用便捷,通过确定相应的评价指标,为旅游职业教育课程的改革提供了有力的保障,而且有利于培养旅游行业高素质复合型的人才。

三、大数据在教师教学质量多元评价体系中的研究与分析

教学质量评价是高校教育教学决策的重要依据,而有效的教学质量评价依赖于全面、可靠的评价数据。教学质量多元评价体系是指采用多种有效的技术手段和评价方法,在非结构化的教学情境中评价教师教学过程和效果的一系列方法。它以现代质量管理理论,进行多元评价内容与方式等方面的制度安排,并由多元评价主体来加以实施。大数据重在对大量数据进行多维、深度挖掘与科学分析,发现数据背后的隐含关系与价值,有助于教学质量评价从基于小样本数据或片段化信息的推测,转向基于全方位、全程化数据的证据性决策。运用数据挖掘技术对多元评价结果进行分析,有助于提高教学质量评价的信度和效度,减少评价过程中的张力与冲突。

（一）引言

高等教育大众化使职业教育的发展机遇与挑战并存，规模扩大的同时要有效兼顾质量。教学质量是高职院校生存与发展的生命线、核心竞争力，是深化教育改革的重要突破口。教学质量提升是培养学校品牌的要素。教育体制改革，对学校教育质量提出了新的要求，而教育事业发展至今已相对比较成熟，在提升教学质量上，传统方法的作用有限。目前高职教师教学质量评价普遍存在一些问题，影响评价的实际效能，主要表现在：评价主体以学生为主，相对单一；评价指标相对统一，缺乏层次；实施主要以终结性评价为主，以偏概全。此外，评价实施过程中，对评价认识不足，存在代评、故意恶评等问题，随意性较大，缺乏客观性；评价结果缺乏有效利用等。这些问题容易使评价流于形式，脱离评价初衷，降低评价效能。

随着信息技术的不断发展，使得教学质量的进一步提升成为可能，为提升教学质量提供了新的思路和方法，同时大数据的应用在教育领域也受到高度重视，越来越多的教育机构、教育管理人员和研究者开始关注大数据在教育教学改革与发展尤其是教育评价中的应用价值。运用数据挖掘技术可以对收集回来的教学信息进行统计、分析，对教师调整教学策略、模式和内容提供数据支撑，提高教师的教学效率，提升教学质量，利用大数据探寻发展教育的新途径和新思路。

本文从评价标准、评价实施、评价结果三个方面分析大数据在多元评价体系中的应用，精心设计多元评价体系标准，运用大数据处理技术，提升高职院校教师的素养，在实践中推进大数据在教育评价中的应用。

（二）高职院校教师教学质量评价现状

1.评价标准——缺乏系统性

高校教师教学评价在西方已有一百多年的历史，早在20世纪20年代，哈佛大学就开始尝试学生评价教师教学的理论研究和实践活动。我国高校教师教学评价时间不长，教育质量评价的研究与实践起步于20世纪80年代。顺应我国高等职业教育的发展，高职院校教师教学质量评价的研究也逐渐成为高职改革中的一个热点。

目前高职教师教学质量评价尚缺乏科学统一的评价指标体系，评价内容过于追求理论教学效果，过于关注教师基本教学技能；对传授学生知识和技能的关注较多，而对其职业素养的关注较少等。评价管理基本依赖现有教学管理系统的评价模块，评价结果表现形式单一，缺乏深入统计分析和挖掘数据的有效信息，对于评价结果的分析缺乏连续性。评价方法上，多以终结性评价的形式存在，缺乏对教学质量的过程性评价，评价的结果基本和教师年终考核、职称晋升等关联，较少从教学质量的全程监控角度去设计、实施教学质量评价。针对这些问题，一些研究者提出通过"更新观念，健全制度，加强管理"来健全评价体系（马微，2014），从全面质量管理的角度提出高职教师教学质量评价应做到全过程监控、全要素管理和全员参与（王义宝，2013）；还有学者提出"建立多级评价体系"（吕国锋，2014）。在实证研究方面，赵熹等人从学生、同行、院部、教务、督导五个层面分别构建了评价指标（赵熹，2015），但在具体的指标上，缺乏考虑不同类型课程，缺乏针对性。此外，对评价主体认识不足，随意评价、缺乏约束等现象也普遍存在，影响了评价信度和效度。

2.评价实施——重"静"轻"动"

应丰富评价方法，借助评价管理平台，将过程性评价和终结性评价相结合，建立动态评价机制,形成"评价—反馈—提升"的螺旋上升循环,提高评价的科学性。

(1)优化评价指标设计,结合具体评价主体和评价对象细化指标,细化评价体系,实现"评价主体—评价内容—评价指标"的有机耦合,提升评价体系系统性、科学性和针对性。

(2)加强评价组织实施、操作规范流程、评价结果利用以及与评价相关的管理文件制定、实施保障等,规范评价管理。

(3)应优化评价管理平台功能,和智能移动设备有效互联,助力评价过程实施,基于大数据分析、数据挖掘等技术,优化统计分析,实现智能反馈。

3.评价结果——深入分析欠缺

目前,大部分高校对于评价的反馈信息只是做简单的求平均值处理,考虑问题很不全面,使评价结果偏离真实值。如在评教时可能存在一些不负责任的评价,影响到最终的评价结果,管理者在统计结果时应该想办法尽量避免这种错误。评价结束后,很多学校只是将评价的最终结果告诉教师,具体评价细节没有及时反馈给教师,教师并不能了解到自己教学中存在的不足,也没办法改进教学水平,达不到提高教学质量的目的。

基于大数据和数据挖掘分析技术,对评价结果进行多层次、多维度分析,对数据进行切片、切块、旋转、上卷、下钻等各种分析动作,以求剖析数据,从多角度、多侧面分析数据库中评价数据,如图3所示。应打破传统评价呈现最终评价结果(等级、排名)的局限,立体化呈现教师评价结果。应从教学评价数据中,通过关联规则进行挖掘,找出课程教学效果与教师情况之间的关系。系统在做班级排课时对教师年龄、职称、学历等合理分配,让学生有良好的学习状态,为教学部门提供决策支持信息,保证教学工作更好地展开,促进教学质量提升。

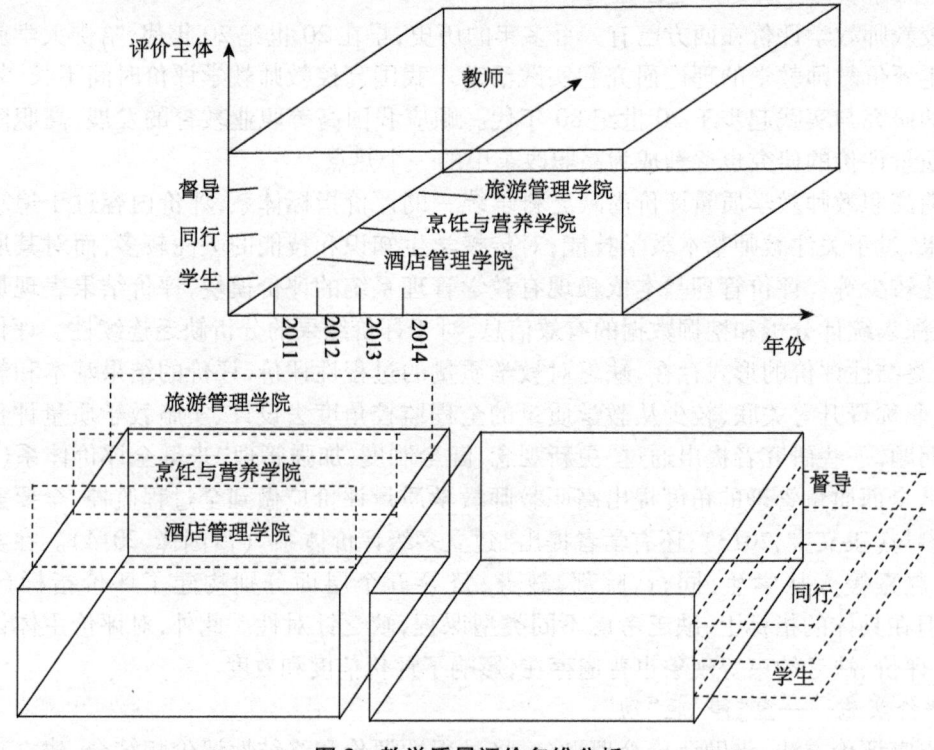

图3 教学质量评价多维分析

(三)多元教学质量评价体系构建

本研究结合教学质量的系统监控,从教师、不同管理者和学生等多主体出发,结合高职教育特点,针对不同类型的课程,提升评价针对性,构建多元评价体系,对教师教学质量进行全面评价,如图4所示。

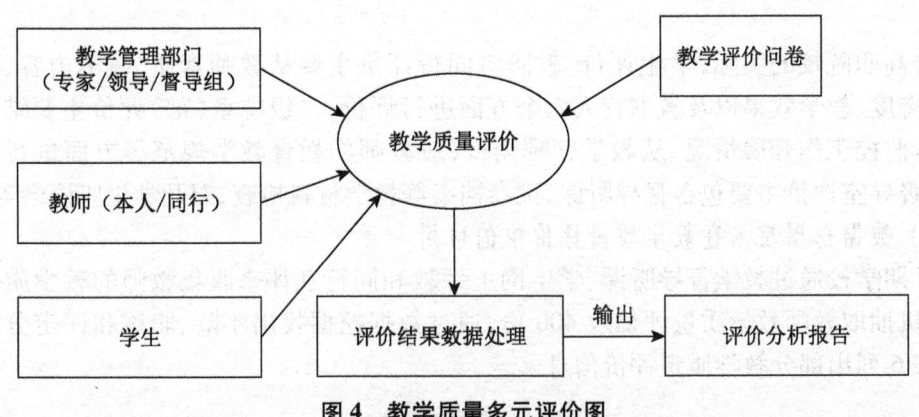

图4 教学质量多元评价图

1. 立足教学全程监控,构建多元评价体系

在对现有高职教师教学质量评价体系进行分析研究的基础上,立足于教学质量全程监控和教师教学能力提升,构建多元评价体系。评价主体多元:针对教学活动所涉及的评价主体(教师同行、学生、相关教学管理部门等),梳理其对于教师教学的关注点,分析其教学质量评价需求(评价要素、指标容量、等级设置等),体现评价内容的层次性。指标体系多元:针对不同类型课程(公共基础课、理论课、实践实训课等),结合高等职业教育特点,细化指标,科学设置指标权重。评价方法多元:将过程性评价和终结性评价相结合,定量评价和定性评价相结合,将教师日常教学工作融入评价过程,实现教学全过程监控。

2. 优化评价过程实施,建设配套管理制度

系统梳理评价实施过程,全面分析评价各环节存在的问题(评价主体认识、实施保障缺乏、评价结果使用等),剖析成因,制订教师教学质量评价实施方案、评价操作规程等相关制度,加强评价监控管理,保障评价实施的过程流畅,促进评价目标的有效达成。

3. 升级评价平台功能,建立评价互动机制

结合多元评价体系新需求,升级完善评价管理平台功能模块,设计开发教学质量评价网络管理平台,有效支撑多元评价;结合智能终端设备(手机、pad等),有效支持过程性评价,评价实施方便快捷,评价过程统计及时,数据分析全面深入,评价结果立体呈现,实现智能反馈,建立"评价——反馈——提升"的动态机制,有效促进教师教学能力提升,以评促建。

4. 开展多元评价实施,开展指标适用性分析

基于升级后的网络评价管理平台,开展教师教学质量多元评价,了解评价主体及评价对象对于评价结果的真实反馈,对评价体系的适用性进行分析。多元评价指标体系由学生评价、同行评价、二级学院系(部)评价、教学督导室评价四部分组成,各部分所占权重如表5所示。

表 5 教师教学质量评价体系及权重

评价主体	学生评价	同行评价	二级院系(部)评价	教学督导室评价
权重	30%	20%	30%	20%

结合高职院校的实际,学生评价、教研室同行评价主要从教师素质、教学内容、教学方法、教学态度、教学效果以及教书育人六个方面进行评价;二级院系(部)评价主要结合日常教学质量监控工作开展情况,从教学管理角度,对教师的教育教学规范等方面进行综合评价;教学督导室评价主要包含督导听课、试卷档案等教学材料检查、召开学生座谈会等方面。

(四)数据挖掘技术在教学质量评价中的应用

每学期学校通过教学督导听课、学生网上评教和同行互评来收集教师的教学质量评价信息,随机抽取教师教学质量评估表 400 份,通过数据挖掘找出年龄、职称和评定分数间的关系。表 6 列出部分教学质量评价信息。

表 6 教师信息表

教工号	姓名	性别	年龄	学历	职称	评定分数
01010	刘×	女	32	硕士	副教授	82
02005	陈×	男	28	硕士	讲师	84
03007	王×	男	43	硕士	副教授	87
04040	王××	女	29	本科	讲师	95
05021	孙××	男	53	本科	教授	91
07011	张×	男	35	博士	副教授	83
02010	邵××	男	54	本科	教授	90

对表中的数据列进行修改,教师性别(jsxb):S1 表示男,S2 表示女;学历(xl):E1 表示本科,E2 表示硕士,E3 表示博士;职称(zc):J1 表示助教,J2 表示讲师,J3 表示副教授,J4 表示教授。原始表中的数据经过数据选择和量化,得到量化后的数据表为表 7 至表 9。

表 7 教师年龄量化规则

教师年龄(jsnl)	jsnl≤30	30<jsnl≤35	35<jsnl≤49	jsnl>49
量化规则	A1	A2	A3	A4

表 8 评定分数量化规则

评定分数(pdfs)	pdfs<60	60≤pdfs<70	70≤pdfs<85	pdfs≥85
量化规则	D1	D2	D3	D4

表 9 量化后教师信息表

教工号	姓名	性别	年龄	学历	职称	评定分数
01010	刘×	S2	32	E2	J3	D3
02005	陈×	S1	28	E2	J2	D3
03007	王×	S1	43	E2	J3	D4
04040	王××	S2	29	E1	J2	D4
05021	孙××	S1	53	E1	J4	D4
07011	张×	S1	35	E3	J3	D3
02010	邵××	S1	54	E1	J4	D4

原始随机抽取的数据中,评定分数在85分以上的记录58条,70~84之间的记录130条,采用关联规则算法寻找频繁项集,根据给定的最小置信度,得到关联规则。设最小支持度为0.1,最小置信度为0.4,得到课堂教学效果为优秀的关联规则如表10所示,课堂教学效果良好的关联规则如表11所示。

表 10 课堂教学效果优秀的关联规则

关联规则	支持度	置信度
A3=>D4	0.120	0.450
J3=>D4	0.100	0.400
E3=>D4	0.120	0.410
[A3,J4]=>D4	0.100	0.550

表 11 课堂教学效果良好的关联规则

关联规则	支持度	置信度
A2=>D3	0.22	0.70
E2=>D3	0.20	0.54
E3=>D3	0.12	0.60

续表

关联规则	支持度	置信度
[A2,J2]=>D3	0.20	0.90
[A2,E2]=>D3	0.10	1.00
[J2,E1]=>D3	0.10	0.90

从分析的数据中发现,学生对教师的满意度主要与职称、学历及年龄相关,职称为副教授、年龄较大或高学历的教师课堂教学效果优秀的可能性较大,有一定的年龄、职称较高或高学历的教师课堂教学效果良好的可能性较大。

年龄在31~49的中青年教师有丰富的教学经验,评定分数高或较高的支持度、可信度较高。年龄31~35且为硕士学历的青年教师评定分数较高的支持度、可信度较高,说明中青年骨干教师发展较好,教师队伍结构趋向合理。

教学质量评价模型通过对教师综合能力等多方面的测评,能评价教师承担教学工作的适合度,同时也可以对教学情况的优缺点有一个客观的认识,从而制定出有针对性的自我完善措施。学院通过评价信息掌握教师的教学情况,为今后在排课配备教师方面注重年龄、职称、学历的合理分配,提供了决策支持信息,为教学管理政策的最终执行提供了科学依据。

(五)小结

作为衡量高职院校教育教学质量的重要手段,客观、系统、科学的教师教学质量评价对于整体提升教师教书育人能力、全面反映高职院校办学水平、有效促进高职院校可持续发展发挥着重要的作用。本研究从教学质量全程监控出发,以提高高职教师教学质量评价的科学性、有效性为目标,对评价对象和实施过程从理论和实践两方面构建教师教学多元评价指标体系。依据学生实施评价活动的一个心理顺序和行为要求,将学生对教学评价分解为四个相互联系而有所独立的要素,即学生本身所持有的评价态度,学生对学习所需产生的评价意识,学生为评价的实施而摄取的评价知识,学生在评价活动中应用的评价技能。利用影响因子对教学评价体系的影响程度,帮助教师利用这些因素来助力教师在教育教学的实践活动中,切实提升自身的专业技能和教学评价水平。下一步,力求增加评价指标的系统性和针对性,系统优化评价实施,努力探索科学有效的高职教师教学质量评价机制。

四、基于课程绩效评价体系的专业核心课程分析

在对大数据在教师教学质量多元评价体系中的技术与方法研究的基础上,本章节对酒店管理和旅游管理2个专业各年度106个班级共计4074名学生的专业核心课程进行了数据统计(如表12所示),基于课程绩效评价体系的专业核心课程、教师教学效果和学生网上评教的情况进行了分析,以求通过分析研究为酒店管理专业和旅游管理专业的人才培养方案的改革创新、优化升级提供指导作用。

表 12　专业人数年份统计数据

院系	专业名称	人数	年级
酒店管理学院	酒店管理	305	2010
		540	2011
		589	2012
		461	2013
		402	2014
		334	2015
小计		2631	—
旅游管理学院	旅游管理	192	2010
		194	2011
		248	2012
		210	2013
		250	2014
		349	2015
小计		1443	—
合计		4074	—

(一)专业核心课程成绩与满意度分析

从酒店管理学院、旅游管理学院分别抽取了5门专业核心课程进行分析,从教务管理信息系统(图5-图7)分析的情况来看,课程成绩服从正态分布,学生考试成绩分布基本合理,说明试卷科学合理。通过人才培养方案发现本结果可客观分析学生成绩各学科间的关系,课程定位明确,课程结构体系划分科学、合理,形成了以公共基础课程、专业基础课程和专业核心课程"三位一体"的课程体系结构,体现学科之间的内在联系。

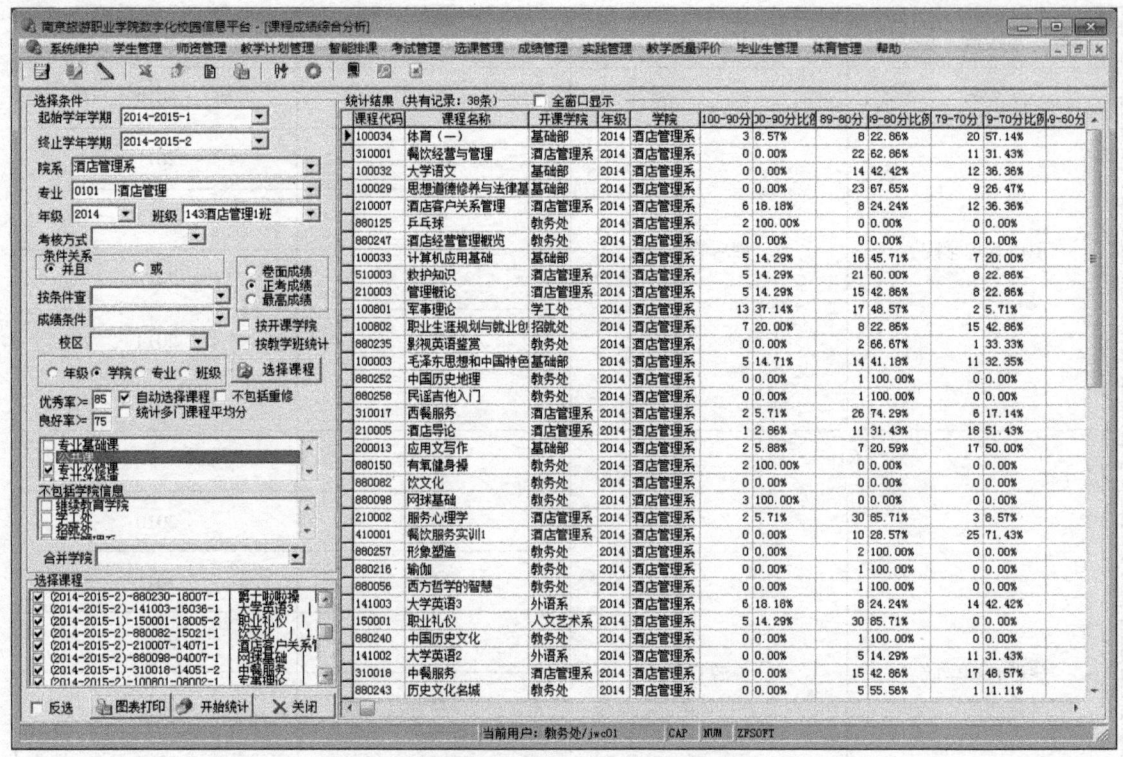

图5 教务管理信息系统课程成绩综合分析

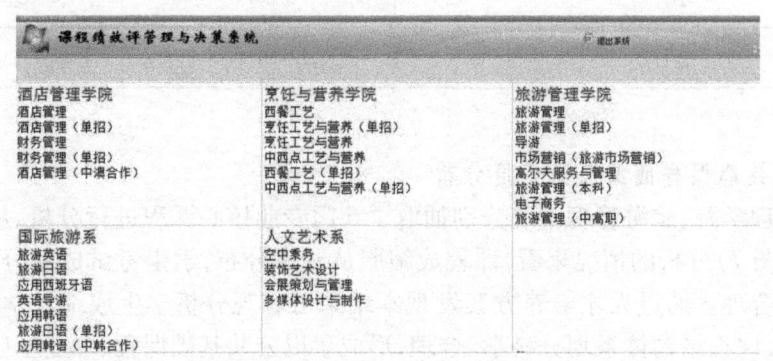

图6 课程绩效评价管理与决策系统——院系专业

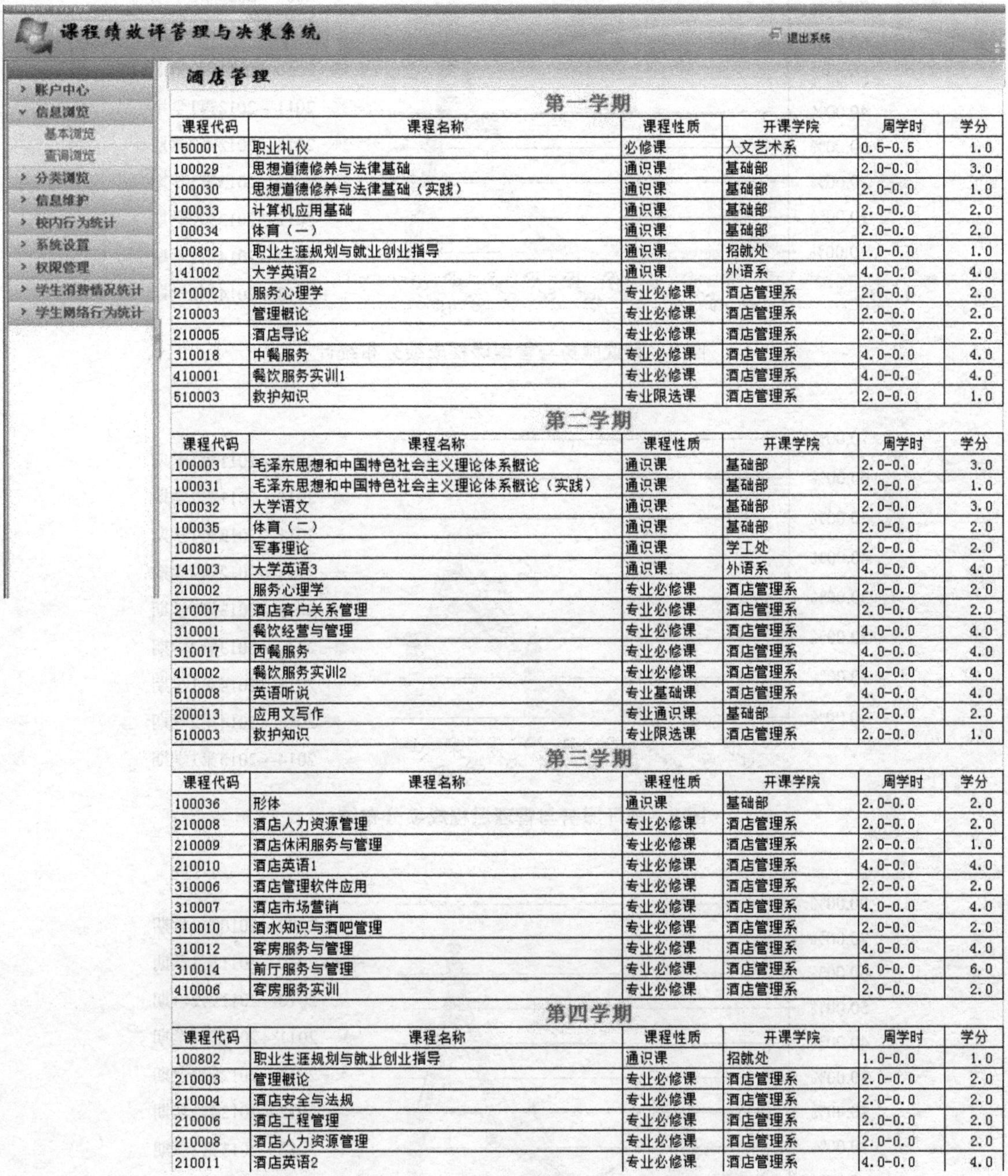

酒店管理

第一学期

课程代码	课程名称	课程性质	开课学院	周学时	学分
150001	职业礼仪	必修课	人文艺术系	0.5-0.5	1.0
100029	思想道德修养与法律基础	通识课	基础部	2.0-0.0	3.0
100030	思想道德修养与法律基础（实践）	通识课	基础部	2.0-0.0	1.0
100033	计算机应用基础	通识课	基础部	2.0-0.0	2.0
100034	体育（一）	通识课	基础部	2.0-0.0	2.0
100802	职业生涯规划与就业创业指导	通识课	招就处	1.0-0.0	1.0
141002	大学英语2	通识课	外语系	4.0-0.0	4.0
210002	服务心理学	专业必修课	酒店管理系	2.0-0.0	2.0
210003	管理概论	专业必修课	酒店管理系	2.0-0.0	2.0
210005	酒店导论	专业必修课	酒店管理系	2.0-0.0	2.0
310018	中餐服务	专业必修课	酒店管理系	4.0-0.0	4.0
410001	餐饮服务实训1	专业必修课	酒店管理系	4.0-0.0	4.0
510003	救护知识	专业限选课	酒店管理系	2.0-0.0	1.0

第二学期

课程代码	课程名称	课程性质	开课学院	周学时	学分
100003	毛泽东思想和中国特色社会主义理论体系概论	通识课	基础部	2.0-0.0	3.0
100031	毛泽东思想和中国特色社会主义理论体系概论（实践）	通识课	基础部	2.0-0.0	1.0
100032	大学语文	通识课	基础部	2.0-0.0	3.0
100035	体育（二）	通识课	基础部	2.0-0.0	2.0
100801	军事理论	通识课	学工处	2.0-0.0	2.0
141003	大学英语3	通识课	外语系	4.0-0.0	4.0
210002	服务心理学	专业必修课	酒店管理系	2.0-0.0	2.0
210007	酒店客户关系管理	专业必修课	酒店管理系	2.0-0.0	2.0
310001	餐饮经营与管理	专业必修课	酒店管理系	4.0-0.0	4.0
310017	西餐服务	专业必修课	酒店管理系	4.0-0.0	4.0
410002	餐饮服务实训2	专业必修课	酒店管理系	4.0-0.0	4.0
510008	英语基础	专业必修课	酒店管理系	4.0-0.0	4.0
200013	应用文写作	专业通识课	基础部	2.0-0.0	2.0
510003	救护知识	专业限选课	酒店管理系	2.0-0.0	1.0

第三学期

课程代码	课程名称	课程性质	开课学院	周学时	学分
100036	形体	通识课	基础部	2.0-0.0	2.0
210008	酒店人力资源管理	专业必修课	酒店管理系	2.0-0.0	2.0
210009	酒店休闲服务与管理	专业必修课	酒店管理系	2.0-0.0	1.0
210010	酒店英语1	专业必修课	酒店管理系	4.0-0.0	4.0
310006	酒店管理软件应用	专业必修课	酒店管理系	2.0-0.0	2.0
310007	酒店市场营销	专业必修课	酒店管理系	2.0-0.0	2.0
310010	酒水知识与酒吧管理	专业必修课	酒店管理系	2.0-0.0	2.0
310012	客房服务与管理	专业必修课	酒店管理系	4.0-0.0	4.0
310014	前厅服务与管理	专业必修课	酒店管理系	6.0-0.0	6.0
410006	客房服务实训	专业必修课	酒店管理系	2.0-0.0	2.0

第四学期

课程代码	课程名称	课程性质	开课学院	周学时	学分
100802	职业生涯规划与就业创业指导	通识课	招就处	1.0-0.0	1.0
210003	管理概论	专业必修课	酒店管理系	2.0-0.0	2.0
210004	酒店安全与法规	专业必修课	酒店管理系	2.0-0.0	2.0
210006	酒店工程管理	专业必修课	酒店管理系	2.0-0.0	2.0
210008	酒店人力资源管理	专业必修课	酒店管理系	2.0-0.0	2.0
210011	酒店英语2	专业必修课	酒店管理系	4.0-0.0	4.0

图7 课程绩效评价管理与决策系统——学期课程

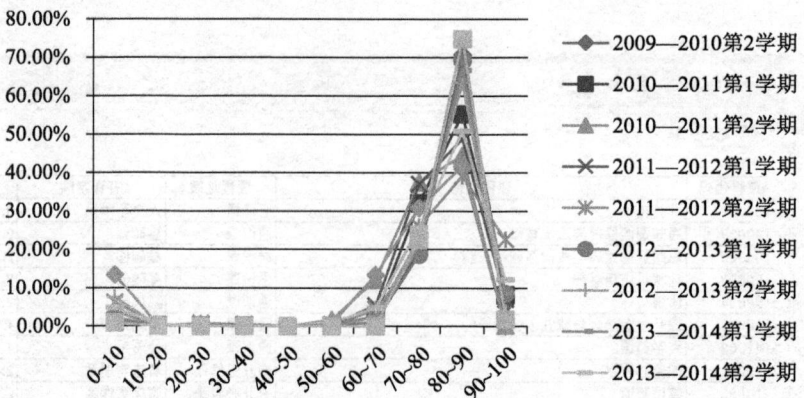

图 8　餐饮服务与管理课程成绩分布统计

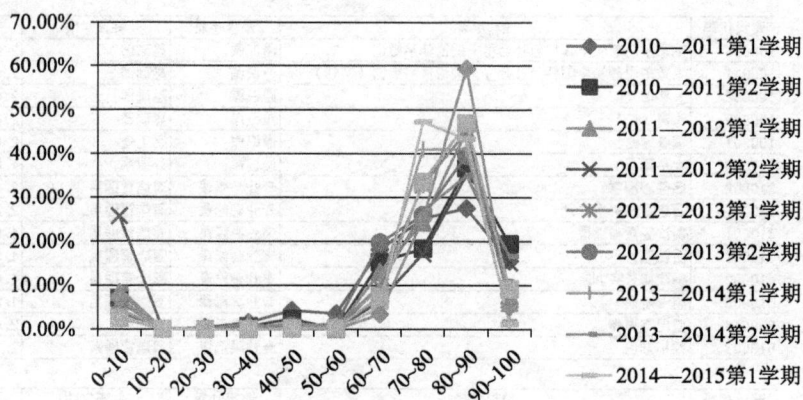

图 9　前厅服务与管理课程成绩分布统计

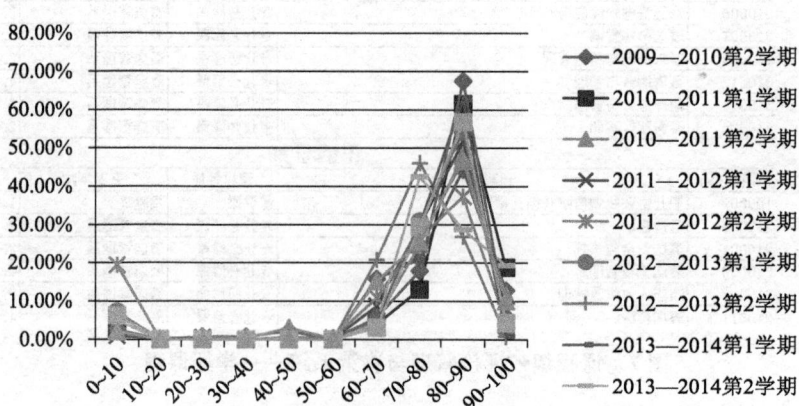

图 10　客房服务与管理课程成绩分布统计

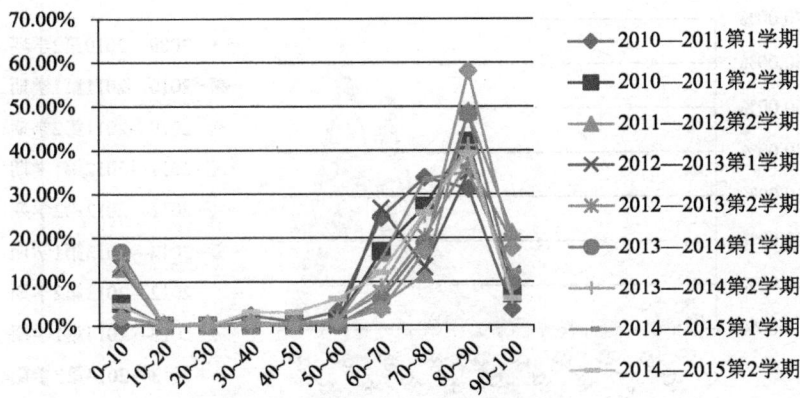

图 11　酒店市场营销课程成绩分布统计

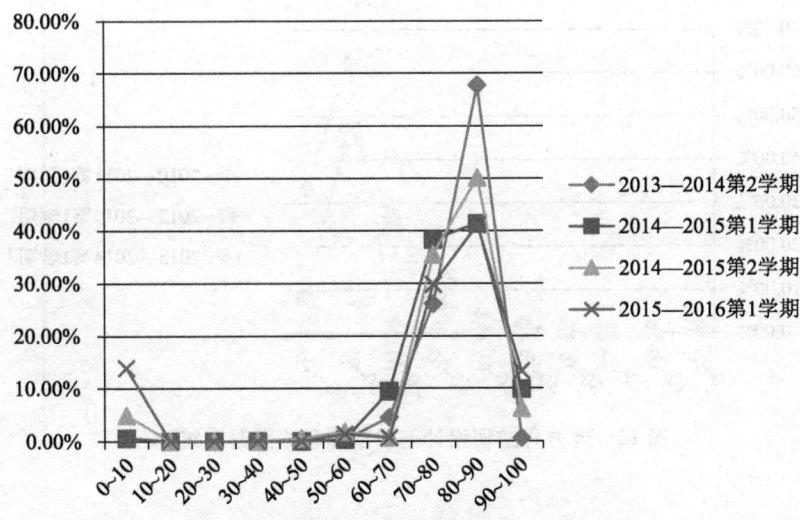

图 12　餐饮经营与管理课程成绩分布统计

前厅服务与管理、酒店市场营销两门课程学生成绩在 0~10 分的平均百分比为 7.38% 和 8.68%,学生分布的人数与餐饮服务与管理、客房服务与管理、餐饮经营与管理相比相对较多。70~90 分平均百分比从图中对比分析结果来看,前厅服务与管理、酒店市场营销两门课学生分布人数较少,平均百分比分别为 70.20%、64.25%,远低于餐饮服务与管理课程 83.51% 的平均值。从图 8 至图 12 五门课程成绩分布统计图进行分析,结合旅游职业院校的情况,可以认为出现上述问题的原因主要是学生的职业素养能力需要进一步提升,教学手段及实验实训需要加强。

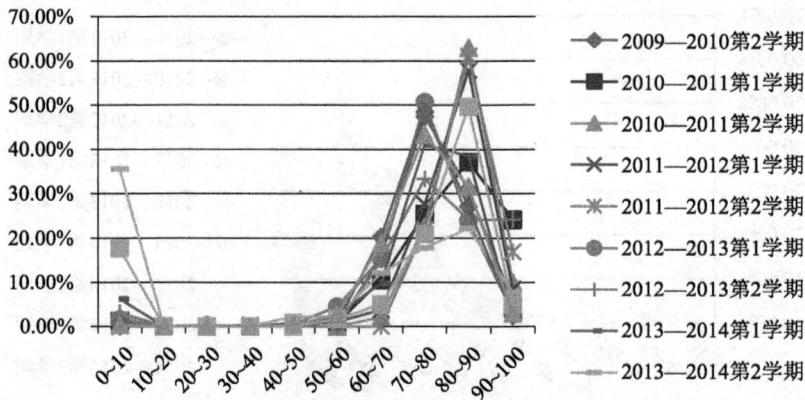

图 13　导游服务技能课程成绩分布统计

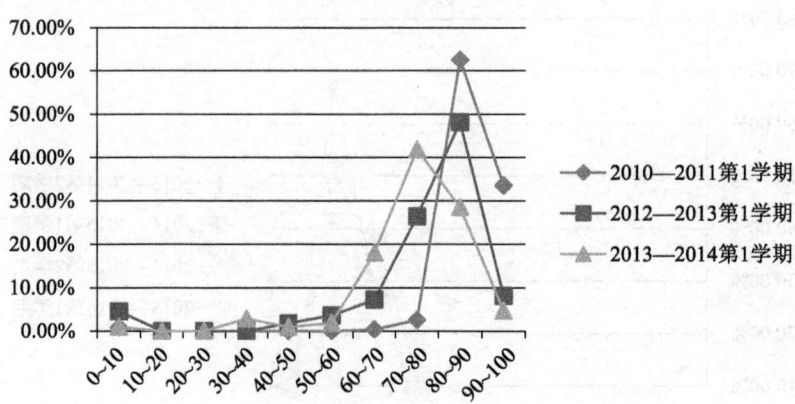

图 14　地方导游词设计与讲解课程成绩分布统计

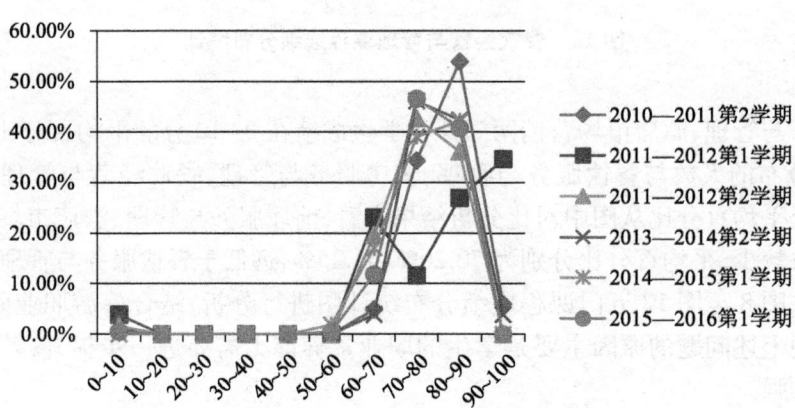

图 15　景区服务与管理课程成绩分布统计

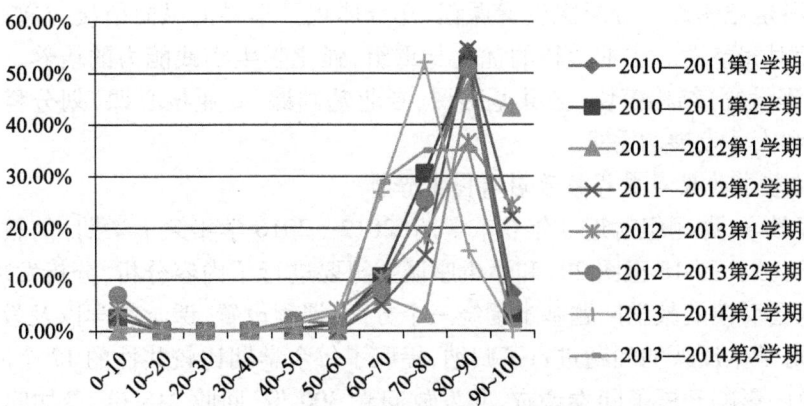

图 16　旅行社经营管理课程成绩分布统计

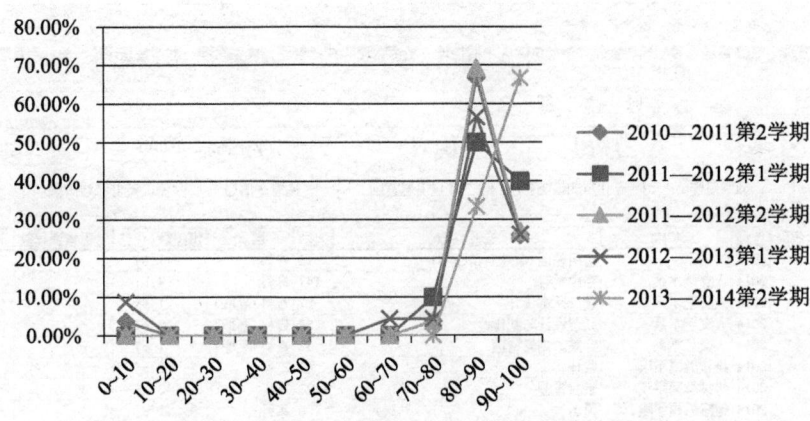

图 17　旅游商品开发与经营课程成绩分布统计

导游服务技能课程学生成绩在 0~10 分的平均百分比为 5.75%，学生分布的人数与地方导游词设计与讲解、景区服务与管理、旅行社经营管理、旅游商品开发与经营相比百分比相对较多。70~90 分平均百分比从图中对比分析结果来看，成绩所占比例比较合理。90~100 分平均百分比有几门课程显得较高，其中旅游商品开发与经营这门课程的平均百分比达到 37.12%，该课程 2013—2014 学年第 2 学期 90~100 分的占比达到了 66.67%，从成绩整体来看不符合正态分布。从图 13 至图 17 五门课程成绩分布统计图进行分析，结合旅游职业院校的情况，可以认为出现上述问题的原因主要是课程定位不是十分准确，教学大纲、教学计划需要做进一步的修订。

从上面酒店管理学院、旅游管理学院五门专业核心课程的成绩统计分布图分析，旅游管理学院教学效果优于酒店管理学院。从课程绩效评价角度来看，存在差异的因素表现为职业素养、实验实训、课程定位等。

经过主干课程学习成绩定性、定量的多因素分析，显示在学生人数增加，课程学时数缩减情况下，学生学习成绩没有下降，教学质量得以保证。表明新的课程设置以培养目标和要求为依据,学科定位明确。分层次设置课程,充分体现了学科的纵向衔接与递进,同时体现课程体系的相对完整性。注重学科的优化与重组,强化学生实践能力的培养。改革后新的教学计划(课程设置)结构模块(公共基础课、专业基础课、专业核心课)划分科学、合理、可行,适应社会和人才发展的需求。

（二）教师教学效果对课程绩效影响因素分析

围绕课程教学,课题组对近3年6个学期(2012—2016学年第1学期)的教学管理信息系统中的教学计划(图18至图20)和学生座谈会纪要进行了内容分析,分析发现,过去6个学期学生座谈会反馈的教学问题基本围绕三个方面:课程设置、课堂教学以及教学支持。结合发言内容,对学生反映的问题进行了归纳,提取了每个学期比较共性的17个问题,并针对其对课程绩效的影响开展了问卷调查,共发放问卷300份,回收218份,参加问卷调查的对象为学校教学信息员同学,作为代表,以体现学生对于课程本身绩效评价的影响。

图18　教学计划管理

图19 酒店管理学院的各专业教学计划

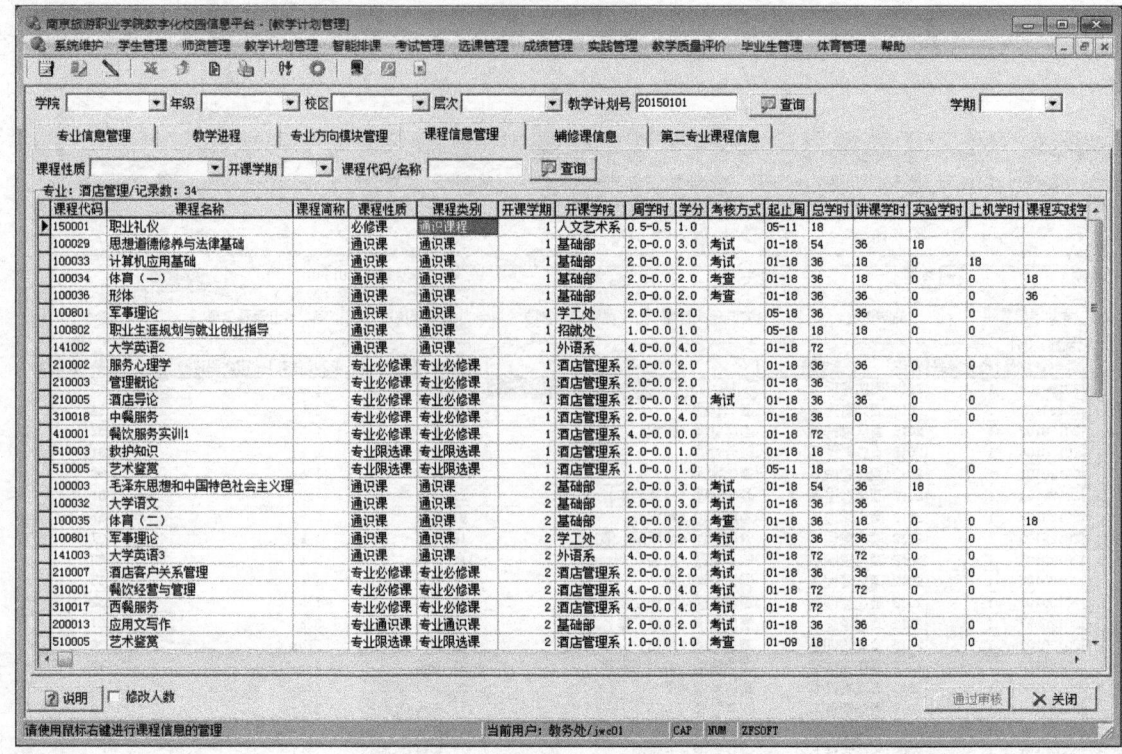

图20　酒店管理专业教学计划

1. 课程教学满意度调查

为系统了解课程的实施情况,对课程的教学在学校二年级在校生中开展了满意度调查,以了解学生对于课程设置、教师教学、实践实训课程等方面的整体评价。共设置调查问题10个,全校共有1059名学生参加了调研。调查结果显示,学生整体的满意度情况见图21—图30:

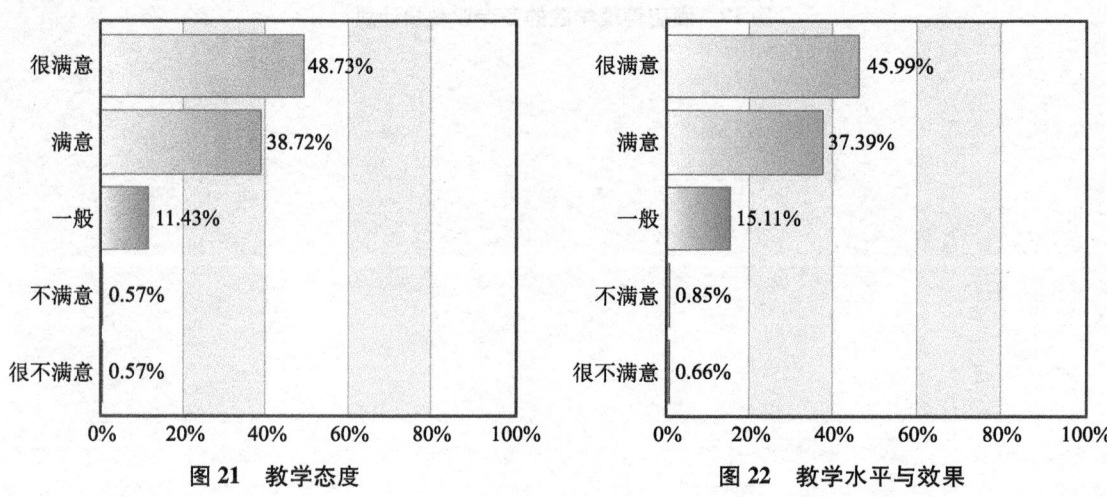

图21　教学态度　　　　　　　　　　图22　教学水平与效果

（1）整体满意度基本达到80%。对于教师的教学态度、教学水平与效果、课外作业辅导、教学手段与方法、职业能力训练等方面学生满意度较高，均超过80%，其中对教师的教学态度满意度最高达到87.45%。对于实践、实训环节、教材选用以及课程设置等方面满意度相对较低，其中课程设置满意度最低，为77.34%。

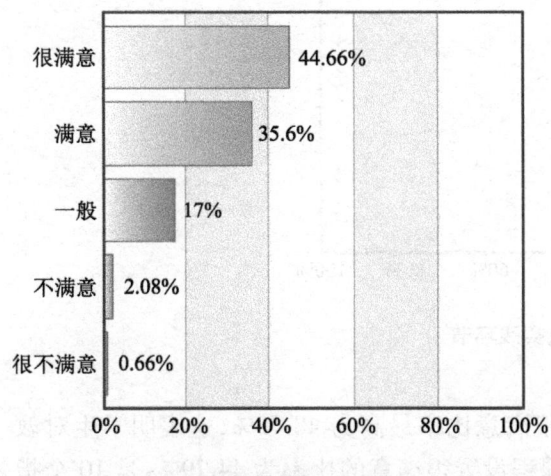

图23　课外辅导与作业

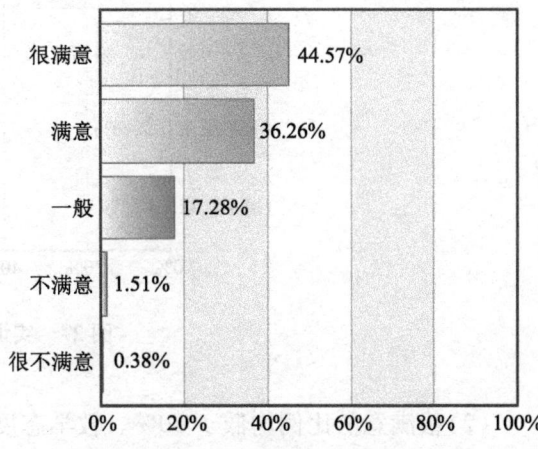

图24　教学手段与方法

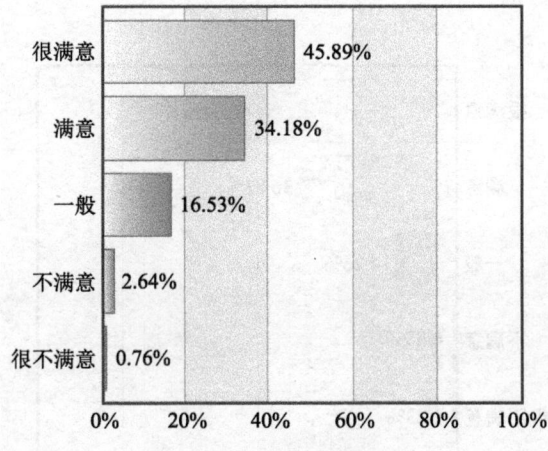

图25　职业能力训练

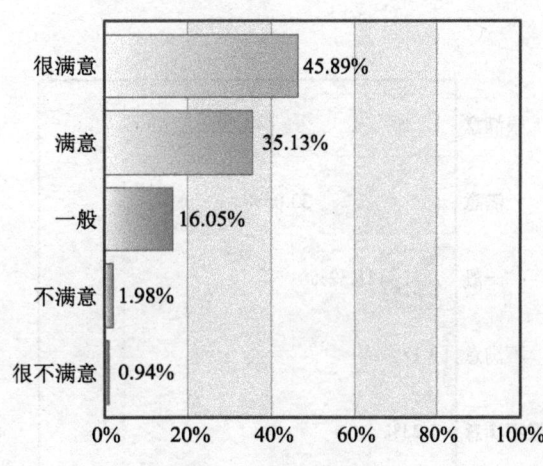

图26　实践教学条件

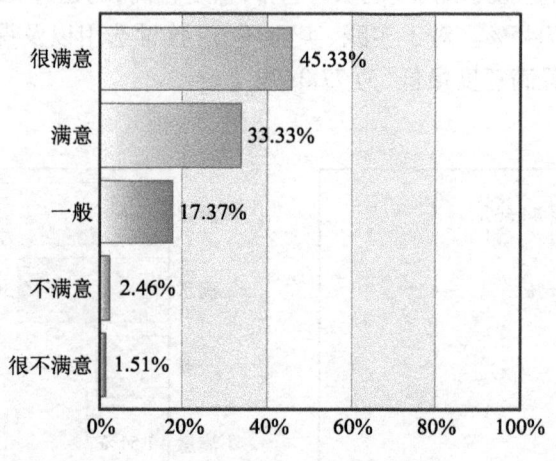

图 27 实训、实践环节

（2）很满意的比例均低于 50%。教学态度很满意比率最高为 48.73%，这表明学生对教师的满意度情况位于所有其他要素之首，对于课程设置很满意的比率为 44.29%，是 10 个指标中最低的一个。很不满意比率相对较高的为课堂管理质量，实践、实训环节，教材选用以及课程设置。

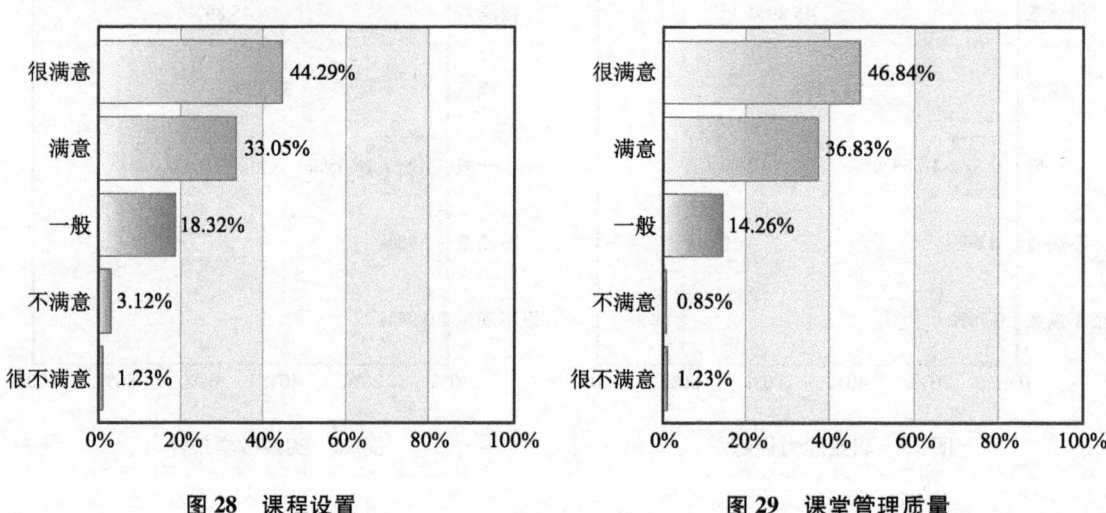

图 28 课程设置　　　　　　　　　图 29 课堂管理质量

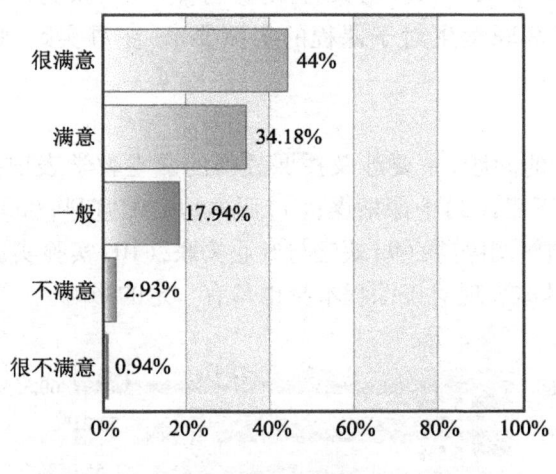

图 30 教材选用

2.课程设置

从学生座谈会情况来看,对于课程设置的科学性和合理性,学生已有基本的判断意识,所提的问题主要围绕五个方面:(1)课程之间是否具有连贯性;(2)是否课程融通;(3)是否注重实践;(4)能否对接行业产业;(5)是否具有实用性。从学生的发言来看,对于某些课程在各学段中的设置,学生已能够做出基本的判断,如某些课程应该如何开设,如何安排课程之间的先后顺序等。此外,对于课程的设置上,学生非常注重课程的实用性,希望课程能够注重或偏重实践,同时希望课程能够和行业产业有效对接,并且能够和具体的职业资格证书考试有效融合起来。达到这些要求的课程,更能够获得学生的认可。

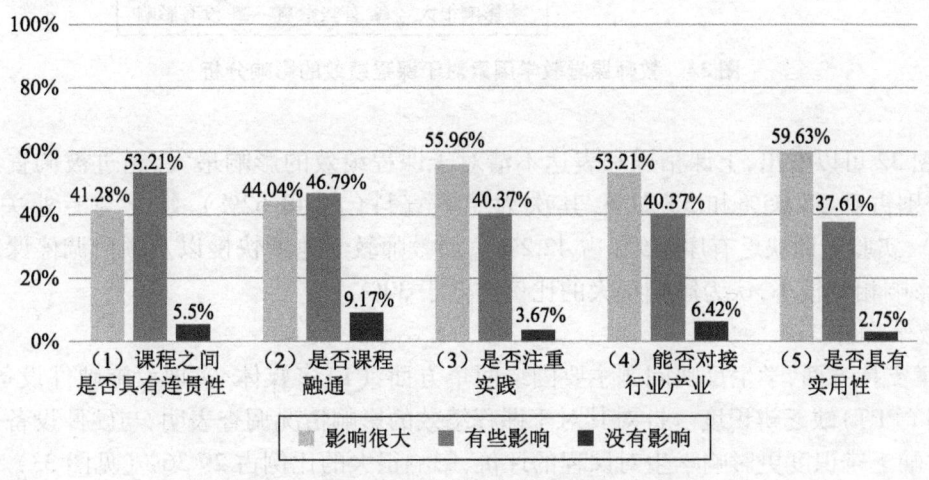

图 31 课程设置对于课程绩效的影响分析

从调研情况来看,这五个方面对于学生对课程绩效的认可均有较大影响(见图 31),其中"是否具有实用性"影响最大,认为影响很大的比例达到 59.63%,其次是课程是否注重实践,影响很大的比例达到55.96%,其次为是否对接行业产业,认为影响很大的比例达到53.21%。这也充分体现了高职学生对于课程的实际要求:注重实践,强调应用,与企业行业对接。

3.课堂教学

这一部分学生反馈的问题,主要涉及授课教师的课堂教学表现,主要包含10个方面:(1)准备不足;(2)表达不清;(3)上课枯燥;(4)照本(PPT)宣科;(5)缺乏互动;(6)速度太快;(7)速度太慢;(8)频繁调停课;(9)缺乏与专业关联;(10)实验实训缺乏有序组织。调查显示,教师课堂教学的具体表现对于课程本身也具有一定的影响。

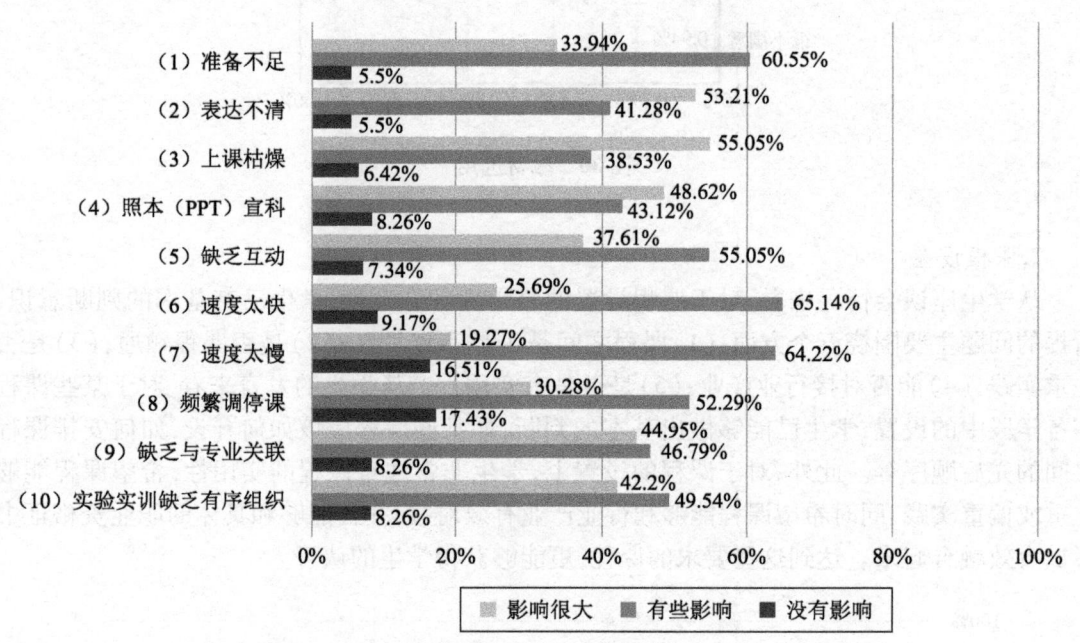

图32 教师课堂教学因素对于课程绩效的影响分析

从图32可以看出,上课枯燥和表达不清对于课程绩效的影响最大,超过被调查学生的一半,分别占到55.05%和53.21%,其次为照本宣科(占48.62%),缺乏与专业关联(占44.95%),实验实训缺乏有序组织(占42.2%),而教师教学速度快慢以及频繁调停课对课程绩效的影响相对较小,认为影响很大的比例均低于30%。

4.教学支持

教学支持方面,学生反映问题主要围绕两个方面:(1)多媒体/实训设施硬件设备故障;(2)课件(PPT)缺乏辨识度。针对其对于课程绩效的影响情况调查表明,与硬件设备故障相比,课件缺乏辨识度更影响学生对课程的评价,影响很大的比例占29.36%(见图33)。

教师课堂教学方面还存在不足,在对信息化工具的有效应用以及进行研究创新等方面还需要继续加强,需要强化教师的教育技术能力建设,在传授知识技能的同时,培养学生的工作态度和职业道德;特别注重理论性课程教师教学能力的培养。

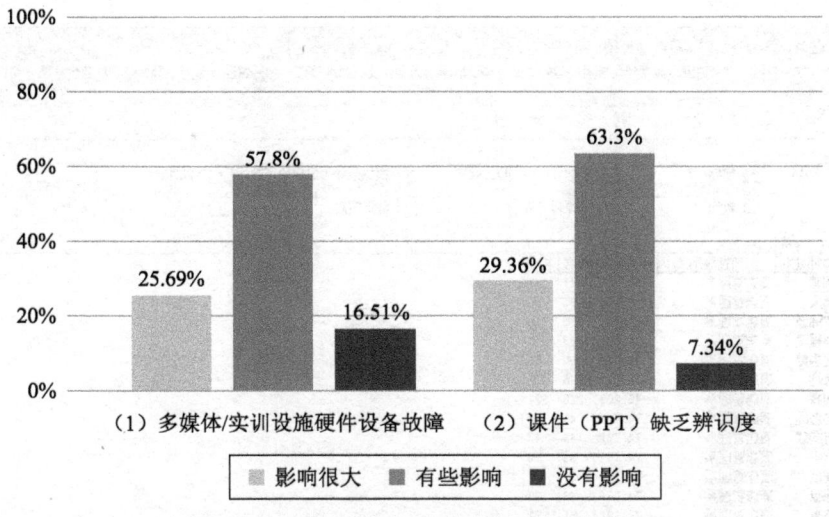

图 33　教学支持因素对于课程绩效的影响分析

(三)学生网上评教情况分析

结合近 5 年的学生网上评教的数据,课题组对 12 个学期 6 个学年的教务管理信息系统中的评教结果进行了梳理,如图 34 和图 35 所示,将每个学期/学年学生评教结果为优秀的教师进行了整理,情况如表 14 所示。

系	课程名称	姓名	参评对象	院系评分	学生对教师评分	学生对课程评分	学生对教材评分	教师总分	教师加权平均分	参评人数	计分人数	课程代码	职工号
	酒店英语2	Thomas	学生		94.659				94.833	36	32	210011	W1078
	西餐服务	Thomas	学生		94.857				94.833	91	81	310017	W1078
	英语听说	Thomas	学生		94.953				94.833	34	30	510008	W1078
	餐饮服务与管理	陈丽萍	学生		93.624				94.659	33	29	010007	W1008
	餐饮运营实务	陈丽萍	学生		94.86				94.659	165	149	210001	W1008
	餐饮经营与管理	陈青	学生		94.384				94.384	71	63	310001	14010
	职业生涯规划与就业创业指	陈维荣	学生		93.916				93.916	144	130	100802	14047
	客房服务实训	陈瑶	学生		94.987				94.989	34	30	410006	19006
	客房服务与管理	陈瑶	学生		94.99				94.989	34	30	310012	19006
	餐饮运营实务	程志慧	学生		94.799				94.799	153	137	210001	W1037
	服务心理学	丁洁	学生		94.852				94.719	119	107	210002	14007
	心理影片赏析	丁洁	学生		94.261				94.719	35	31	880214	14007
	西餐服务	丁霞	学生		94.706				94.706	53	47	310017	14016
	管理概论	方向红	学生		94.976				94.895	75	67	210003	14029
	人力资源管理	方向红	学生		94.685				94.895	28	26	210016	14029
	艺术鉴赏	管晨蓉	学生		95				94.602	78	70	510005	14070
	职业生涯规划与就业创业指	管晨蓉	学生		94.358				94.602	126	114	100802	14070
	酒店财务管理	郭小东	学生		94.538				94.538	205	185	211004	14041
	客房服务与管理	洪涛	学生		94.912				94.912	37	33	010139	02002
	沟通技巧	霍卫平	学生		94.893				94.816	32	28	880248	14005
	救护知识	霍卫平	学生		94.808				94.816	65	59	510003	14005
	现场救护	霍卫平	学生		94.757				94.816	32	28	880012	14005
	酒店运营实务	姜华	学生		94.462				94.721	33	29	010124	14071
	酒店运营实务 I	姜华	学生		94.771				94.721	74	66	210012	14071
	酒店运营实务II	姜华	学生		95				94.721	29	27	210013	14071
	现代求职礼仪：助你成功迈	姜华	学生		94.624				94.721	38	34	880260	14071
	会计电算化	景诚	学生		94.593				94.103	44	40	410004	14052
	酒店财务管理	景诚	学生		93.944				94.103	137	123	211004	14052
	餐饮经营与管理	匡家庆	学生		95				95	34	30	310001	14054

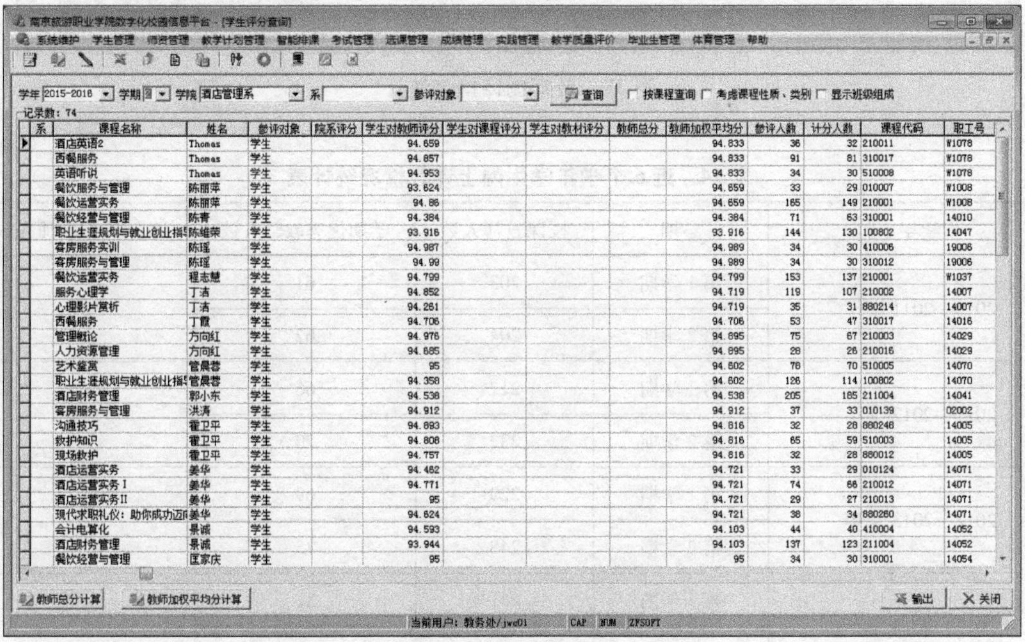

图 34　学生评分查询

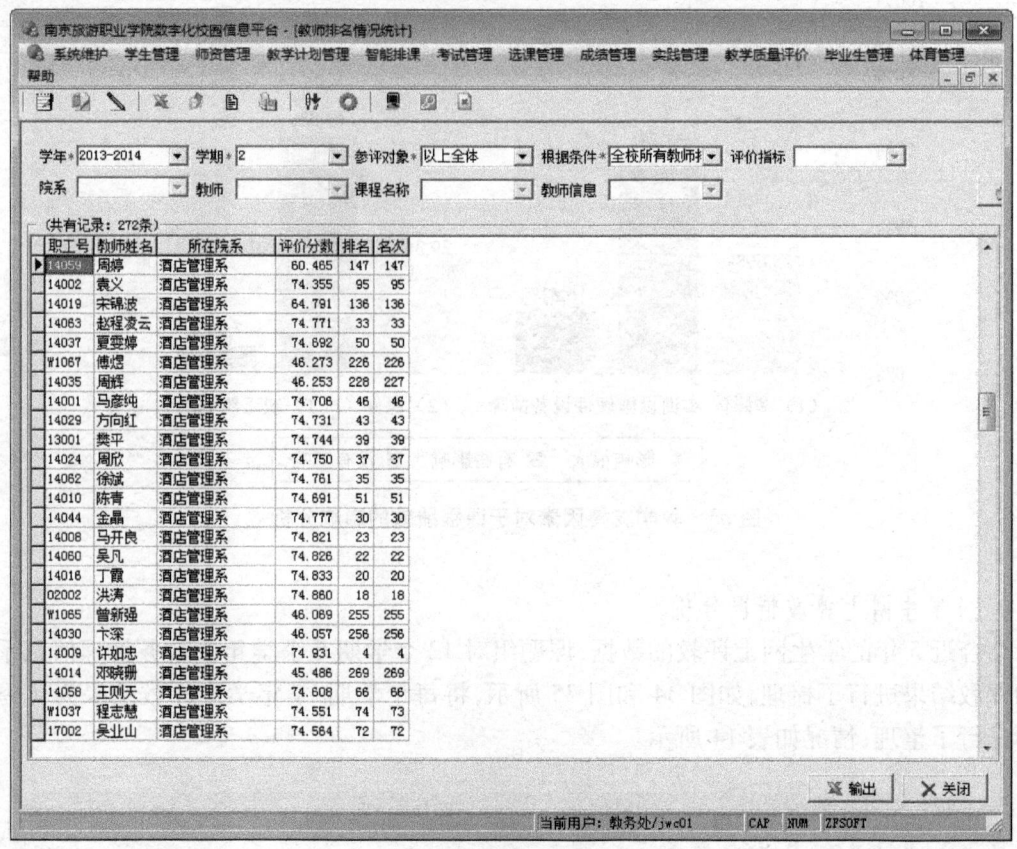

图 35　教师测评排名统计

表 14　近 6 个学年学生网上评教情况统计表

学年	学期	授课教师人数	学期优秀教师人数	学年优秀教师人数
2010—2011 学年	第 1 学期	203	61	21
	第 2 学期	204	62	
2011—2012 学年	第 1 学期	217	66	27
	第 2 学期	232	70	
2012—2013 学年	第 1 学期	229	69	26
	第 2 学期	248	75	
2013—2014 学年	第 1 学期	267	81	27
	第 2 学期	272	82	

续表

学年	学期	授课教师人数	学期优秀教师人数	学年优秀教师人数
2014—2015 学年	第 1 学期	270	81	28
	第 2 学期	268	81	
2015—2016 学年	第 1 学期	253	76	20
	第 2 学期	226	68	

在此基础上,又对 6 个学年学生评教结果为优秀的教师进行了纵向的分析:6 个学年学生评教获得优秀的教师中,获得 4 个学年优秀的教师 5 位,3 个学年优秀的教师 7 位,2 个学年优秀的教师 24 位,其中获得 3 次以上(包含 3 次)优秀的教师学年分布情况如表 15 所示。

表 15 近 6 个学年学生评教结果优秀教师分布情况表

序号	教师	优秀次数	2010—2011 学年	2011—2012 学年	2012—2013 学年	2013—2014 学年	2014—2015 学年	2015—2016 学年
1	张老师 1	4		优秀	优秀		优秀	优秀
2	董老师	4	优秀	优秀	优秀	优秀	未续聘	未续聘
3	王老师	4	优秀	优秀	优秀	优秀		
4	张老师 2	4		优秀		优秀	优秀	优秀
5	朱老师	4		优秀	优秀	优秀	优秀	
6	陆老师	3	优秀	优秀			优秀	
7	吕老师	3			优秀	优秀	优秀	
8	许老师	3	优秀	优秀	优秀			
9	陈老师	3		优秀	优秀			优秀
10	张老师 3	3	优秀	优秀		优秀	退休	退休
11	邵老师	3		优秀			优秀	优秀
12	杜老师	3	优秀		优秀		优秀	

为了分析学生评教结果和教师所授课程之间的关系,又对上述 11 位教师各个学期所授课程进行了梳理,具体如表 16 所示。

表 16 学生评教优秀教师授课情况

序号	教师	2010—2011学年	2011—2012学年	2012—2013学年	2013—2014学年	2014—2015学年	2015—2016学年
1	张老师1		导游词设计与讲解(S)、园林美学			南京导游词设计与讲解(S)	
2	董老师		中式面点制作(S)、米粉点心制作(S)、发酵面点制作(S)、创新菜点开发设计(S)				
3	王老师		日语精读、日语听说(S)				
4	张老师2		高尔夫运动技术(S)、高尔夫运动与训练(S)			高尔夫运动技术(S)、高尔夫运动与训练(S)、高尔夫18洞球场下场训练(S)、高尔夫球童学	
5	朱老师		旅游学概论、客源国概论、旅行社经营管理、领队英语、民族与民俗知识等				
6	陆老师		蛋糕制作(S)、汤与沙司制作(S)、烹饪英语、西式面点工艺学			烘焙工艺(S)、西式烹饪	
7	吕老师				畜奶菜品制作(S)、畜禽菜品制作(S)、创新菜肴开发与设计(S)、水产菜品工艺(S)		
8	许老师		餐饮服务与管理(S)、宴会设计与服务(S)、酒水服务与酒吧管理(S)、酒水知识				
9	陈老师		客户关系与管理、管家服务(S)	管家服务(S)			客房服务与管理(S)
10	张老师3	日语精读、日语听说(S)				日语精读、日语听说(S)	
11	邵老师		中外烹饪概论、厨房生产与管理			中国面点文化、厨房生产与管理	
12	杜老师	大学语文、演讲与口才		大学语文、演讲与口才、应用文写作		大学语文、演讲与口才	

从表中可以看出,教授课程偏重于实践实训课程(课程名称后面用S标注)的教师,学生评教获优秀的比率较大,体现出较明显优势:4个学年获得优秀的教师中,有4名教师为偏重实践实训类课程教师,教学地点主要为在实训室或者理实一体教室。这说明,课程自身的性质对学生评教产生影响较大,也可以从一定程度上理解为,课程性质容易影响学生对课程本身的评价和认可。

(四)小结

本章基于课程绩效评级体系对酒店管理和旅游管理专业的核心课程(10门课程)进行了数据分析,从专业核心课程、教师教学效果和学生网上评教的情况,通过全面系统的分析研究,为酒店管理专业和旅游管理专业的人才培养方案(见附录)的改革创新、优化升级提供数据支撑。

五、高职教师教育技术能力现状调查与建设需求分析

随着信息技术在促进教育教学应用中的优势凸显,职业教育也将其作为提升教育教学质量的重要手段,教师的教育技术能力已成为高职教师专业能力的有机组成部分。课题组以南京旅游职业学院为例,研究了教师教育技术能力现状,并在此基础上对其教育技术能力建设的需求进行了分析,以期为高职教师教育技术能力建设提供参考。

本文通过对国家相关政策、文件解读以及对高等职业教育发展历程的梳理,结合高职院校教育技术建设情况的调研,从教育主管部门的政策要求、高职教育发展的现实诉求以及高职教师发展的内在需求三个方面,对高职院校教师教育技术能力建设的需求进行了阐述与分析。

(一)高职教师教育技术能力现状调查研究

随着信息技术的发展以及教育信息化的推进,教师的教育技术能力已成为教师知识能力结构的必需组成要素,高职院校须重视教师的教育技术能力建设。目前高职教师教育技术能力建设工作普遍处于比较初级的水平,建设过程中需注意院校之间的差异性,各高职院校需要建立在充分的调研基础上,有效分析建设需求,才能使建设工作有的放矢。课题组以南京旅游职业学院为例,分析了教师教育技术能力现状及其培训需求。

1.研究过程概述

研究主要从三个方面开展:第一,教师教育技术能力现状问卷调查;第二,督导听课记录分析;第三,课堂观摩,多角度了解教师教育技术能力现状,进而进行需求分析。

(1)问卷调查

依照《国家高校教师教育技术能力指南(试用版)》(以下简称《指南》)中高校教师教育技术能力指标细则,形成了《教师教育技术能力现状调查》问卷,发放问卷100份,进行调查,回收问卷73份。

(2)督导听课记录分析

对2013—2014学年两个学期的督导听课记录进行了内容分析,共计76人次,主要对课堂教学设计与实施以及工具软件使用情况进行分析,归纳所存在问题。

(3)课堂教学观摩

结合教学管理工作,如日常教学检查、学院公开课开展等活动,到课堂教学一线现场观

摩课堂教学10场次,分析总结授课教师教育技术能力应用情况。

2.教师教育技术能力现状

结合听课记录分析、课堂教学观摩以及学院范围内的教师教育技术能力调查,对照《指南》的五个组成部分,对该院教师教育技术能力现状进行了如下分析。

(1)意识与态度

调查发现,学院教师基本都能认识到教育技术对于提高教学质量以及专业发展的重要性,认为重要的比例分别达到95.89%和98.63%;作为高职院校教师,认为教育技术能力非常重要的达27.4%,认为重要的达47.95%,只有2.74%的教师认为不重要。

与之相比,对于教师教育技术能力非常了解的教师却不多,仅占9.59%,占比大的为基本比较了解(39.73%)和了解不多(47.95%);对国家有关政策要求也只有1位教师表示非常了解,61.64%的教师表示了解不多或不了解,8.22%的教师表示完全没听说过。由此可见,学院教师对于教育技术能力以及国家相关政策认识水平普遍偏低。此外,对于技术使用的法律法规和社会道德,学院教师也需要加强。问卷针对引用他人资源是否会标明出处进行了调研,发现真正能够做到的教师占60.27%。

因此,可以得出结论:教师能够认识到教育技术对于提升教学质量以及专业发展的重要性,但是缺乏深入了解,且在相关的技术使用规范上需要加强。

(2)知识与技能

调查发现,教师能够基本掌握教育技术能力中的知识与技能,能够熟练使用基本的技术工具(Office系列工具、网络搜索工具等);对教育教学的基本理论知识相对缺乏,基本满足于常规教学开展,对于多样化的教学模式以及国家质量工程建设的相关内容了解甚少。

从调查结果来看,对于多媒体教室、通用工具及网络工具使用,基本都能够熟练使用,均超过95%;认为能够很好地应用多媒体课件开展教学应用的比例占93.15%。

与之相比,对于相关理论以及教学模式的了解相对较弱。调查显示,对于教与学的基本理论、研究方法以及评价方法,非常了解的比例均低于10%,甚至低于5%,特别是对研究方法和评价方法,非常了解和比较了解的占34.25%,这从很大程度上会影响学院教师针对教育教学活动开展有效的提升研究。

此外,除了传统的讲授型教学,学院教师对于其他教学模式的了解程度也相对较低,特别是PBL学习、E-learning以及混合式学习等模式,其中对PBL非常了解和比较了解的比例仅占15.07%,对E-learning以及混合式学习则分别占43.84%和41.10%;三种模式理解不多、没听说过的情况超过被调查教师的一半。

对于"教学设计的理论、基本环节和设计方法"、"国家质量工程中的课程建设规范和标准",学院教师尚缺乏深度了解、非常了解,分别占8.22%和0,处于非常初级的认识阶段。这一结果和对教育教学基本理论、教学模式的相关调查结果基本一致。

(3)设计与实施

本部分主要围绕教学设计与课堂实施开展研究。调查发现,这一部分学院教师整体基本都能够达到要求:97.26%的教师能够清晰描述教学目标,93.15%的教师能够将教学内容与学生生活实际相联系;相比而言,在利用技术工具为学生提供学习支持、教学管理软件的熟练使用以及利用技术工具进行交流三个方面,相对弱一些,但总体也还不错,分别达到87.67%、84.93%和80.82%。

为了更深入了解学院教师教育技术应用的具体情况,对2013—2014学年76人次教师的课堂教学实施情况进行了内容分析和总结,对存在问题进行了分析。通过统计发现,与问卷调查中学院教师的整体感知相比,在具体的实施应用中,多媒体课件的设计与使用,教学内容设计、教学互动及教学方法等方面,学院教师尚有较大的提升空间,其中多媒体课件设计与使用问题比较明显,设计与制作存在问题占18.42%,课堂有效教学应用存在问题占32.89%,主要表现在页面内容过于饱满、背景和文字对比度不够,使用不够合理(播放方式、播放速度,与教学进程的配合,等等)。这说明,学院教师对于多媒体课件等相关工具软件的使用,目前尚处于基本的应用阶段,与真正的有效应用、为学生有力提供学习支持、助力课堂教学尚有较大差距。此外,在一些公开课等教学竞赛课堂,也会发现教师在课堂教学设计方面存在不足。

(4)教学评价

这部分调查显示,学院教师对于教学评价的相关理论和方法了解相对浅显,数据表明,非常了解的占9.59%,了解不多和不了解的占47.59%,即近一半教师,这一调查结果和"知识与技能"部分教育教学相关理论和方法的调查结果吻合。此外,46.58%的教师表示,在作业、考试等课程评价设计方面存在困难。

在一些课堂观摩中,也发现了部分教师在教学评价中的不足。以一位资深教师的《客房管理与服务》课程为例,在课程最后,当评价学生铺床的实训成果,记录实训结果时,观察发现,对于学生作品完成情况的评分是以学生完成规定内容的时间来衡量,并没有走近学生,去对其完成的质量进行考察。因此,评价的标准和结果,就很难真正体现学生的学习效果。这也是对教学评价缺乏了解和深入研究的表现。

(5)科研与创新

这一部分的研究结果表明,学院教师能够使用常用的检索工具与系统进行学术信息检索,关注专业、课程的发展态势,但对于课题申报系统以及数据统计分析工具(如SPSS)的使用等方面不足明显,熟悉项目课题申报系统的占49.32%,能够使用SPSS等工具进行数据统计和分析占34.25%。此外,针对这一部分,还对学院科研管理工作人员和教研工作管理人员进行了访谈,了解老师们在课题申报、研究以及结题等过程中存在的问题,发现不按照要求规范填写申报表、相关项目课题申报系统不能很好使用、申报结项材料整体页面不够美观、研究数据分析不够深入等现象普遍存在。

3.教师教育技术建设需求

(1)国家有关教育技术能力政策的普及

随着现代信息技术与教育领域的深度融合,教育技术在教育教学领域的作用突显,并有力促进了传统教育观念、教学手段和教学方法的变革。1999年6月《中共中央、国务院关于深化教育改革全面推进素质教育的决定》(中发〔1999〕9号)提出"大力提高教育技术手段的现代化水平和教育信息化程度"。为在高等学校大力推广应用现代教育技术,2000年《关于开展高校教师教育技术培训工作的通知》(教高司〔2000〕79号),要求高校制定相关政策,鼓励教师积极参加教育技术培训;10年以后,《国家高校教师教育技术能力指南(试用版)》(全国高校教育技术协作委员会,2010)从意识与责任、知识与技能、设计与实施、科研与发展等五个部分,明确了高校教师教育技术能力细则(17个一级指标,54个二级指标);《教育信息化十年发展规划(2011—2020年)》(教技〔2012〕5号)要求以中小学和职业院校教师为重点,实施培训、考核和认证一体化的教师教育技术能力建设;同年《教育部关于加快推进职业教育信息化发展的意见》(教职成〔2012〕5号)提出逐步将教育技术能力纳入职业院校教师资格认证与考核体系;2012年11月,为进一步推动职业教育教学改革与创新,提高教师教育技术应用能力和信息化教学水平,国家又发布了《关于成立教育部职业院校信息化教学指导委员会的通知》(教职成函〔2012〕11号)。

可以看出,国家已经通过系列文件明确了高校教师教育技术能力的具体指标要求,在此基础上,将职业院校教师作为教育技术能力建设的重点,并成立了专门的专家组织,以开展相应的研究、指导、咨询和服务工作。高职教师教育技术能力建设已成为国家教育信息化、推进职业教育信息化的重要组成部分,尽管没有针对高职教师制定专门的要求,但已经明确将其逐步纳入到教师资格的认定体系之中,因此,国家对于高职教师教育技术能力要求已经非常明晰。然而目前,学院教师对于这些政策文件缺乏了解,一定程度会影响其自身教育技术能力的提升,因此需要对相关的政策文件进行解读,进一步提升其教育技术认识水平。

(2)教师教育技术能力培训需求明显

调查发现,89.04%的教师愿意参加教师教育技术能力培训,这表明学院教师对于教育技术能力重要性及意义已经有了很好的认识,但也有9.59%的教师表示无所谓,说明其对于教育技术的认识尚需加强,也需要通过培训等方式提升其意识水平。

对于培训的内容,学院教师的需求体现出了一定的规律性和层次性:重心集中在科研与创新、教学设计与实施以及教育教学基本知识与技能三个方面,其中,科研与创新需求最明显,占80.82%;教学设计与实施占78.08%,教育教学基本知识与技能占57.53%。这也印证了调研中学院教师在相关方面表现出的不足;还有不少教师在教学评价、教育技术理论等方面表现出了培训需求,分别占52.05%和39.73%,体现出教师培训内容需求的层次性。

(3)提升技术工具教育教学应用的有效性

研究发现,学院教师对于技术工具使用的自我效能感非常强,但是在具体的课堂教学实践中,工具软件使用依然存在比较明显的问题,究其原因是,教师基本满足于对相关技术工具的基本操作,对于其应用鲜少从有效助力学生学习的角度去反思其使用的有效性,因此需要从教育应用有效性的视角,对工具软件的使用与教学实施进行强化,使教师的技术应用水平上升到一个更高的层面。

此外,对于教育教学理论认识的缺乏一定程度上也影响了技术工具使用的有效性,调研结果也证实了学院教师在教育教学理论等方面存在的不足,这也要求在教育技术能力建设过程中,要将相关理论知识的讲授和具体的教学过程结合起来,和工具软件的使用有效结合,结合日常教学工作场景,满足教师的实际工作需求,才能达到理想的效果。

(4)利用技术工具提升科研与创新能力

作为高校教师,学院教师在科研与创新方面体现的教育技术需求最明显,此外,与本科院校教师相比,高职教师的科研与创新能力相对较弱,但较中小学教师需求愈加明显:一方面,科研与创新是促进自身专业发展的一个重要过程,另一方面,其与教师的职称评聘、未来的职业生涯发展等息息相关。

尽管学院教师能够使用常用的检索工具进行信息搜集、学术检索,但对于项目课题的研究、管理以及研究数据的获取、处理和分析能力相对较弱,从一定程度上影响了学院教师的发展,因此,在学院教师教育技术能力建设过程中,要将其作为建设的重要内容之一。

(二)高职院校教师教育技术能力建设需求分析

随着信息技术的发展以及教育信息化的推进,教师的教育技术能力建设已被视为教师专业发展的重要组成部分,成为了教师知识能力结构的必需组成要素。高职院校须重视教师的教育技术能力建设,使其掌握现代教育技术手段,适应信息化教育的发展要求,不断提升自身的教学水平,优化课程教学,提升教育教学质量,促进自身的专业发展。

1.教育主管部门的政策要求

随着现代信息技术与教育领域的深度融合,教育技术在教育教学领域的作用突显,并有力促进了传统教育观念、教学手段和教学方法的变革。1999年6月13日,《中共中央国务院关于深化教育改革全面推进素质教育的决定》(中发〔1999〕9号)提出"大力提高教育技术手段的现代化水平和教育信息化程度",教师要"掌握必要的现代教育技术手段","充分利用现有资源和各种音像手段,继续搞好多样化的电化教育和计算机辅助教学"。

为在高等学校大力推广应用现代教育技术,2000年,教育部高教司发出《关于开展高校教师教育技术培训工作的通知》(教高司〔2000〕79号),通知指出"教育技术是提高教学质量、推进素质教育的重要手段,是推动高等教育现代化的重要方面","要高度重视教育技术培训工作,把教育技术培训作为高校教师队伍建设的经常性工作","要制定相关政策,鼓励教师积极参加'教育技术培训',在教学过程中积极应用教育技术,努力营造提高教学能力、重视教学效果的良好氛围"。并委托全国高等学校教育技术协作委员会组织高等学校教育技术培训。自1999—2005年,高校教师教育技术能力建设工作已形成了"建立组织结构——明确培训内容——培训实施和认证"的建设体例。

在2010年以前,对于高校教师教育技术能力没有明确的定义,张一春教授从"工具与应用"、"资源与管理"、"教学与设计"、"绩效与发展"四个方面对其特点进行了总结[1]。2010年9月,全国高校教育技术协作委员会发布了《国家高校教师教育技术能力指南(试用版)》(以下简称《指南》),从意识与责任、知识与技能、设计与实施、教学评价、科研与发展等五个部分,明确了高校教师教育技术能力细则,共包含一级指标17个,二级指标54个,为高校教师的教育技术能力建设工作开展提供了"国家标准"。

2012年3月13日,教育部印发了《教育信息化十年发展规划(2011—2020年)》(以下简称《规划》),从国家层面系统、全面描绘了我国教育信息化的发展规划,其颁布在我国教育信息化的历史进程中具有里程碑意义。《规划》指出"信息技术对教育发展具有革命性影响"、"把教育信息化纳入国家信息化发展整体战略"。《规划》提出,队伍建设是发展教育信息化的基本保障,要加强队伍建设,提高教师应用信息技术水平,增加信息化应用与服务能力;要求建立和完善教师教育技术能力标准,并强调"以中小学和职业院校教师为重点,实施培训、考核和认证一体化的教师教育技术能力建设,将教育技术能力评价结果纳入教师资格认证体系"。到2020年,各级各类学校教师基本达到教育技术能力规定标准,并要求采取多种方法和手段帮助教师有效应用信息技术,提高教学质量。

2012年5月4日,教育部再次发布《教育部关于加快推进职业教育信息化发展的意见》,明确指出要"提升职业教育工作者的信息素养,继续实施全国职业学校信息技术职业能力提高计划,提高校长、教师和信息技术人员的信息技术应用能力"、"各地要鼓励学校组织在职人员学习、应用和创新教育信息技术,逐步将教育技术能力纳入职业院校教师资格认证与考核体系"。

2012年12月26日,教育部发布了《关于成立教育部职业院校信息化教学指导委员会的通知》(教职成函〔2012〕11号),以进一步推动职业教育教学改革与创新,提高教师教育技术应用能力和信息化教学水平,促进信息技术在教育教学中的广泛应用。

2.高职教育发展的现实诉求

(1)教育技术能力成为提升高职人才培养质量的重要途径

我国高等职业教育发展始于1978年改革开放以后。1985年5月,国务院发布了《中共中央关于教育体制改革的决定》,首次提到了"高等职业技术教育",并将其正式纳入国家教育体系。随后,高等职业教育的发展规模迅速扩大,1998年12月,《中华人民共和国高等教育法》颁布,明确高等职业学校为"高等学校",属于高等教育范畴,首次确定了高等职业教育的法律地位。

高等教育的大众化使我国职业教育发展机遇与挑战并存,在规模扩大的同时,更需注重质量的不断提高。2002年第四次全国职业教育工作会议通过了《国务院关于大力推进职业教育改革与发展的决定》,对如何确保、提高高等职业教育的质量给予重视,提出"加强职业教育信息化建设,推进现代信息技术在教育教学中的应用。"2006年教育部《关于全面提高高等职业教育教学质量的若干意见》要求"深刻认识高等职业教育全面提高教学质量的重要性和紧迫性"。其后,国家启动了"国家示范性高等职业院校"等项目建设,也是我国高等职业教育切实把改革与发展的重点放到加强内涵建设和提高教育质量的重要举措,提高教育教学质量已成为当前高等职业院校人才培养工作的核心任务。

2014年5月2日,《国务院关于加快发展现代职业教育的决定》(国发〔2014〕19号)将"提高信息化水平"作为"提高人才培养质量"的重要组成部分(第18条),提出"加强现代信息技术应用能力培训,将现代信息技术应用能力作为教师评聘考核的重要依据"。随后,2014年6月16日,教育部、国家发展改革委、财政部等六个部门联合发布了《现代职业教育体系建设规划(2014—2020年)教发〔2014〕6号》,将"加速数字化、信息化进程"作为现代职业教育体系建设的重点任务之一,要求"推进信息化平台体系建设","加快数字化专业课程体系建设",强调"加强对教师信息技术应用能力的培训,将其作为教师评聘考核的重要标准,并办好全国职业院校信息化教学大赛。"

通过对我国高等职业教育发展的梳理得知,目前我国高等职业教育已从规模发展向质量提升转型,在提升人才培养质量的过程中,信息化水平、教师信息技术应用能力成为促进高职教育教学质量提升的重要途径和抓手,教师信息技术应用能力已成为高职院校教师教育教学能力的重要组成部分。因此,高职院校要加强教师教育技术能力建设,不断提升教师教育技术能力水平,促进教育教学变革,优化教学设计与实施,活化教学模式和方法,提高课堂教育教学质量,最终提升高职院校的人才培养质量。

(2)高职教师教育技术能力建设的现状诉求

2015年10月,笔者通过网络问卷,对江苏省35所高职院校进行了调研(截至2014年,全省高职院校80所),调研对象包括:专任教师、教学管理人员、科研管理人员和信息技术人员。通过调研发现,目前江苏省高职院校未设置专门负责教师教育技术能力建设工作机构的25所,占被调研院校的65.71%,被调研教师在过去3年未参加过教育技术能力培训的达到80%。教师对国家有关教育技术能力建设的政策要求不了解的比例达到48.57%,非常了解的只占2.86%,如图36所示;然而对于高职教师教育技术能力的重要性,100%调查对象都认为重要,其中认为非常重要的占57.14%,如图37所示,超过被调查对象的一半;并有94.29%的教师表示愿意参加相关的教育技术培训,见图38。对于教育技术能力培训内容的倾向集中在教学设计与实施、教学评价以及科研与创新、基本知识与技能四个方面,分别占80%、68.57%、68.57%和62.86%,见图39。

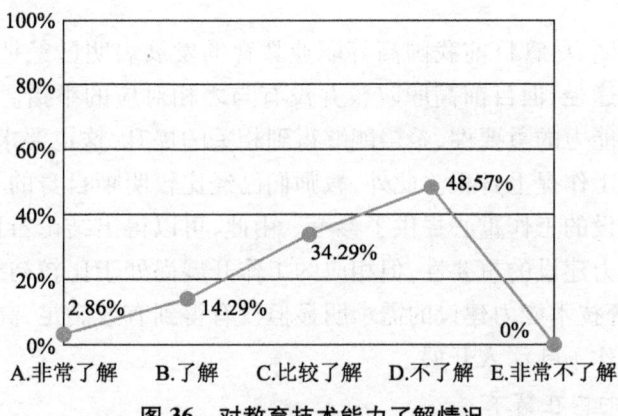

图36 对教育技术能力了解情况

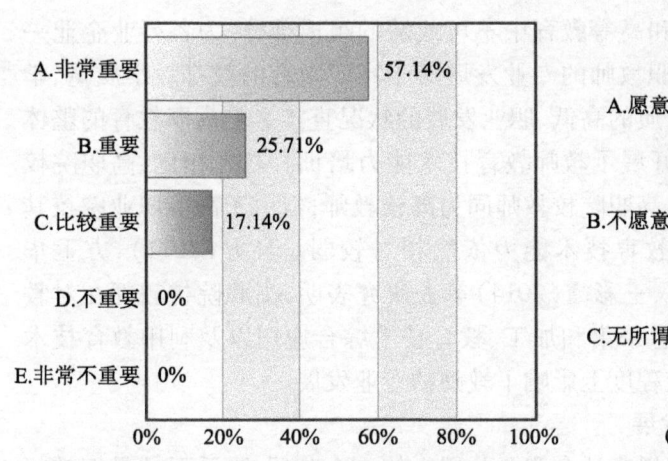

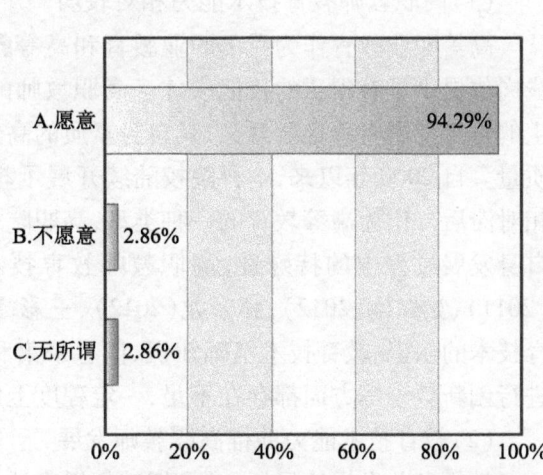

图37 对教育技术能力重要性的认识　　**图38 是否愿意参加教育技术能力培训情况**

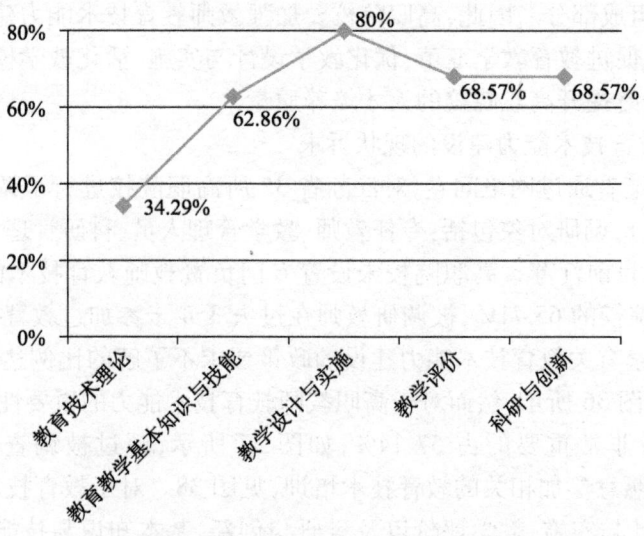

图39 教育技术能力培训需求情况分布

这一调查结果表明,尽管目前我国高等职业教育的发展表明已经把教育技术作为提高人才培养质量的重要途径,但目前高职院校并没有与之相对应的举措。教师们已经非常清楚地认识到教育技术能力的重要性,希望能够得到相关的提升,这也要求高职院校需要将教师教育技术能力建设工作提上日程。此外,教师们已经比较明晰自身的不足,这也为高职院校的教育技术能力建设的工作重心提供了参考。由此,可以得出结论:目前高职院校教师已经认识到教育技术能力建设的重要性,但相应的工作开展尚处于比较初级的阶段,建设机构不完整,教师对于教育技术能力建设的需求明显但没有得到有效满足,高职院校需要将教师教育技术能力建设工作不断深入开展。

3.高职教师发展的内在需求

(1)高职教师教育技术能力相对较弱

高等职业教育作为我国职业教育和高等教育中不可或缺的组成部分,为各行业企业一线岗位提供了有素质的技能人才。高职教师的专业发展对于高职教育的教育教学质量、学生的自身发展有着重要意义,其自身素质的高低、职业发展的状况直接影响高职教育的整体质量。自2000年以来,本科院校陆续开展了教师教育技术能力培训。与之相比,高职院校相对滞后。作为高等教育的一种类型,高职院校教师同为高校教师,但由于高等职业院校其自身发展过程中的特殊性,高职教师教育技术能力依然相对较弱。吴方(2011)、方卫华(2011)、党保生(2012)、郭云龙(2012)、王彩霞(2014)等人研究表明,高职院校教师在对教育技术的认识、教育技术基础知识、信息采集和加工、教育技术综合应用以及利用教育技术进行创新教学等方面都存在不足,一定程度上影响了教师的专业发展。

(2)教育技术能力助推高职教师发展

教师专业发展的目标,一是把教师视为社会职业分层中的一个阶层;更重要的是把教师视为提供教育教学服务的专业工作者,专业化的目标是"发展教师的教育教学的知识和技能,提高教育教学的水平"[19]。作为高职教师教育教学能力的一部分,教育技术能力的提升对教师自身专业发展有一定的助力作用。

近些年,随着信息技术教育应用的不断推进,基于现代信息技术及网络的课程形式,如视频公开课、资源共享课、Moocs、微课以及与之产生的新型教学模式,如翻转课堂等,无疑也给高职教师的专业发展带来了一定的冲击。自2010年至今,国家每年都举办"全国职业院校信息化教学大赛",从2012年开始,高职院校纳入参赛。大赛已成为职业教育信息化发展的名片,成了现代信息技术带动职业教育转变发展方式的成果展示,一方面有力推动了职业教育的发展,另一方面也给高职院校教师的专业发展带来了新的挑战。很多教师在参赛的过程中,提升了自身的信息技术应用能力,并有力促进了自身的专业发展。

以南京旅游职业学院为例,2015年11月,笔者对2012—2015年间参加各级各类信息化教学大赛的12名教师进行了调研,了解其在参赛过程的收获以及参赛之后的个人发展现状。调查发现,在经历信息化教学大赛后,认为对自身专业发展有帮助的有11人,占91.67%;认为专业能力得到提升,提升主要集中在:信息技术的应用能力、课堂教学设计能力、学习资源的设计能力、问题分析能力以及研究与创新能力,具体如图40所示。

此外,参赛后,教师信息技术应用频次明显提升,且参加1项比赛后,随之产生的"效益"更加激励教师们愿意持续开展信息化教学作品的设计与开发,参加其他信息化竞赛的愿望也比较强烈,且愿意积极参与经验交流,智慧共享,为其他教师提供咨询和参考,并取得了一定效益。南京旅游职业学院9名参赛教师进行了推广应用,具体推广应用情况如图41所示,可见,参赛教师不仅仅在课堂教学、教学资源开发等方面进行了推广,还开展了相应的课题研究,提升了自身的科研创新能力。除此之外,还能够带动其他教师,起到很好的示范作用。

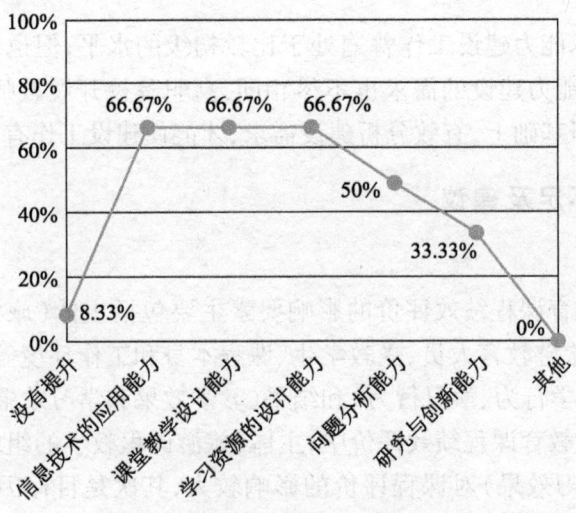

图40 参赛教师教学能力提升情况

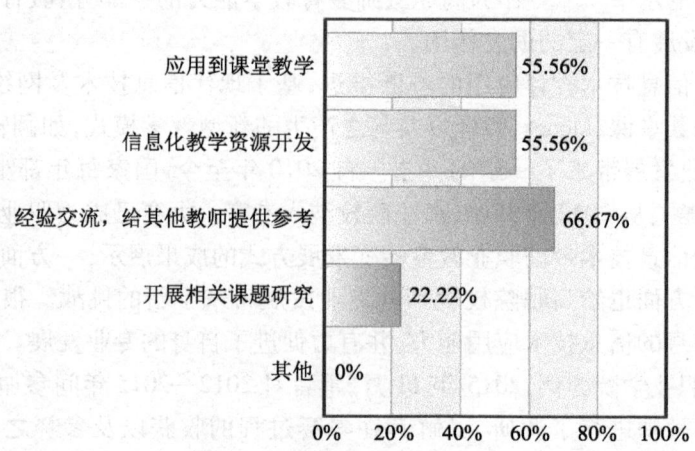

图 41 参赛教师推广应用情况

以南京旅游职业学院卢老师为例,在 2014 年获得全国微课大赛一等奖后,先后在校级以上范围开展经验交流 5 场次。在其影响下,全校又有 4 名教师在英语以及体育课程微课大赛中获得优秀成绩,具有很好的辐射作用。此外,卢老师还在全省的微课工作会议上作经验交流,对自身的专业发展起到了很好的助力作用。《全国职业院校信息化教学大赛发展报告》的相关调研也表明,50.1%的参赛教师能参与开展信息化教学方面的课题或专项研究,44.5%的教师都拟定了信息化教学方面的论文,大力推动了参赛教师个人和团队的专业发展[18]。

(三)小结

高职教师教育技术能力建设工作普遍处于比较初级的水平,但也需要注意院校之间存在的差异性,教育技术能力建设的需求也不尽相同,高职院校开展教师教育技术能力建设,需要建立在充分的调研基础上,有效分析建设需求,才能使建设工作有的放矢。

六、研究结论、不足及建议

(一)研究结论

1.旅游高等职业教育课程绩效评价的影响要素主要包括主体(旅游课程教学的组织管理者、执行者)、客体(旅游教育人员、受教学生、课程本身和工作环境等)、目标(教学本身以及方法手段)、行为(教学行为、学习行为)和结果(教学效果和学习效果)五个要素。

2.在旅游高等职业教育课程绩效评价中,主体(旅游课程教学的组织管理者、执行者)以及结果(教学效果和学习效果)对课程评价的影响较大,其次是目标因素(教学本身以及方法手段),而客体(旅游教育人员、受教学生、课程本身和工作环境等)和行为(教学行为、学习行为)因素影响较小。

3.基于近 5 年教务系统课程实施数据分析情况来看,旅游高等职业教育课程(核心课程)成绩分布基本呈正态分布,学生学习效果较好;相关课程教师的教学质量评价数据分析也表明,教师教学质量得到学生认可。

4.课程性质影响学生对课程本身的评价,偏重于实践实训的课程更容易得到学生的认可。关于课程设置学生主要关注:是否具有实用性、是否注重实践、能否对接行业产业、是否课程融通以及课程之间是否具有连贯性这五个方面,讲授实践实训类课程的教师其教学质量评价获得优秀也占较大优势。

5.教师教学行为中,学生认为上课枯燥和表达不清对于课程绩效的影响最大,其次为照本(PPT)宣科、缺乏与专业关联以及实验实训缺乏有序组织。

（二）研究建议

1.在课程设置方面,要结合专业实际,注重课程之间的连续性和衔接性,课程内容上避免过多交叉,真正体现课程自身的完整性、科学性和系统性,增强旅游高等职业教育课程的实用性,向实践实训倾斜,同时要和企业行业进行有效关联和对接。

2.教师课堂教学方面还存在不足,在信息化工具的有效应用以及研究创新等方面还需要继续加强,强化教师的教育技术能力建设,在传授知识技能的同时,培养学生的工作态度和职业道德;特别注重理论性课程教师教学能力的培养。

3.优化数据分析工具,定期(比如学期末)对课程教学效果进行系统性的分析,对分析的结果进行原因挖掘,总结归纳相关问题成因,为课程的优化以及人才培养方案修订提供指导或参考。

（三）研究不足

经过课题组前期大量的准备和一学年的验证实施,随着课题研究的不断深入,课题组成员也获得不断的进步和提升。由于研究水平、研究时间、教学硬件设施有限,在研究工作中还存在许多不足和需要进一步深入的地方：

1.与旅游行业日益发展,行业所涉及的领域越来越广泛相比,本课题调查问卷中所设计问题的深度和广度显然有所不足。调查对象中,高层管理人员和旅游职业经理人有所欠缺。

2.由于分析工具的缺乏,研究中数据分析的方法较为单一,专业性有待进一步提高。

3.课程绩效评价的改革实践仅局限于专业核心课程,且时间较为仓促,检验与修正时间也十分有限。

理想的大数据视角下旅游高等职业教育课程绩效评价研究和探索实践更应面向整个旅游类课程,这需要投入更多的时间、精力和财力。但值得欣慰的是,本课题组在国家旅游局行指委、院、系各级领导的关心支持下,克勤克俭,无怠无荒,已迈出了探索的第一步。

参考文献：

[1] Tyler R W. Basic principles of curriculum and instruction [M]. Chicago: University of Chicago press, 2013.

[2] Stufflebeam D L. CIPP evaluation model checklist[J]. Western Michigan University. The Evaluation Centre. Retrieved June, 2007(2): 2009.

[3] J Z Jin, Nakamori Y, Wierzbicki A P. A Correlation-Based Approach to Consumer Oriented Evaluation of Product Recommendation[M]. Knowledge Science, Engineering and Management. Springer Berlin Heidelberg, 2013: 513-525.

[4] 况志华.高校课程绩效评估模型的构建与运用[J].南京理工大学学报(社会科学版),2012,25(1).
[5] 梁蕾.层次分析法的演进及其在竞争情报系统绩效评估中的应用[J].情报理论与实践,2015,38(12).
[6] 郑燕林,柳海民.大数据在美国教育评价中的应用路径分析[J].中国电化教育,2015(7):25-31.
[7] 戚业国.论高等教育大众化时代的质量观[J].高等师范教育研究,2002,14(2):39-44.
[8] 李建中,刘显敏.大数据的一个重要方面:数据可用性[J].计算机研究与发展,2013,50(6):1147-1162.
[9] 王智勇.以多元质量观构建新建本科院校的质量标准体系[J].中国管理信息化,2015,18(17):227-229.
[10] 彭贞贞,李坚,马骥.高校人才培养质量评价研究综述[J].教育教学论坛,2014(53):105-106.
[11] 吴英,刘俊熙.计算机考试数据分析中数据挖掘技术的应用[J].制造业自动化,2010,32(9):136-139.
[12] McKendrick,Joe.Data Warehouse' new role in the big data revolution[J].Database Trends and Applications,2014,28(1):11-13.
[13] 朱迪锋.关联规则算法在高校教务管理系统中的应用研究[D].浙江:浙江工业大学,2013.
[14] 薄宏,任玉杰,曹惠茹.基于间接关联规则的数据挖掘算法研究[J].计算机技术发展,2012,22(11):120-122.
[15] 唐晓东.基于关联规则映射的生物信息网络多维数据挖掘算法[J].高等师范教育研究,2015,32(6):1614-1616,1620.
[16] 张一春.高校教师教育技术能力标准及培训策略[J].教育与职业,2009(2):82-84.
[17] 马宁,陈庚,刘俊生等.《国家高校教师教育技术能力指南》的研究[J].远程教育杂志,2011(6):3-9.
[18] 谢传兵,侯小菊,张少刚.全国职业院校信息化教学大赛发展报告[J].中国远程教育,2014(12):84-89.
[19] 杨桂兰,邱春妹.基于专业化教师特质的专业自我与专业发展[J].教书育人,2006(2):37-39.

附录　课题研究文章发表情况

- 陈海艳,王伟毅,张维国,马卫.高职教师教育技术能力现状调查研究——以南京旅游职业学院为例[J].中国教育技术装备,2016(1):12-14.
- 陈海艳,马卫.高职院校教师教育技术能力建设需求分析[J].江苏教育研究,2016(3):66-71.
- 陈海艳,周春林,马卫,朱祎.基于专业的高职院校状态数据采集平台的优化[J].中国职业技术教育,2016(2):74-78.
- 张维国,陈海艳.大数据在高职院校教师教学质量多元评价体系中的研究与分析[J].现代计算机,2016(7).(已录用)
- 马卫,陈海艳,汝勇健,郭小东.基于绩效评价的旅游职业教育课程评价体系构建[J].广州职业教育论坛,2016(12).(已录用)

项目名称:旅游行业人才需求与专业设置指导报告
项目编号:LZW201507
项目负责人:康年
项目负责人所在单位:上海旅游高等专科学校

旅游行业人才需求与专业设置指导报告

一、前言

本报告在旅游行业人才需求及人才供给现状分析的基础上,通过旅游人才耦合的研究,结合不同业态、不同层次和不同区域,提出了旅游院校专业设置富有操作性和预警性的有效建议,对全国旅游院校的办学定位和专业建设及旅游教育教学改革具有重要的参考意义。

本报告共分为四大部分,第一部分为旅游行业现状及发展趋势,该部分重点分析了目前我国经济新常态下旅游行业在旅游市场、旅游消费、旅游投资和旅游竞争力逆势增长的现状,从经济增长新引擎、大资本带动新阶段、"互联网+旅游"新变革、"双创"新契机、全域旅游新局面五个方面总结了旅游行业发展趋势和特点,并介绍了旅游行业布局和区域旅游发展状况及特色。第二部分为旅游行业人力资源状况及需求特征分析,该部分从旅游人才区域结构、旅游骨干人才结构、旅游企业人才结构、旅游人才素质结构四个方面,对旅游行业人力资源队伍现状进行了调研分析,结合旅游业发展趋势与产业结构转型提升,对旅游从业人员需求特征进行了定性分析。第三部分为旅游行业职业教育发展现状及规模布局,该部分总结和介绍了旅游行业职业教育总体发展情况,重点开展了旅游院校不同层次教育类型的专业招生、就业状况与区域分布分析,同时介绍了旅游职业院校开展职业技能鉴定及职后培训的情况。第四部分为职业院校旅游专业设置存在的问题及优化对策,该部分指出,目前职业院校旅游专业设置存在的五大问题,以及对专业设置优化的五大方面对策建议。综合上述分析,该部分为全国不同层次、不同类型、不同区域的旅游院校专业设置提出了指导意见与建议。

本报告中旅游行业范围主要包括酒店及住宿接待业、餐饮业、旅游会展业、旅行社业、景区行业、旅游智业及其他旅游相关行业。酒店及住宿接待业包含范围有商务型酒店、经济型连锁酒店、度假型酒店、酒店式公寓、青年旅馆、家庭旅馆、民宿、豪华邮轮、野营和房车露营地等;餐饮业包含范围有酒店餐饮、中餐厅、西餐厅、日本料理、宴会厅、咖啡厅、快餐厅等;旅游会展业包含范围有商务会展公司、展览公司、会议公司、节事活动公司等;旅行社业包含范围有旅行社、在线旅行商等;景区行业包含范围有景区、公园、旅游休闲度假区、温泉旅游区、娱乐区、游乐区、体育园区、主题公园、旅游古镇等;旅游智业包含范围有旅游规划公司、旅游科研机构、旅游咨询策划公司等;其他旅游相关行业包括范围有高尔夫俱乐部、旅游车船公司、旅游行业管理与服务单位(含政府机关)等。

本报告中旅游人才主要是指经过大中专院校系统培训,掌握一定旅游专业技能与管理技术的旅游从业人员,旅游人才只是旅游从业人员中的一部分。按照职业分类的人才层次,又将旅游人才分为旅游行政管理人才、旅游企业经营人才、旅游专业技术人才、旅游服务技能人才。旅游行政管理人才主要包括国家、省、市、县各个层次分管旅游的领导及相关人员;旅游企业经营人才主要指旅游行业各部门负责人如职业经理人、总经理、副经理、主管等;旅游专业技术人才主要指旅游企业中具备该专业技术能力的人才,如烘厨师、导游、旅游规划师、景区开发设计人员、会展策划师等;旅游服务技能人才主要是各个旅游行业的服务从业人员,如餐厅服务员、客房服务员、景区讲解人员等。

限于各种资料与数据的不完整性,本报告研究结论尚有许多值得商榷的地方,希望在今后的研究中进一步完善。

二、旅游行业现状及发展趋势

(一)旅游行业运行状况分析

目前,我国经济发展进入新常态,经济增长下行压力加大,投资、进出口、财政收入增幅回落势头仍在持续。但是,旅游业却逆势增长,始终保持着持续快速的发展。

1.旅游市场平稳持续增长

2015年我国旅游市场平稳持续增长。2015年,全年接待国内外旅游人数超过41亿人次,旅游总收入达4.13万亿元,比2014年分别增长10%和12%。入境旅游在近3年来首次出现增长,2015年接待入境旅游1.33亿人次,较上一年增长4%,入境旅游外汇收入1175.7亿美元,同比增长0.6%。我国公民出境旅游人数达到1.2亿人次,旅游花费1045亿美元,同比分别增长12.0%和16.7%[①]。

2.旅游消费大幅度持续增长

2015年以来,作为国家重点培育的六大消费领域之一,旅游消费"逆势上扬",成为拉动我国经济增长的新引擎。2015年,我国出境旅游购物市场规模已达6841亿元,其中自由行游客的消费占比超过80%。世界旅游业理事会(WTTC)测算:我国旅游产业对GDP综合贡献10.1%,超过教育、银行、汽车产业。国家旅游数据中心测算:我国旅游直接和间接就业人数达7911万人次,占总就业人数的10.2%。

3.旅游投资规模不断扩大

2015年,全国旅游投资规模不断扩大,投资结构逐步改善,投资热点加快形成。全国旅游投资项目库数据显示,2015年全国旅游业实际完成投资10 072亿元,同比增长42%,比第三产业和固定资产投资增速高32个百分点,较房地产投资增速高41个百分点。

4.旅游竞争力排名大幅提升

根据世界经济论坛发布的《2015年旅游业竞争力报告》,与2013年发表的上一版报告

---

① 中国旅游研究院.2015年中国旅游经济运行分析和2016年发展预测[M].北京:中国旅游出版社,2016.

相比,中国的旅游业竞争力指数排名从第四十五位跃升至第十七位。报告指出,中国拥有惊人的文化资源和自然景观,每年举行的多个国际组织盛会带来众多的公务旅行者。中国在继续大力发展基础设施建设,尤其是机场等航空设施建设上取得了长足进步。

(二)旅游行业发展趋势

1.旅游产业将成为新常态下经济增长的新引擎

目前我国经济发展进入新常态,面对经济下行,投资、进出口增幅回落,产能过剩等情况,旅游业逆势增长。中央政府因势利导,把旅游作为促进经济增长的重点领域,把提升旅游消费作为六大消费工程之一,出台了一系列促进旅游业发展的政策措施。国家旅游局积极推进实施"515战略",各项工作取得新进展。地方各级政府更加重视旅游业,采取了更加有力的举措推动旅游业为稳增长、调结构、惠民生服务。在巨大的消费需求推动下、有利的宏观政策引领下、良好的发展环境支撑下,旅游产业将成为新常态下中国经济增长的新引擎。

2.旅游发展进入大资本、大项目带动新阶段

目前我国旅游发展进入大资本、大项目带动的新阶段,正在从资源依赖型向资本驱动型转变。大规模社会资本进入旅游业,创新了旅游资源、产品和产业形态,旅游资源资本化、金融化、证券化不断加强,旅游成为资本市场热点,旅游企业兼并重组不断,各种资本相互融合协同,旅游投融资模式不断创新,旅游与金融的融合不断深化。根据《2015年中国旅游业投资报告》预测,2016年,全国旅游投资将继续保持稳定增长的态势,预计全年旅游直接投资达到1.25万亿元;到2020年,实现旅游投资总额比2015年翻一番,达到2万亿元。

3."旅游+互联网"为旅游业发展带来新变革

互联网时代的到来,旅游业发展正经历一场革命。OTA企业在旅游领域竞相涌现,传统的旅游服务方式、经营方式、管理方式、消费方式正在发生大调整、大变革。随着"互联网+旅游"深度融合,以互联网为载体、线上的旅游OTA与线下的旅游企业融合互动,B2B电商合作平台、B2C产品营销平台和OTA电商合作模式不断创新。我们要抓住机遇,推动旅游与互联网融合发展的广度和深度,提高旅游创新能力和创新优势,挖掘旅游发展潜力和活力,培育新业态、发展新模式,构筑新动能,加速提升我国旅游业发展水平。

4.创新创业创意创客为旅游发展带来新契机

我国各地都有丰富的旅游资源,旅游产业链条也长,适合各层次的劳动力就业创业,是大众创业、万众创新最活跃的领域之一。做优做强我国旅游业,迫切需要依靠创新驱动,转变发展方式,不断提高发展质量和水平。旅游业本身就是创新引领、创业推动的创意性产业。要适应旅游市场多样化多层次需求,就需要发挥大众创业、万众创新。支持通过市场化社会化机制建立创新孵化基金,构建创新孵化平台,开展旅游业创新创业创意创客行动。

5.全域旅游战略为我国旅游发展开创新局面

全域旅游是我国新阶段旅游发展方式和发展战略的一场变革。推进全域旅游就是跳出旅游抓旅游,抓旅游就是抓全面创新发展。推进全域旅游是贯彻落实"创新、协调、绿色、开放、共享"发展理念的重要途径,是旅游业提质增效可持续发展的必然选择,是旅游业改善民生、提升幸福指数、服务人民群众的有效方式,符合世界旅游发展的共同规律和整体趋势,代

表着现代旅游发展的方向,是新时期我国旅游发展的总体战略。

(三)旅游行业布局和区域发展状况

1. 旅游行业布局状况

我国旅游行业布局现状为东部地区占主导地位,中西部发展潜力大①。近年来,我国主要旅游客源地和目的地集中在东部经济发达地区,东部地区在三大市场均占主导地位,中西部地区旅游经济也十分活跃,但与东部地区差距较大,旅游发展潜力较大。环渤海、长三角、珠三角都市圈,以及三大都市圈的核心城市北京、上海、广州和深圳成为我国核心客源地。

从旅游细分行业来看,旅游景区、旅游饭店、旅行社呈现出东部地区保持领先优势,中西部地区持续稳定增长,近几年总体格局并没有太大变化,东部地区在规模上占半壁江山。从旅游投资来看,东部地区是全国旅游投资的主体,西部地区旅游投资潜力巨大。2015年,东部地区实际完成投资5149.4亿元,占全国的比重为51.1%,同比增长16.3%②。

2. 区域旅游发展状况及特色

长三角区域是我国经济发展速度最快、经济总量规模最大、最具有发展潜力的经济板块,也是我国旅游业最为发达的区域之一,无障碍旅游合作和区域旅游一体化工作走在全国前列。

近年来,上海、浙江、江苏、安徽四省市以"合作共赢,创新发展"为方向,以建设具有地域特色和人文特色的,具有世界竞争力和影响力的世界著名旅游目的地、旅游客源地为目标,以"加强联合、资源共享、优势互补、互利互惠"为原则,扎实推进《苏浙皖沪旅游一体化合作框架协议》的实施和落地,为长三角地区率先实现旅游一体化奠定了扎实基础。

2015年12月,长三角旅游合作联席会议第五次会议审议通过《长三角旅游发展合作苏州共识》,明确苏浙皖沪旅游部门将进一步完善合作机制,加强规划衔接,共同开拓市场,共享公共服务,强化联动监管,落实优惠政策,力争把长三角区域建设成为具有世界竞争力和影响力的旅游目的地。

三、旅游行业人力资源状况及需求特征分析

(一)旅游行业人力资源队伍现状分析

2015年,我国旅游业直接就业人数近2800万人,加上间接就业总计吸纳8000万人,约占全国就业总数的10%③。课题组对旅游相关行业进行了集中走访和调研,获得旅游行业人力资源队伍的一手数据。调查行业范围涵盖酒店及住宿业、饭店业餐饮部门和社会餐饮业、会展业、旅行社和景区、旅游智业等。

调研结果显示,酒店及住宿接待业越来越注重人才的培养和管理,随着经济的发展,软实力在酒店及住宿接待业中发挥着越来越重要的作用。从高层到基层的优秀管理团队日益

---

① 根据国家统计局省份划分,东部地区包括北京、天津、河北、辽宁、上海、江苏、浙江、福建、山东、广东、海南;中部地区包括山西、吉林、黑龙江、安徽、江西、河南、湖北、湖南;西部地区包括内蒙古、广西、重庆、四川、贵州、云南、西藏、陕西、甘肃、青海、宁夏、新疆。
② 国家旅游局规划财务司.2015全国旅游业投资报告[R].2016.5.
③ 李克强在首届世界旅游发展大会开幕式上的致辞,新华网,2016-5-20.

成为企业核心竞争力。酒店对管理者的要求重素养轻学历,学历不是酒店选择管理人员最重要的因素。

在饭店业餐饮部门和社会餐饮业中,餐饮部门基层管理者大多不具备高等学历,尤其担任厨房高级管理职务的人员就更少具备大专以上高等学历,这些状况较大限制了传统餐饮业的专业技能和管理水平的提升。餐饮业高级人才很缺乏,特别是高级技术型人才和操作型人才尤为明显。

会展业人才主要集中在上海、北京、广州等大都市,虽然会展人才的高层次人才比例比其他行业较高,但是中国的会展人才培养与人才需求存在着巨大的反差,人才培养不适应企业需求的现象比较严重。会展业需要大量专业人才和相关人才,而且对人才的需求是分层次的,非常需要能跨越不同层次、懂得不同专业的复合型项目经理人才。

旅行社对人才的重视处于转型升级的阶段。以前旅行社的发展忽视了人才的培养和发展,大部分从业人员学历层次都不高。随着旅游业的快速发展,以及行业标准的逐渐规范,旅行社对人才越来越重视,同时在引进和培养相关专业技术人才方面加大了力度。

景区业目前发展过程中遇到的人才短缺问题,一是政府层面以及企业层面对于旅游发展的认识和为人才发展营造的环境不尽如人意,许多相关的体制、法律法规尚处在不完善阶段,不能很好地为人才的发展提供支撑。二是因为很多企业缺乏成熟的人才观和用人机制,导致留不住人才或者人才流动过于频繁。

旅游智业就是头脑产业、知识产业、创意产业,因此旅游智业的人才层次相对较高,各旅游企事业单位普遍认为,随着市场竞争的不断白热化,旅游智业变得越来越重要,市场对这方面的人才的需求量越来越大。部分企事业单位要求相关专业的人才具有本科以上学历,但是大部分单位认为此类人才的能力和实践经验更为重要,对学历层次的要求不是非常严格。

(二)旅游行业人力资源建设规划

人力资源是旅游行业发展的核心资源,而旅游人才是我国旅游业发展的首要资源,也正在成为旅游业发展最大的瓶颈。2014年8月,在《国务院关于促进旅游业改革发展的若干意见》(国发〔2014〕31号)中,提出了"实施'人才强旅、科教兴旅'战略,编制全国旅游人才中长期发展规划,优化人才发展的体制机制"。目前,国家旅游局正在组织开展全国旅游人力资源状况调查,为制定《中国旅游业"十三五"人才发展规划》提供科学依据。

目前,我国旅游人才总量不足、素质偏低、结构性矛盾十分突出、新业态、高素质、复合型、创新型和领军型人才严重短缺。建设一支高素质人才队伍是旅游工作的当务之急。十三五期间,实施人才强旅战略,统筹构建行政管理、经营管理、专业技术、服务技能和旅游实用五支重点人才队伍,重点培养旅游高层次领军人才、紧缺人才和新业态人才。

五支重点旅游人才队伍规划目标如下:(1)围绕政府职能转变,以提高旅游行政管理能力为核心,造就一批具有旅游业发展的大局意识、国际视野、专业素质和服务意识的旅游行政管理人才队伍。(2)以提高现代经营管理水平为核心,以企业家和职业经理人为重点,加快提升旅游企业经营管理人才的素质,培养造就一大批具有全球战略眼光、市场开拓精神、管理创新能力和社会责任感的优秀企业家和一支高水平的企业经营管理人才队伍。(3)适应现代服务业发展的需求,以提高专业水平和创新能力为核心,以旅游行业紧缺人才和高层次人才为重点,打造一支高素质的旅游专业技术人才队伍。(4)适应旅游产业结构优化升级的要求,以提升职业素质和技能为核心,以宾馆饭店、旅行社、旅游景区等旅游企业一线技能服务人员为重点,培养一支门类齐全、技艺精湛的高技能人才队伍。(5)以乡村旅游干部、带头人、乡村旅游能工巧匠传承人、业主为重点,培育一支服务农村经济社会发展、数量充足的乡村旅游实用人才队伍。

（三）旅游行业人才需求特征分析

2015年,我国居民国内旅游突破40亿人次,出境游客超过1.2亿人次,接待入境游客1.3亿人次。预计到2020年,我国居民人均出游次数和旅游收入还将翻一番。

1.酒店业人才需求特征分析

(1)酒店对管理者的要求重素养轻学历,学历不是酒店选择管理人员最重要的因素。调查发现,酒店在选择"管理人员最必须具有的因素"时,选"良好工作态度"的占40.1%,选"一定沟通能力"的占34.7%,选"艰苦创业精神"的占11.6%,选"良好事业心和责任感"的占8.2%,只有5.4%的酒店选了"学历"。不同的酒店对管理人员必备的素质方面有不同的要求。调查显示,在"要求管理人员应该具备的最重要素质"这一问题中,28.3%的酒店选择"团队协作精神",25.6%的酒店选择"开拓精神",18.7%的酒店要求"善于协调",15.1%的酒店要求"善于沟通",12.3%的酒店则选择"勤勉敬业"。

(2)酒店业越来越注重人才的培养和管理。随着经济的发展,软实力在酒店和餐饮企业竞争中发挥着越来越重要的作用,从高层到基层的优秀管理团队日益成为酒店和餐饮企业的核心竞争力。调研结果显示,酒店和餐饮业高级人才很缺乏,特别是高级技术型人才和操作型人才尤为明显。同时随着人们生活质量的提高,也出现了一些特有岗位,比如营养师、私人管家等。

(3)酒店业目前供给和需求量均较大的主要集中在基层服务人员,从业人员主要来源于中高等职业技术学校。这部分人进入酒店后主要担任前厅和客房服务工作,但要成为高级管理人员,存在一定难度。目前星级酒店紧缺的专业人才主要有三类:一类是宾馆酒店总经理、各部门经理等中高层管理人才;第二类是技能级别较高的餐厨、服务等技能型人才;第三类是具备较强"补位"意识的服务型人才,这类人要能弥补酒店各个部门之间的服务空白点。

(4)按照酒店部门来分析,酒店业目前在餐饮部、销售部、客房部三大部门用人需求比较大。据调研,餐饮部是企业对外的部门,用人需求最为旺盛。从基层服务人员到餐厅经理都有需求。销售部紧缺的是营销管理人才,需要有若干年的行业经验,并且熟悉酒店特色和产品,熟悉酒店客房、餐厅、前台等各岗位工作特点,有很强的人际沟通能力。此外,随着各类进口保洁工具价格的攀升,如今酒店越来越重视客房部的工作,优秀的客房管理者首先要熟悉各类进口保洁工具,能进行工具性能维护和维修,此外还要承担下属员工的技能培训工作。

(5)酒店行业人才最重要的素质是职业认同感和人际沟通能力。在酒店行业,最重要的素质便是:"发自内心的热爱"。以前有人看不起服务业,不愿意在酒店这种"伺候人"的行业里工作,最根本的一点就是缺乏职业认同感;酒店经营管理人才还要具备一项素质,即处理人际关系,因为酒店业做的是"人"的生意,比起其他行业更需要频繁地与人打交道,如果性格不适合与人沟通,就比较难在这一行业立足;酒店职业经理人需不断升华自身职业素养,衡量成熟的职业经理人能力的最高标准是对旅游市场的正确决策和把握,既要熟悉旅游市场动态,在把握发展趋势、确立市场定位等决策层面上具备判断力,又要精通业务,懂管理,能进行实际操作。

2.餐饮与烹饪人才需求特征分析

各种数据和信息表明,餐饮业和旅游经济的发展趋势迫切需要一大批烹饪专业人才,尤其是高素质、高技能、有创新能力的烹饪专业人才。现有的烹饪专业人才远远不能满足餐饮市场的需求,高技能的烹饪专业人才缺口成为制约餐饮企业发展的瓶颈问题。

烹饪专业人才紧缺体现在"质"的差距上。餐饮企业对烹饪专业人才的紧缺,不仅表现在人才的数量上,还突出体现在"质"的差距上。以前,烹饪专业的学生到餐饮企业去实习、就业,企业关注的多是学生的技能水平,现在更多注重的是整体素质。整体素质包括思想品德、职业道德、文化素养、礼仪礼貌、遵章守纪、工作作风、心理承受能力、身体适应能力,等等。其中,最被看重的是有文化、有师承、厨德好、声望高、见识广、眼睛活、会管理、敢创新、忠于企业的厨师。餐饮业对烹饪人才素质的要求甚至比技能的要求更显重要。目前,在餐饮企业中高学历的厨师比例偏低,厨房的工作人员,整个学历层面上大部分为高中学历,大学阶段的本科和专科比例很低。从事厨师职业的人员中,虽然大部分为高中学历,但是他们的整体素质偏低。培养高素质的烹饪人才职业队伍,才能适应餐饮业新的发展形势。

当前我国餐饮业主要紧缺的人才类型有以下几种:

(1)高水平应用型烹饪专业人才

高水平应用型烹饪专业人才是我国目前餐饮业最缺乏的人才之一。应用型烹饪专业人才是在决策者和现场操作之间的一种人才,是既能够动脑、又能够动手的烹饪专业人才。应用型人才包括智能应用型和技能应用型两类,智能应用型是把成熟的技术和理论应用到实际的生活、生产、文化等方面,其特点是有比较深厚的科学基础理论,对相关领域的生产或者实际状况比较了解。而技能应用型人才则具有过硬的专业技能、服务意识较强。

(2)高素质创新型烹饪专业人才

创新型人才是应用型人才的提升,创新型烹饪人才具体包括基础素质、专业素质、心理素质、坚强的意志、完善的个性等。现代餐饮企业对厨师的要求,已不再简单局限于掌握一门技术,而是人格、知识、能力、修养、创新诸方面的综合要求。也就是说,烹饪专业的学生胜任岗位要求,不仅要学习技术、掌握技能,更要具备一定的专业理论基础、文化素质,以及良好的道德修养。

(3)高技能复合型烹饪专业人才

随着现代科学技术和社会经济文化的发展,人类社会所面临的许多重大问题的解决,越来越取决于多学科的协同攻关。这种综合的趋势越来越明显,原有学科间的界限正在不断淡化。在这种发展背景下,餐饮企业对相应人才的需求出现急剧变化,由过去单纯的学历型、学科型向应用型、复合型转变。在机遇与挑战并存的新世纪,烹饪院校必须适应时代发展的要求,积极推动教学和课程改革,采取多种措施为有知识有技能的复合型人才的培养创造条件。

（4）国际型烹饪专业人才

经济全球化和教育国际化的迅速发展，使国际型烹饪专业人才成为必然的需求。餐饮业日趋国际化，厨师将面临着前所未有的发展机遇，厨师已经成为紧缺的国际型人才。国际型烹饪人才是指具备良好的专业和外语能力，熟悉全球餐饮事务管理和国际规则，熟练掌握全球行政、商务、社会管理知识，拥有博大的人类视野和强烈的伦理关怀，能够胜任中国与外部世界全方位的餐饮现代化新型人才。

3. 会展人才需求特征分析

如今我国会展教育发展迅速，但与红火的会展教育形成反差的，却是就业市场上会展专业学生每年入职会展业的比例偏低。究其根本原因，主要是行业需求和专业教育供给脱节。核心人才和辅助性专业人才的缺乏已成为制约我国展览业健康发展的一大瓶颈。现在会展业人才主要集中在上海、北京、广州等大都市，虽然会展人才的高层次人才比例比其他行业相对较高，但是中国的会展人才培养与人才需求存在着巨大的反差，人才培养不适应企业需求的现象比较严重。会展业需要大量专业人才和相关人才，而且对人才的需求是分层次的，非常需要能跨越不同层次、懂得不同专业的复合型项目经理人才。

据调查，社会人才需求中对人才的素质也提出了要求：能吃苦耐劳，随机应变能力强，在管理中把握全局，在服务时耐心细致、快速周到。所以未来的会展人才应该是对会展工作充满激情、能从事管理和服务的人。要具备宽广的国际化背景知识。今后若干年，中国的会展业必将面临更加开放的国际竞争态势，并迅速融入国际会展市场。

按会展业目前对人才的需求现状，社会对会展业人才需求主要分以下类型：

（1）会展策划与经济管理人才。主要包括会展策划与管理方面，要求具备公共管理理论基础知识、会展策划和经济管理专业知识、旅游服务和商务服务等相关知识的人才。

（2）会展外语人才。主要指高级同声传译、会展文案的翻译人才，要求口、笔译，还有从事国际导游、国际公关、会展外交宣传等工作人才。

（3）会展工程建设和展示设计人才。包括会展场馆设计、建设和管理；设备设计、生产、保养和维护；会展场馆装潢设计施工；会展背景板、指示牌等设计与搭建；会展软件系统开发及维护人才、会展活动策划的艺术与技术方面人才等。

（4）会展教育与研究人才。包括专家学者、教师及科研人员、行业协会培训管理工作人员、信息统计人员、刊物和网站编辑人员、技术人员等。

4. 旅行社人才需求特征分析

旅行社人才需求数量平稳增加，这种相对平稳上升的需求量主要源于以下几个方面：一是人员的自然流动，需吸收新鲜血液；二是改善知识结构、提升企业内在素质的需要；三是企业发展必要的人才储备。随着旅游业的深度发展和市场竞争的加剧，越来越多的旅行社制定集团化发展战略，与交通、景点、娱乐、休闲健身、教育等行业联合走多角化经营之路，从而使人才的社会需求类型呈现出多样化趋势，能熟练掌握出境游团队的调度、订机票、办签证、发团以及与境外旅行社联系等一线操作人才，是旅行社之间"挖角"的热门人选，至于旅游线路设计人才或拥有大量客户的部门业务经理，更是炙手可热，重金难求。

为弄清旅行社到底需要什么样的人才,课题组调研了上海旅行社的老总及各部门经理。通过访谈,有六类中高端人才极其匮乏:高端市场策划人才,他们要能把握市场走势和导向,旅游知识面宽泛,深谙市场运作;经验丰富的旅游计调人才,他们需要熟悉国内外旅游线路和景点、酒店、交通以及导游的状况,有出色的组织协调能力;有资深行业背景、人脉丰富的销售人才,尤其是商务旅行销售人才;能够熟练地发掘、组合、打包产品,联络各个供应商,协调各个环节,不断推陈出新,并要承担起管理职能的旅游度假产品经理;既能开拓资源又深谙管理之道的高层次管理人才;以及新兴旅游业态专业人才,如旅游信息管理/电子商务人才、大型会展活动管理服务人才,等等。

5.景区人才需求特征分析

近几年来,中国旅游景区的发展逐渐形成规模,旅游景区本身又分为不同的类型,如风景区、主题公园和古镇等,不同的景区也有各自的特点。此次问卷调查和访谈的单位涵盖了旅游风景区、主题公园、古镇、博物馆(纪念馆)。本课题组通过问卷调研和访谈得出的主要结论有:

根据问卷调研,目前我国旅游景区从业人员普遍存在学历低、职称低和旅游专业毕业生所占比例低的"三低"现象。如南京某一风景区有员工1167名,其中具有研究生学历者11人,占员工总数的0.94%;具有本科学历者73人,占员工总数的6.26%;专科学历的100人,占员工总数的8.57%;高中或中职学历的464人,占员工总数的39.76%;而高中或中职学历以下的员工达519人,占员工总数的44.47%。在所有员工中,有高级职称的人,占员工总数的0.60%,有中级职称的22人,占总人数的1.88%,有初级职称者43人,占3.68%,而93.83%的员工没有职称。此外,在具有专科及专科以上学历的员工中,毕业于旅游相关专业的仅4人,只占相同学历总人数的2.17%。其他旅游景区的情形也大致如此。

从问卷调查结果看,总的说来自然风景区、植物园和主题公园未来对人才需求量较大,需要较多高职高专毕业生,而红色旅游景区对人才需求量较小,但对人才的需要层次较高,大多需要研究型人才。

从问卷结果看,旅游景区对景区开发与管理专业人才技能要求大致如下:46%的旅游景区希望该专业学生具有景区规划与设计、景区管理、景区营销和景区导游解说等全面的知识和技能;38.5%的景区希望来景区工作的人才更偏向于具有较强的景区管理能力;30.8%的景区希望引进的人才具有较强的景区营销能力;有23.1%的景区更希望该专业人才具有较强的导游讲解技能;只有7.7%的景区纯粹要求该专业学生具有很强的规划设计能力。不容忽视的是,一特殊景区需要培养一些特殊人才,如上海野生动物园,需要动物医学和绿化养护方面的人才;广东一些高尔夫球会需要高尔夫球陪练方面的人才;深圳锦绣中华和中国民俗文化村需要茶艺师和舞蹈演员;还有一些景区需要素质拓展教练等。由此看来,培养具有旅游景区一线管理、营销和导游讲解技能的人才是景区开发与管理专业的主要目标,而针对一些特殊景区培养相应人才也是该专业发展应予以考虑的一个方向。

景区人才流动过快,一种情况是中西部地区的旅游景区景点,由于地理区域的因素,再加上薪资待遇等问题,高级管理人才不愿进入。另一种情况就是东部地区人才流动性过强,导致人才流失严重,再者就是很多景区的"官体制"使得景区需要的人才进不来,招进的人又不是景区所需。既缺少专业人才,但要进人又很困难,这是目前许多景区企业面临的困境,尤其是国企、央企性质的景区。虽然这些景区采取的是企业化管理,但在用人制度和机制等方面,很多依然还是老一套,急需的人进不来,进来的人又不是急需的人。

由于景区的快速发展,缺乏一批精通业务、经营能力强的管理人才,而这样的人才又无法通过企业内部培养在短期内获得,因此,很多景区不得不砸下重金到处"挖人"。国内企业在招聘人才时,看重的是应聘者有多少工作经历和经验;而在国外则更注重人才对企业的忠诚度。因此中国的用人、选人观念也为这种人才的流动提供了土壤。

目前景区发展过程中遇到的人才短缺问题,一是政府层面以及企业层面对于旅游发展的认识和为人才发展营造的环境不尽如人意,许多相关的体制、法律法规尚处在不完善阶段,无法为人才的发展提供支撑。二是因为很多旅游企业缺乏成熟的人才观和用人机制,导致留不住人才或者人才流动过于频繁。一些旅游企业人力资源管理观念滞后,对人力资源管理的认识也仅仅停留在员工招聘、工资待遇等方面,很少涉及职业培训、岗位设置,更不会帮助员工对职业生涯做出必要的规划。此外,还有很大一部分景区"重使用,但不重培训"的观念在作祟,互相挖墙脚,而忽略了企业自身对人才的培养和培训。

6. 旅游智业人才需求特征分析

为了更好地把握旅游智业的人才需求状况,本课题组进行了较细致的人才需求市场调研。本次调查主要是通过问卷和访谈两种方式展开。其中,通过问卷形式对上海市及长三角地区城市如南京、杭州的旅游行政管理部门、高校旅游专业的教师、旅行社、饭店等进行了调查。此外,还走访了一些专业的旅游策划与设计单位、市场咨询营销策划公司(选择调查企业的业务范围是主要从事营销咨询、市场策划和市场调查等,其中包括一些会展、旅行社、酒店餐饮、景区等与旅游有关的策划活动)等,并对部分该领域的专家学者进行了访谈和意见征询。

各旅游企事业单位普遍认为,随着市场竞争的不断白热化,旅游智业变得越来越重要,它可以保证组织目的的顺利执行。市场对这方面的人才的需求量越来越大。部分企事业单位要求相关专业的人才具有本科以上学历,但是大部分单位认为此类人才的能力和实践经验更为重要,对学历层次的要求相对不是非常严格。

大部分单位认为旅游策划人才不仅应该具备规划、投资、市场营销、旅游文化、历史地理、统计等方面的专业知识,还需要具备丰富的社会知识。在个人素质方面,要求策划人才具有敏锐的战略眼光、创新的思维能力、团队合作的精神、很强的与人沟通的能力和综合判断与思维能力。

经过调查发现,大部分旅游企事业单位认为这个专业前景较好,有较大的发展潜力。他们表示,虽然目前市场上很少有指定招聘这方面人才的,但是这并不表示市场对此类人才没有需求,这个空白需要高校来填补,市场的需求意识需要由高校来培植。

四、旅游行业职业教育发展现状及规模布局

（一）行业职业教育在校生规模及招生、就业情况

目前的旅游行业职业教育涵盖从中职到研究生四个学历层次的教育，研究生层次的旅游职业教育主要为2010年设立、2011年开始招生的旅游管理专业硕士（MTA）。根据国家旅游局《2015年全国旅游教育培训统计》数据，2015年全国开设旅游管理类本科专业的普通高等院校583所，开设旅游管理类高职高专专业的普通高等院校1075所，开设旅游管理类专业的中等职业学校789所。

2015年本科旅游管理类专业全国共招生55 611人，毕业46 888人，在校209 986人。高职高专旅游管理类专业全国共招生110 935人。中职旅游类相关专业全国共招生9.3万人，毕业8.8万人，在校22.6万人。

（二）重点专业在校生规模及招生、就业情况

1. 旅游本科教育

（1）基本情况

2015年招收的本科旅游管理类专业包括旅游管理、酒店管理、会展经济与管理、旅游管理与服务教育和旅游管理类专业等5个专业。2015年招收旅游管理专业的院校583所，全国共招生34 900人，毕业40 493人，在校151 995人；招收酒店管理专业的院校131所，全国共招生13 029人，毕业2614人，在校35 089人；招收会展经济与管理专业的院校74所，全国共招生4628人，毕业2584人，在校15 620人；招收旅游管理与服务教育专业的院校21所，全国共招生1177人，毕业906人，在校生4067人；招收旅游管理类专业的院校20所，全国共招生2076人，毕业200人，在校生3284人。

（2）区域分布

• 旅游管理专业

2015年，招生人数超过3000人的省份只有广东省；招生人数处于2000~3000人的省份有河南、江苏、湖南、四川4省；招生人数处于1000~2000人的有辽宁、山东等16个省市；招生人数在1000人以下的有北京、江西、上海等10个省市。

• 酒店管理专业

2015年，招生人数处于500~1000人的有安徽、云南、海南、辽宁、重庆、河南、广东等7省市；招生人数处于100~500人的有四川、天津等17个省市；招生人数在100人以下的有新疆等4个省市自治区。

• 会展经济与管理专业

2015年，招生人数超过400人的省市只有广东和上海；招生人数处于300~400人的有重庆和海南；招生人数处于200~300人的有四川、浙江、黑龙江、福建4个省；招生人数处于100~200人的有北京、天津、湖北、湖南和山东5省市；招生人数在100人以下的有吉林等9省市。通过以上数据分析，会展业比较发达的北上广地区，本科会展教育也相对发达；会展业后起之秀重庆、四川、海南等会展教育也比较发达。这说明会展经济与管理本科专业设置情况与会展业发展切合度比较好。

总体来看,旅游管理、酒店管理、会展经济与管理专业从东中西区域分布情况来看,院校分布及学生数量呈现出明显的阶梯状分布,东部最多,中部次之,西部最少,这种分布与我国区域旅游经济发展程度相吻合。

2. 旅游高职(专科)教育

(1)基本情况

2015年,开设旅游管理高职(专科)专业的院校779所,全国共招生48 043人;开设涉外旅游专业的院校108所,全国共招生3492人;开设导游专业的院校102所,全国共招生3889人;开设旅行社经营管理专业的院校29所,全国共招生808人;开设景区开发与管理专业的院校45所,全国共招生996人;开设酒店管理专业的院校644所,全国共招生43 306人;开设会展策划与管理专业的院校177所,全国共招生8090人;开设历史文化旅游专业的院校5所,全国共招生83人;开设旅游服务与管理专业的院校22所,全国共招生944人;开设休闲服务与管理专业院校38所,全国共招生1190人;开设休闲旅游专业院校3所,全国共招生19人;开设英语导游专业的院校3所,全国共招生21人;开设邮轮服务与管理的院校2所,全国共招生54人。

根据招生人数、院校开设数量以及行业需求,课题组确定旅游管理、酒店管理、会展策划与管理为旅游高职(专科)重点专业。2015年全国旅游类高职重点专业招生数及占比,如表1所示。

表1 全国旅游类高职重点专业招生数及占比

专业	招生数	2015年占比	2014年占比
旅游管理	48 043	43.3%	38.3%
酒店管理	43 306	39%	37.6%
会展策划与管理	8090	7.3%	8.5%

可见,旅游管理、酒店管理专业招生数较2014年有所提升。从招生区域数据来看,广东、湖北、山东、辽宁、河南、浙江、江苏等省份招生人数最多。从就业率数据来看,旅游专科职业教育就业率基本在96%以上,行业就业率基本维持在58%以上,业内稳定率(2~3年)基本在42%左右。相对旅游管理专业硕士和旅游高职本科教育层次来讲,其就业率相对较高。

(2)区域分布

从各专业的区域分布情况来看,课题组将分布较多的三个专业(旅游管理、酒店管理、会展策划与管理)进行统计分析发现,开设旅游管理专业院校超过20所的省份有江苏、河南、湖南、安徽、湖北、四川、山东、河北、江西、黑龙江等,占总数的60.8%,上述10个省份基本在东、西部地区。开设酒店管理专业院校超过20所的省份有江苏、河南、河北、湖南、湖北等,占总数的35.5%,基本分布在中、东部地区;开设会展策划与管理专业院校超过5所的省份有浙江、上海、天津、河南、黑龙江、山东、广东等,占总数的47%,该省份分布以东部和东北部为主。

3.旅游中职教育

根据招生规模确定旅游中职教育重点专业为高星级饭店运营与管理、旅游服务与管理、旅游外语、导游服务、会展服务与管理等5个专业。2015年,高星级饭店运营与管理专业全国共招生2.1万人,毕业2.1万人,在校5.6万人。旅游服务与管理专业全国共招生4万人,毕业3.6万人,在校9.7万人。旅游外语专业全国共招生3813人,毕业4309人,在校8164万人。导游服务专业全国共招生7332人,毕业8052人,在校1.4万人。会展服务与管理专业全国共招生652人,毕业719人,在校2071人。其他旅游类专业全国共招生2万人,毕业1.8万人,在校4.9万人。

(三)职业院校开展职后培训的规模及类型

旅游职业院校承担着为旅游行业输送人才和提供智力支持的重要责任。旅游业作为国民经济的战略性支柱产业和人民群众更加满意的现代服务业,其快速发展离不开旅游人才能力的全方位提升。旅游职业教育行业针对性强,旅游职业院校为区域和行业提供技能人才培训与培养,提供技术创新、推广和服务。

1.旅游从业人员受训规模

在当今社会中,旅游人才竞争空前加剧,企业的生存与发展越来越多地依赖于劳动者的技能、智慧与创新能力,而不再是单纯的劳动力数量。不断进行在职培训投资、增加员工的人力资本存量,已成为现代旅游业增强活力和实力、获得最大效益、战胜竞争对手的重要手段。2015年我国旅游行业从业人员继续教育总量为475.4万人次,比2014年增长13.27万人次(见图1)。

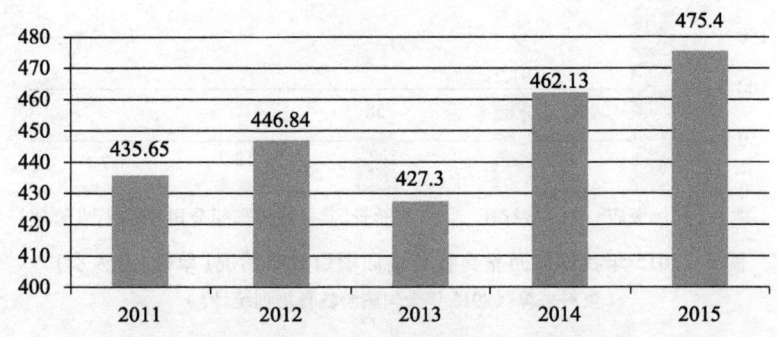

图1 我国近五年旅游行业从业人员继续培训情况(单位:万人次)

资料来源:2011—2015年《全国旅游教育培训统计》

2.旅游行业从业人员培训类型

旅游行业从业人员培训分为岗位培训和成人学历教育两大类,2015年岗位培训441.5万人次,成人学历教育34万人次。岗位培训中,资格类培训39.2万人次,技术等级类培训50.5万人次,适应性培训351.8万人次(见图2);成人学历教育中,中等教育14.4万人次,高等教育19.6万人次。

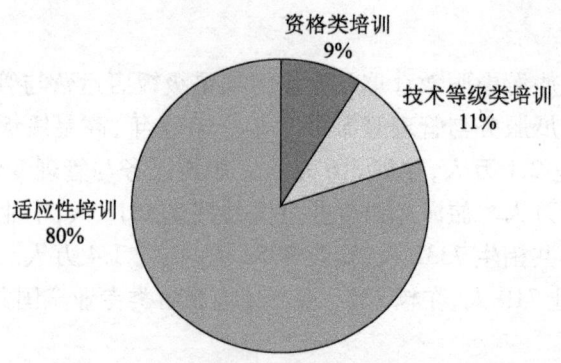

图2　2015年我国旅游行业从业人员培训种类

（资料来源：《2015年全国旅游教育培训统计》）

3.旅游行业岗位培训情况

旅游行业岗位培训项目主要有旅游饭店教育培训、旅行社教育培训、旅游景区教育培训、旅游车船公司教育培训、旅游行政部门教育培训。全年旅游饭店从业人员培训272.3万人次,旅行社从业人员培训91.2万人次,旅游景区从业人员培训58万人次,旅游车船公司从业人员培训12.2万人次,旅游行业管理人员培训7.7万人次(见图3)。

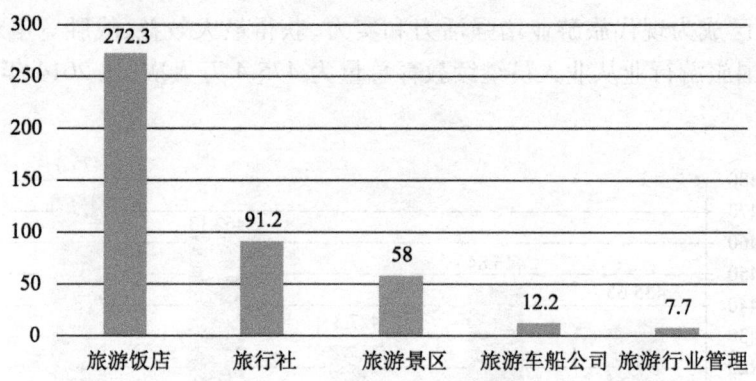

图3　2015年我国旅游教育社会培训项目分布情况(单位:万人次)

（资料来源：《2015年全国旅游教育培训统计》）

五、职业院校旅游专业设置存在的问题及优化对策

我国旅游业经过三十多年的发展,特别是进入新世纪后,已经迈入快速发展的轨道。旅游产业的转型和升级,需要大批高素质、高水平的现代化旅游人才,传统意义上的旅游人才已不能满足现代化旅游产业快速发展的需求。面对广阔的旅游行业人才需求市场,我国旅游人才培养供给不容乐观。本部分在深入分析职业院校旅游专业设置问题的基础上,提出了未来职业院校在适应区域经济发展、对接行业需求、创新人才培养模式、优化和调整专业设置等方面的对策建议。借此,促进旅游职业院校人才培养模式改革创新,提高旅游职业院校专业办学特色,以期增强旅游职业院校服务旅游行业需求的能力。

(一)职业院校旅游专业设置存在的问题分析

经过调研和比较,发现我国职业院校旅游专业设置问题主要集中体现在以下几个方面:

1.专业设置与产业发展需求对接不够

有些职业院校在开设旅游专业过程中,对旅游行业人才需求趋势缺乏应有的调研,而是仅仅依靠现有的学科专业、师资结构来进行专业设置,所设专业严重与旅游行业人才市场需求相脱节,没有考虑到可持续发展,导致专业越来越难办下去。同时,缺乏对旅游行业新业态、新产品的关注,不能及时开展相关专业设置与调整的市场调研与专业论证工作。

2.专业设置的地方区域特色彰显不足

专业的设置要紧密结合区域产业格局和支柱产业分布,与区域的主导和优势产业相适应。有些旅游院校对专业发展规划不够科学完善,哪个专业热门就设置哪个专业,短期行为较为明显,只求一时适应旅游行业人才需求,忽视长期发展要求。在专业设置过程中,较少考虑旅游行业最新动态,较少顾及区域经济文化特点,也较少设置有特色的专业,随意性强,缺乏科学性。

3.旅游专业设置结构不合理问题突出

根据2015年全国旅游教育培训统计,旅游本科教育共5个专业,其中旅游管理专业在校生占72.4%,酒店管理专业占16.7%,会展经济与管理专业占7.4%。旅游高职高专教育13个专业中,旅游管理专业开设院校779所,招生人数占43.3%;酒店管理专业开设院校644所,招生人数占39%。旅游中职教育中,旅游服务与管理专业在校人数占42.9%,高星级饭店运营与管理专业在校人数占24.8%。从上可知,旅游本科、高职高专、中职专业设置均出现了趋同现象,其中旅游管理专业和酒店管理专业同质化现象最为严重。

4.旅游专业布局与发展不平衡问题凸显

从不同培养层次尤其是研究生、本科层次及院校、专业分布来看,皆存在东多西少的现象,东部经济发达地区旅游院校分布相对密集,招生计划相对较多,未来学生就业岗位需求相对较多,而经济相对落后的西部地区,旅游院校相对较少,旅游人才集聚相对下降,旅游行业人才相对匮乏。2014年7月,教育部高等教育司整理发布了2012年和2013年两年的就业率较低专业,山西、湖南、青海、江苏四省旅游管理专业名列其中。上海市教委发布2016年度本科十大预警专业名单,旅游管理专业名列其中。

5.不同层次人才培养定位同质化严重

旅游职业教育不同培养层次人才培养定位存在定位模糊、结构失衡、层次不清等问题。以旅游管理专业为例,课题组调研发现,中职旅游管理专业人才培养定位为"面向旅行社、酒店、企事业单位服务和管理第一线的应用型人才",高职则为"能胜任旅游休闲企事业单位基层管理岗位的高素质技能型专门(应用型)人才",两者的表述基本相同。另外本科和研究生(学术型)旅游管理专业人才培养目标中皆出现"能够在旅游高等院校从事教学和研究工作",而实际上本科毕业生根本不可能在高校就业。

(二)职业院校旅游专业设置优化对策分析

伴随着高等教育进入大众化阶段和旅游行业快速发展,我国旅游教育也得到了巨大发展。2014年5月,在《国务院关于加快发展现代职业教育的决定》中,明确提出了五个对接,强调了专业设置与产业需求对接。2015年10月,在《国家旅游局、教育部关于加快发展现代旅游职业教育的指导意见》中,明确指出优化专业结构。因此,专业设置与优化是旅游院校办学的一项核心工作,是衡量旅游院校办学特色、办学水平和办学质量的一项重要指标。

1. 实施人才强旅战略,建设一支高素质旅游人才队伍

建议由国家旅游局、人力资源与社会保障部、教育部等部委联合编制实施全国旅游人才中长期发展规划,构建强大的教育体系和人才队伍。旅游人才中长期发展规划要以旅游业各类领军人才为重点,着力提高旅游人才素质,加快培养适应市场需求的各类旅游人才,围绕旅游行业出现的新兴行业和专业,以满足旅游新业态所需人员的数量和质量为重点,加速培养旅游新业态所需专业人才。

旅游人才中长期发展规划可以推出旅游重点人才开发工程计划,依托国家重点人才工程、项目、重点学科、基地建设等,培育一批具有国际影响力的国家级旅游科研机构、高等院校和新型智库,搭建旅游人才开发创新载体和平台。打造区域性旅游人才高地和人才集聚区,推动旅游业发展重点区域将旅游人才队伍建设纳入地方重点人才支持计划。

旅游人才中长期发展规划要突出逐步完善旅游人才评价机制,推动社会化评价,健全旅游人才发展激励保障机制和奖励荣誉制度,加大对海内外人才流动配置的信息引导。科学设计旅游人才,特别是导游人员的职业发展通道,探索建立旅游人才职业资格体系。积极加强与国际组织和境外知名院校、机构及企业的人才交流与合作,推动实施高水平、示范性中外合作办学项目。大力引进海外高端旅游教育人才和创新创业人才,推动旅游海外高层次人才引进计划,支持旅游专业骨干教师和优秀学生到海外留学进修等。

2. 深化体制机制改革,构建现代旅游职业教育体系

各地区应积极引导旅游职业院校结合自身优势,科学准确定位,围绕"互联网+"、"旅游+"概念,逐步适应旅游新业态、新模式、新技术发展,紧贴市场、紧贴产业、紧贴职业,发展专业,着力解决目前旅游专业结构不合理,特色不鲜明,发展不平衡的问题,积极稳步推进旅游职业教育改革。

总体上看,中国旅游人才培养层次较为全面,涉及从中职、高职、本科、研究生教育(学术型硕士、MTA)四个层次,各培养层次都有其人才培养定位、培养目标及相应的课程设置,理论上讲,各培养层次与旅游行业不同层次人才需求都应具有较好的契合关系,应能够满足旅游产业、行业不同的人才需求。课题组通过抽取全国部分旅游院校旅游管理专业开设情况进行调研,对旅游管理专业不同培养层次人才培养目标和课程设置总体情况进行分析后发现,上述结论与现实有着较大的差距,目前尚存在不同培养层次人才培养定位界限模糊、课程设置具有较高一致性等问题。

各旅游职业院校结合本地区的经济社会发展和行业需求,在认真分析专业特征的基础上,积极打造适应本区域旅游行业特征和行业文化的旅游类相关专业,不断提高办学层次,凝练办学特色和优势,形成错位竞争格局。同时可以通过创新办学模式,打通不同培养层次,形成具有旅游职业教育特色的现代旅游职业教育体系和模式,培养深度适应行业和产业需求的一流旅游行业人才。

3.对接旅游行业需求,调整和优化专业布局与结构

(1)完善专业类型结构

按照旅游行业发展和不同业态人才需求,旅游院校在专业设置规划中,除了把酒店与餐饮管理、旅行社与景区管理、会展管理等三个大类专业作为重点专业进行设置和布局外,还结合休闲旅游、生态旅游、主题公园旅游、邮轮游艇旅游、养生健康旅游等新业态、乡村旅游等新产品的需求,增设适应区域发展和产业转型升级需要的如旅游电子商务、旅游咨询策划、主题公园经营与管理、邮轮经济与服务、活动策划与营销管理、房车营地管理、乡村旅游开发、养生养老服务与管理等专业或专业方向,形成各具特色的专业布局结构。旅游业态与专业设置对应表如表2所示。

表2 旅游业态与专业设置对应表

旅游业态	现有设置专业(方向)	建议新增专业(方向)
酒店与住宿接待业	酒店管理、旅游管理、高星级饭店运营与管理	房车营地管理、酒店投资管理、酒店连锁经营与管理、酒店品牌管理、度假村开发与管理、露营地管理、邮轮经济与服务、健康产业管理等
旅行社业	旅游管理、旅游服务与管理、导游、旅游英语、旅游日语	旅游电子商务、旅游会计、探险旅游、乡村旅游、旅游市场营销、旅游线路产品设计、免税品与奢侈品服务营销等
景区行业	景区开发与管理、森林生态旅游	主题公园经营与管理、旅游纪念品设计、旅游演艺策划与组织、旅游环境监测与评价等
旅游会展业	会展经济与管理、会展策划与管理、会展艺术与技术	活动策划与营销管理、会展广告与销售等
餐饮业	餐饮管理与服务、烹饪工艺与营养、西餐工艺、中西面点工艺、营养配餐	烘焙工艺、酒类工艺与销售、茶艺等
旅游智业	旅游管理	旅游规划与管理、旅游咨询策划、旅游投资与房地产等
其他相关行业	航空旅游服务、休闲服务与管理	康体休闲、户外游憩管理、体育运动赛事管理、高尔夫俱乐部服务与管理、休闲垂钓、海洋旅游规划、旅游设备营销与管理、养生养老服务与管理等

(2)优化专业层次结构

按照旅游人才需求对旅游人才培养的要求,旅游院校应结合人才培养定位,科学合理设置不同层次的旅游专业。旅游本科院校应按照旅游复合型人才培养要求,在满足专业办学的基本条件下,办好或增设旅游管理硕士点甚至博士点,发展研究生教育;同时,结合区域旅游产业结构,增设旅游管理类本科新专业或专业方向。旅游高职高专院校从高素质技能型人才培养角度出发,办好或新增旅游管理类、餐饮管理与服务类、会展策划类专业,特别要增

设或办好旅游企业需求量大的酒店管理、导游服务、旅行社管理、烹饪与餐饮管理、会展策划等专业,并结合区域发展需要,增设会展策划与管理、景区服务与管理、旅游休闲等新专业。旅游中职院校在办好现有的旅游服务与管理、高星级饭店运营与管理、会展服务与管理等专业基础上,可以适度增设烹饪、休闲、康体等新专业。同时,结合国家现代职业教育体系建设,旅游院校积极开展合作办学探索与实践,推进旅游管理、酒店管理、会展管理等专业的中高贯通、中本贯通、专本衔接、本硕衔接等试点改革,构建从中职、高职、本科到研究生教育的专业结构和人才培养体系。旅游人才培养层次与专业设置对应表如表3所示。

表3 人才培养层次与专业设置对应表

培养层次	现有专业设置	建议新增专业(方向)
研究生	旅游管理专业硕士(MTA)	旅游品牌管理、旅游企业连锁经营与管理、度假区开发与管理、旅游环境监测与评价、旅游规划与开发、旅游投资与房地产等
本科	旅游管理、酒店管理、会展经济与管理、旅游管理与服务教育	露营地管理、旅游企业连锁经营与管理、度假区开发与管理、主题公园经营与管理、旅游环境监测与评价、旅游线路产品设计、免税品与奢侈品服务营销、庆典活动与营销管理、会展广告与销售、旅游规划与管理、旅游投资与房地产、体育运动赛事管理、高尔夫俱乐部服务与管理、海洋旅游规划、旅游设备营销与管理、户外游憩管理等
专科(高职)	旅游管理、导游、旅行社经营管理、景区开发与管理、酒店管理、休闲服务与管理、餐饮管理与服务、烹饪工艺与营养、西餐工艺、中西面点工艺、营养配餐、会展策划与管理、旅游英语、旅游日语森林生态旅游、航空旅游服务	露营地管理、旅游企业连锁经营与管理、主题公园经营与管理、旅游电子商务、旅游会计、探险旅游、乡村旅游、旅游市场营销、旅游纪念品设计、旅游线路产品设计、免税品与奢侈品服务营销、旅游演艺策划与组织、庆典活动与营销管理、会展广告与销售、烘焙工艺、酒类工艺与销售、茶艺、邮轮游艇旅游、康体休闲、体育运动赛事管理、高尔夫俱乐部服务与管理、休闲垂钓、旅游设备采购与供应等
中职	旅游服务与管理、导游服务、高星级饭店运营与管理、烹饪工艺与营养、航空旅游服务	露营地管理、乡村旅游服务与管理、旅游纪念品设计、旅游线路产品设计、免税品与奢侈品服务营销、康体休闲、休闲垂钓、烘焙工艺、酒类工艺与销售、茶艺、邮轮游艇旅游、高尔夫俱乐部服务与管理、养生养老服务与管理等

(3)调整专业规模结构

按照旅游行业发展对人才层次的需求,旅游院校应适当控制学术性硕士招生规模,扩大旅游管理专业硕士规模,科学合理调整学术性硕士与专业硕士、硕士与博士招生规模结构,满足旅游产业转型升级对高层次人才的需要;大力发展本科教育,努力扩大本科层次招生规模,满足旅游行业人才层次整体提升的需要;适度控制专科层次招生规模,保证旅游行业基层人才的基本需求;维持现有中职生招生规模,满足区域旅游行业一线服务人员的基本需要。

(4)优化专业设置区域结构

按照行业发展布局,旅游院校应结合区域经济发展重点与旅游资源特色,科学设置旅游专业。在旅游产业和旅游教育发达的东部地区,旅游院校应结合区域人才需求和要求,与国际接轨,办好传统的旅游专业;同时,适应旅游产业转型升级和旅游新业态、新产品,重点做好专业层次提升和新老专业结构调整,大力增设引领产业发展需要的新专业。在旅游产业和旅游院校处于发展中等水平的中部地区,旅游院校专业设置主要围绕专业结构布局完善展开,重视传统产业,关注旅游新业态、新产品,加快增设满足区域旅游经济发展需要的相关新专业。在旅游产业与旅游教育相对落后的西部地区,旅游院校的主要任务是增设与区域旅游资源相符、与旅游企业人才需求相符的酒店管理、导游、景区、餐饮等传统专业,合理布局旅游专业结构,也关注旅游新业态、新产品,适度增设相关新专业。

4.发挥差异化竞争优势,推动旅游特色专业点建设

(1)实施专业细分战略,推进旅游专业特色化建设

从旅游人才与专业建设缺乏市场细分转变到实施市场细分战略。按照营销学的原理,特色就是指具有核心竞争力的系统差异。因此,学校要具备旅游人才培养和专业建设的特色,就需要对旅游人才市场进行细分,选好进入的具有人才培育层次、类型等要求的目标市场并进行独特的核心竞争力定位与培育。国家要遴选和建设一批国家级示范专业点和特色专业点,推动形成适应需求、特色鲜明、效益显著的旅游专业群,带动全国旅游类专业建设水平整体提升。

旅游专业特色化建设,要从许多学校努力进入一切旅游教育的机会市场,转变到实施自己资源能力特点、满足市场需要、具有竞争优势的集中聚焦的目标市场战略。从片面认为"教育层次越高越好"的错误意识,转变到"拥有教育层次适合并具有核心竞争力特色最好"的科学理念,如培养行业服务、技术与管理人才,培养创业人才,培养咨询与研究人才等;从比较单一的服务人才与管理人才培养,转变到各种人才的培养,包括服务人才、技术人才、管理人才、经营人才、研究人才等多种人才培养,如不仅要培养单体饭店的管理人才,还需要培养饭店集团的管理人才;不仅需要培养饭店的日常管理人才,还需要培养旅游不动产投资的金融人才等,基于旅游产业发展波动与长期视角,还要培养毕业生的转换能力与成长能力。

(2)明确专业人才培养定位,优化专业设置格局

旅游产业发展和转型升级对旅游专业人才培养提出了更高要求,因此,旅游院校要以服务旅游产业发展为宗旨,以学生就业与职业发展为导向,明确办学定位和人才培养定位,科学合理布局专业结构。其中,中高职旅游院校和应用型本科旅游院校应结合区域经济社会与旅游产业发展需求,明确技术技能型和应用型旅游人才培养定位,为地方经济社会和旅游事业发展服务;研究型旅游院校应站在旅游产业转型升级的高度,为旅游事业可持续发展提供复合型、应用型人才,为提升区域经济社会竞争力和旅游事业发展水平提供智力支持与服务。同时,各类旅游院校要充分把握旅游行业发展态势,深化产教融合和校企合作,在办学过程中凸显专业区域特色,错位发展,构建多元化专业建设机制,优化人才培养层次结构,努力构建适应区域经济社会发展和旅游产业需求的结构合理、优势突出、特色鲜明的专业格局。

（3）完善校企合作办学机制，创新专业人才培养模式

政府、学校、企业和研究机构同时构成旅游职业教育人才培养的主体。目前，人才培养的各个主体缺乏联合培养、协同合作的沟通协调机制。我国旅游教育诞生以来，旅游人才培养主体在不断变化，出现了"政府主体"、"学校主体"、"主体多元化"和"双主体"等不同实践模式。但是由于利益平衡和统一等问题，真正意义上的协同培养难以实现。

旅游院校应坚持产教融合、校企合作、工学结合，积极探索办学治理结构改革与创新，通过成立校企合作理事会、职业教育集团和专业建设指导委员会等形式，构建政行企校相结合的办学体制机制，为专业建设和人才培养搭建平台与提供保障。同时，针对旅游专业应用型、技术技能型人才培养的特点与要求，强化教学、学习、实训相融合的教学活动，积极推进半工半读、工学交替、顶岗实习人才培养模式创新，营造前店后校、校中店、景校合一等全真教学环境，推行现场教学、项目教学、任务引导教学、案例教学、工作过程导向教学等教学模式。积极开展旅游企业见习观摩、校内技能训练与生产性综合实训、校外顶岗实习等实践教学活动，强化以育人为目标的实习实训考核评价，积极推进学历证书和职业资格证书"双证书"制度。积极推进订单培养与现代学徒制试点改革与实践，构建校企合作育人机制。

（4）打造"双师型"教师队伍，满足应用型专业人才需要

我国目前旅游院校的师资无论从数量还是质量上与发达国家相比，都有较大的差距。从旅游业发展、专业发展对其要求来看，我国旅游职业院校专业教师整体水平还有待提高。教师队伍建设是旅游院校人才培养、专业建设和教育教学改革的关键。为此，旅游院校应结合旅游专业应用型、技术技能型人才培养的要求与特点，重视和加强"双师型"教师队伍建设。结合不同旅游院校要求与需要，建立和完善旅游专业教师资格准入制度，健全分类指导、分类管理的教师绩效考评体系和专业技术职务（职称）评聘制度。制定倾斜政策和建立约束机制，大力推进旅游专业教师企业顶岗实践制度，提高专业教师的实践能力和应用水平，提升"双师型"教师比重。积极开展校企合作交流，结合学生实习就业基地建设，推进和旅游大型企业共建"双师型"教师培养培训基地。聘请具有实践经验的旅游企业管理人员、专业技术人员和能工巧匠担任兼职教师，积极开展校企双专业带头人和大师工作室试点，建立"技能名师"和"企业专业教师信息库"，建设一支双师素质、专兼结合的专业教学团队。制定优惠政策，支持教师与旅游企业合作开展技术研发和创新，鼓励教师在岗离岗创业。

（5）"互联网+旅游"，助推产业转型升级和旅游专业人才培养

信息技术已经对旅游产业结构产生了重要影响，"互联网+旅游"开辟了旅游专业设置新的领域，也对旅游专业建设和人才培养提出了新的要求。旅游院校要把信息化作为现代职业教育体系建设的基础，加快信息化基础设施平台建设，实现宽带和校园网全覆盖，推进旅游专业教学资源库开发与建设，实现优质教育资源校内、校际和校企覆盖与共享。加快数字化专业课程体系建设，利用信息技术改造旅游专业课程，使每个学生都具有与旅游职业要求相适应的信息技术素养，并将信息技术课程纳入所有专业，以适应旅游行业发展和旅游产业信息化要求。同时，加强对旅游专业教师信息技术应用能力的培训，以适应旅游专业教学和旅游产业转型升级对人才培养的需要。

5.通过政府调控和引导,强化企业参与人才培养过程

(1)通过政府宏观指导和政策支持,科学合理地设置专业

政府可以根据旅游行业发展要求,对不同区域、不同类型、不同层次旅游院校给予宏观上指导,引导旅游院校正确定位办学目标和人才培养方向,加强专业结构布局优化,有效配置经费投入,重点支持符合旅游产业发展规划需要的专业领域,切实解决专业设置盲目无序和专业同质化现象。

教育部门应完善高等院校与职业院校专业设置相关政策法规和管理办法,规范高等院校和职业院校专业设置工作;适时制定和发布学科专业结构与布局规划,为旅游院校专业设置提供指导和依据;会同旅游部门制定旅游院校办学评价标准,或委托旅游行指委建立旅游专业评估和社会适应度评价标准,完善旅游专业设置预警机制,指导旅游院校专业结构与布局调整;加大旅游院校专业建设经费投入,提高旅游专业办学和人才培养质量。

旅游部门应编制不同层次的区域性旅游人才发展规划,建立旅游人才需求预测预报制度,及时发布旅游行业发展新动态和区域旅游人力资源状况及需求等信息,并配合教育部门,积极引导旅游院校专业设置,加强对旅游院校办学和人才培养工作的行业指导与监督。

其他相关政府部门应加强和教育部门、旅游部门的沟通协作,制订相关政策法规,加大旅游校企合作办学、经济欠发达和少数民族地区旅游人才培养的力度和投入。同时,鼓励旅游行业各类企业重视人力资源的开发与利用,通过法律完善、政策引导和制度约束,引导广大旅游企业积极参与职业教育和人才培养。

(2)通过产教融合,激发企业参与院校人才培养的内在动力

现代企业间竞争归根结底是人才的竞争,一个企业能否可持续发展,关键因素就是人才。因此,重视人力资源开发和再生产在经营和市场竞争过程中的作用,是一个不可忽视的方面。对于旅游企业来说,同样必须重视旅游人才的培养和人力资源的再生产。

旅游院校有着丰富的人力资源,旅游企业应积极主动地与旅游院校开展校企合作,通过校企合作理事会、职教集团和专业合作委员会等形式,建立健全校企合作机制,实现产教融合。校企合作教育是一种以市场和社会需求为导向的运行机制,是学校和企业双方共同参与人才培养过程的教学模式。根据旅游院校和旅游企业优势互补、合作共赢原则,旅游企业的技术和管理人才可以有效地参与旅游院校的专业设置、培养方案制订、课程与教材开发、质量评估、人才质量标准制定以及教学过程等各个环节,可以有效地把企业市场周期性和院校人才培养的长远性有效结合起来,满足旅游企业长远发展需要,增强旅游企业竞争力。

第二部分 教育部"行业指导职业院校专业改革与实践项目"成果

项目名称:导游专业顶岗实习标准
项目编号:2015DGSX007
项目负责人:王昆欣
项目负责人所在单位:浙江旅游职业学院

专业、实用、普适、共享、可持续性开展顶岗实习
——《高职院校导游专业顶岗实习标准》研究报告

一、研究背景与研究基础

(一)研究背景

专业顶岗实习标准的出台和推行,源于我国职业教育的发展形势需要,源于学校和学生、实习企业、教育行政部门的需要。随着我国社会经济的发展和产业结构的转型,企业对人才的需求,特别是对紧贴经济社会发展实际需求的"用得上、用得好"的职业教育人才需求极为迫切。国家对于职业教育也愈发重视,教育部相继出台了系列政策。教职成司函〔2014〕36号文件《关于做好行业指导职业院校专业改革与实践有关工作的通知》中,就明确提出要"委托行业,开展指导职业院校专业改革与实践有关工作","强化行业在加快发展现代职业教育中的指导作用,有效提升专业建设与产业发展的吻合度,不断增强职业教育人才培养的有用性和针对性","选取量大面广的专业(类),按照专业与产业、企业、岗位对接,专业课程内容与职业标准对接,教学过程与生产过程对接的原则,研究制定本行业相关专业(类)顶岗实习标准,明确专业(类)顶岗实习的目标与任务、内容与要求、考核与评价等"。教行指委办函〔2014〕6号文件《关于申报行业指导职业院校专业改革与实践有关项目的通知》明确了"制定职业院校专业(类)顶岗实习标准"的项目内容,并出台了《行业指导职业院校专业改革与实践有关项目管理办法》。

目前,我国导游人数已逾百万(持证人数),其中半数来自于职业院校。以2014年为例,2014年全国招收旅游管理类高职高专专业的普通高等院校1068所,共招生110 835人。其中,招收旅游管理专业的高职高专院校788所,全国共招生46 083人;招收涉外旅游专业的高职高专院校145所,全国共招生3996人;招收导游专业的高职高专院校107所,全国共招生3434人;招收旅行社经营管理专业的高职高专院校38所,全国共招生892人[①]。高职高专院校已成为我国旅游人才培养尤其是导游人才培养的主要阵地。如此庞大的学生群体,

---

① 国家旅游局人事司.2014年全国旅游教育培训统计[EB/OL].http://www.cnta.gov.cn/zwgk/tzggnew/gztz/201507/t20150707_720390.shtml.

且导游专业的顶岗实习一般在6个月及以上,导游带团都是独立工作,专业实习环节十分重要。尤其是随着大众旅游、散客市场的兴起和旅行社新业态的发展,导游专业学生的顶岗实习岗位和工作任务都发生了改变,需要根据新的业态发展和企业需求,进行专业改革和实践教学。

综上而言,导游专业顶岗实习标准项目的实施,既符合教育部"把适宜行业承担的职业教育职责交给行业组织"、"职业教育大发展,行业指导是重要机制"的指导思想,也符合培养新型高质量导游专业人才的行业需求,可谓恰逢其时,势在必行。

(二)研究基础

项目组曾承担中华人民共和国旅游行业标准《旅游类专业学生旅行社实习规范(LB/T 032—2014)》(2014年5月1日发布)的制定,对于导游专业的顶岗实习标准制定有着较好的前期研究基础。在项目实施前期,项目组也进行了大量的行业调研,调研对象包括旅游企业、指导教师、职业院校和实习生。项目组的成员也来自于7所旅游院校和5家国内知名旅行企业,能进行资源整合,很好地发挥团队优势。

二、指导思想和编制原则

(一)指导思想

项目所研究制定的顶岗实习标准基于三大因素:一是基于高职院校旅游类专业学生的培养现状;二是基于实习企业的实际需求;三是基于校、企、师、生四方利益。通过实习标准的制定,规范导游专业顶岗实习的实习内容、实习管理、师资要求、考核办法等标准,推进我国高职院校导游专业建设,提高导游专业实践教学质量,提升导游专业人才培养素质。

(二)编制原则

1.宏观指导原则。即实习标准编制应抓重点,着眼于顶岗实习的关键环节,如实习内容、实习管理、师资要求、考核办法等标准的制定,而不具体指导教学细节和管理细节。

2.可操作性原则。实习标准编制要充分考虑区域差异、校际差异、企业差异和学生差异,岗位设置要合理可行,实习管理要切实可行,考核办法要简单易行,同时要具有科学性和规范性。

3.服务培养目标原则。实习标准的制定要充分考虑当前的业态需求,但不能简单局限于当前,更要考虑业态的未来发展和人才需求,根据新的旅游业态合理调整实习岗位和实习内容,规范实习标准。

三、调研情况与研究思路

(一)调研情况

项目在实施过程中,进行了大量的前期调研,调研对象包括旅游企业、指导教师、职业院校和实习生(见图1),调研方法包括文献资料法、问卷调查法、访谈法、小型座谈会等。旅游企业调研主要是针对实习岗位、实习内容、设施条件、企业导师、实习管理、实习考核等方面的内容展开,重点是把握实习标准制定的可操作性和考虑标准的制定要能服务于培养目标;职业院校调研主要是针对实习时间、实习教学管理、人才培训规格、实习考核、专业情况、师资情况、生源情况等进行,重点是调研校际差异和专业发展差异,考虑标准的可操作性和普适性;指导教师调研主要是针对顶岗实习环节中遇到的各种问题,尤其是企业配合、学生管理、实习内容、实习管理等方面的具体问题,希望通过指导教师的调研,能够更好地优化实习管理标准制定;实习生调研主要是围绕学生在实习期间遇到的各种问题展开,希望通过学生的实际顶岗实习情况和切身感受分析,能够更好地完善实习顶岗标准。

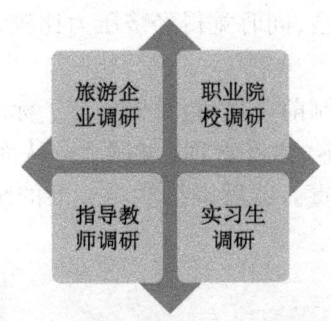

图1 项目研究过程——调研情况

从调研结果来看,企业方面普遍认为:

(1)实习时间安排。由于旅游行业存在区域性、季节性的差异,学生实习时间应结合不同地区、不同企业的用人需求灵活安排,一般不少于6个月。同时,从工作与学习的稳定性以及实习效果考虑,建议轮岗数量不超过2个。

(2)实习岗位。除导游岗位(国内旅游全陪、地陪)外,旅行社最需要的是领队、计调、营销(旅游顾问、旅游电子商务——产品上线)、旅游咨询、签证文员,考虑到一些没有获得导游资格证的学生,景区讲解员也是需要的实习岗位。

(3)实习企业设置条件。相对而言,大型旅行社、等级评定较高的旅行社或中型特色旅行社能给予学生更好的实习条件和培训,一般也能配置企业实习导师,有专门的人力资源部门(如导游部经理)等统管实习工作,景区也是如此。因此,在实习条件设置上建议推荐等级评定较高的企业优先。

(4)安全保障。旅行社企业建议加强实习安全保障,旅行社应为导游领队岗位的实习生在跟团及会议工作等外出活动期间购买额外的人身意外险。

(5)对实习生的要求。企业普遍希望加强学生的爱岗敬岗教育和服务意识教育,希望学生能够在实习期间遵守企业的相关制度规定,肯吃苦。

实习生反馈的主要意见:

(1)他们希望旅行社(景区)具有完备的管理制度和实习生管理办法、有能保障基本生活的实习工资、安排实习导师、提供住宿、提供交通补贴和午餐补贴、等级评定较高的旅行社或景区、组织旅游安全教育和岗前培训、提供轮岗机会。88%的实习生希望实习轮岗数量在2~3个。68.35%的实习生愿意以实习报告的方式提交实习成果。

(2)实习期间最担心的事情:56.54%的实习生认为是经济压力,34.18%觉得工作时发生问题不知道该找谁,9.28%认为是安全问题。90%的实习生期待学校实习指导教师进行业务指导并可随时联系,95%期待企业实习指导教师进行业务指导,并能定期沟通解决实习过程中出现的问题。

(3)在实习过程中,50%以上的实习生都存在业务不熟悉、缺乏有效指导以及经济压力三方面的问题,将近50%的实习生在人际关系上存在问题。

从调研的总体情况来看,实习生普遍觉得实习期间得到及时的、有效的业务指导不够,希望得到尽可能多的轮岗实习机会,同时觉得经济压力比较大。

（二）研究思路

在项目所研究的实习标准编制前,项目组首先确定了标准编制的5个关键点,即适用人群、实习企业、实习岗位、时间安排、实习管理(见图2),从而确定标准的实习对象、企业类型、实习内容、实习方式和实习职责。然后围绕实习标准的统一模板,逐项落实,撰写初稿,征求意见,修改成型。

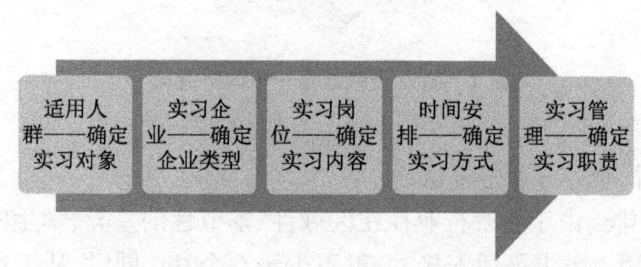

图2　项目研究过程——确定实习标准的5个关键点

（三）研究成果

制定《高职院校导游专业顶岗实习标准》,并在高职院校导游专业中试行。《标准》规范了学生在导游相关岗位上的顶岗实习,对导游专业顶岗实习的岗位群、技术领域、工作流程、岗位流程等进行具体规定,进一步在制度上予以规范,形成一个完整的实习标准体系。

四、标准的框架结构与主要内容

（一）框架结构

标准由八部分组成,包括适用范围、实习目标、时间安排、实习条件、实习内容、实习成果、考核评价和实习管理(见图3)。

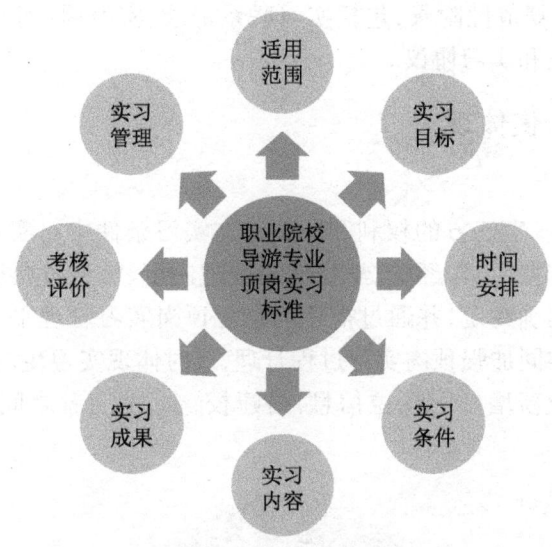

图3 标准编制——框架内容

(二)主要内容

1.适用范围:本标准适用于高等职业学校导游专业学生的顶岗实习安排,面向导游、出境领队、计调、销售、旅游咨询员、签证文员、景区讲解员等岗位(群)或技术领域。

2.实习目标:通过旅行社、旅游景区等相关技术领域中的顶岗实习,了解企业的运作、结构、规章制度和企业文化等;掌握岗位的基本工作流程、工作内容及其核心技能,具备实际操作能力;培养良好的职业道德,积极的职业心态和正确的职业价值观,增强学生的就业能力。

3.时间安排:实习时间一般为6个月。建议安排在第3学年第5学期或第6学期,或根据企业的用人需求灵活安排,采取工学交替、多学期、分段式等实习形式。建议完成轮岗数量为1~2个。

4.实习条件:确定实习企业类型是传统实体旅行社、在线旅行社、旅游景区;对实习企业经营范围、实习企业管理水平、设施条件、安全保障、专业设施设备等方面制定标准;明确学校和企业应整理归档的信息资料;对指导教师(企业导师、校方教师)的职业资格、工作经验制定了标准;对实习生应具备的基本素质制定了标准。

5.实习内容:明确导游、出境领队、计调、销售、旅游咨询员、签证文员、景区讲解员实习岗位群的实习时间、工作任务和职业技能。

6.实习成果:三选一,顶岗实习总结报告、实习期间形成的产品设计或技术方案、实习期间完成的作品图文说明材料或音视频说明材料。

7.考核评价:校企双方共同考核,并对考核内容进行了规定;采取形成性评价与终结性评价相结合的方式;考核组织,根据校企实习协议,岗位实习考核由校企双方采取多元考核形式共同组织完成。

8.实习管理:从管理制度(学校职责和企业职责)、过程记录、总结交流三个方面进行了标准规范。

9.相关附录:主要是规范性附录,包括实习联系记录、实习周(月)记、实习总结、实习培训记录、实习综合评价表和实习协议。

五、创新内容与价值体现

(一)创新体现

1.充分考虑了校、企、生三方的权利和职责。在实习条件中对实习企业管理水平、设施条件、企业导师的职业资格、工作经验、学校实习管理制度、信息资料建设、校方教师的职业资格、工作经验进行了明确约定,并通过搭建信息化顶岗实习管理平台,建立实习生管理动态数据库,与实习企业共同加强顶岗实习过程管理,及时体现实习生的实习状态和实习单位变更情况,及时录入企业新增实习岗位信息,搭建校、企、生三者之间的有效信息联络渠道(图4)。

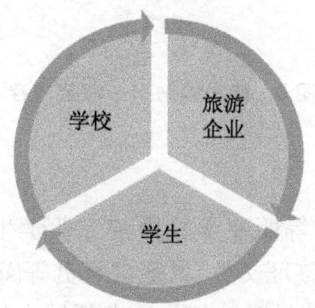

图4 标准编制——明确校、企、生三方的责、权、利

2.实习考核强调学校、企业、学生三方参与、校企双方共同评价。考核形式,采取形成性评价与终结性评价相结合的方式,顶岗实习成绩由校企双方依据一定比例按等级制计算,建议企业实习评定占学生实习成绩的70%,学校实习评定占学生实习成绩的30%(图5)。考核组织,根据校企实习协议,岗位实习考核由校企双方采取多元考核形式共同组织完成。考核内容,实行校企双方共同考核制度:(1)企业实习评定考核重点在于实习生工作态度、业务水平、职业能力;学校实习评定考核重点在于实习生的组织纪律性和实习任务的完成情况;(2)实习考核结果可折算为五档,即优秀(100~90分),良好(89~80分),中等(79~70分),及格(69~60分),不及格(60分以下),其中优秀比例宜控制在实习生总人数的20%左右,合格及以上者可获得相应学分。(3)实习生违反实习单位规定,屡教不改或情节严重者,企业可以与学校商议退回,实习成绩定为不合格;实习成绩不合格的学生,学校应重新安排实习,补足实习时间。

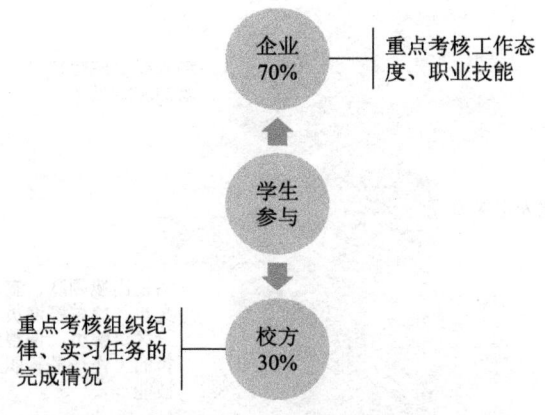

图5 标准编制——三方参与、校企双方共同考核

3.实习过程采用双导师全程管理(图6)。在标准中要求实习企业和实习学校分别配备具有相应资质的实习导师,全程参与学生实习过程,为学生提供业务指导和有效帮助,从而更好地保障学生权益和发挥顶岗实习的实践教学效能,避免放羊式实习。

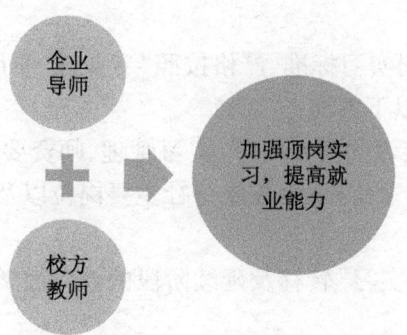

图6 标准编制——双导师全程管理

4.根据行业新业态,调整岗位群、实习内容和实习成果。实习企业类型不仅局限于实体旅行社,还纳入线上旅行社,增加旅游景区,实习岗位不仅包括导游岗位,还考虑到学生的导游资格证过考率的实际情况和业态新需求,增设出境领队、签证文员、旅游咨询员、景区讲解员岗位,并调整销售岗位的工作任务和职业技能,纳入网上营销和直客营销的工作内容(图7)。实习成果在顶岗实习总结报告的基础上,增设实习期间形成的产品设计或技术方案、实习期间完成的作品图文说明材料或音视频说明材料,学生应在顶岗实习结束时提交顶岗实习企业证明材料时,提交以上成果中的任一项均可。

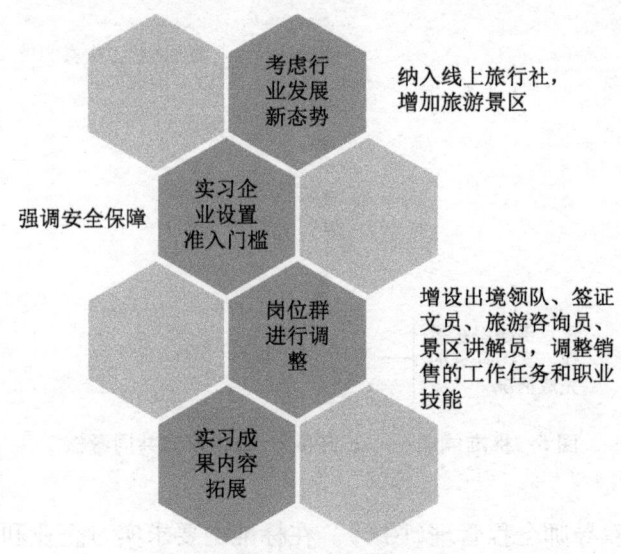

图 7　标准编制——考虑新业态

（三）价值体现

该项目所研究制定的顶岗实习标准,严格按照"专业性、实用性、普适性、共享性、可持续性"原则,其价值主要体现在以下方面：

1.规范了导游专业顶岗实习的实习内容、实习管理、师资要求、考核办法等标准,是指导和管理旅游类高等职业院校(专业)学生在旅行社主要岗位以及导游岗位上顶岗实习的主要依据。

2.为"在校教育"向"在企实习"转移及延续阶段的教育教学质量和人才培养提供了纲领性教学文件。

3.厘清实习管理主体间存在的矛盾,进一步规范了学生的实习教育和成才规格,提升了学生对顶岗实习的重视程度,明确了相关利益群体的权利与义务。

参考文献：

[1]国家旅游局人事司.2014年全国旅游教育培训统计[EB/OL]. http://www.cnta.gov.cn/zwgk/tzggnew/gztz/201507/t20150707_720390.shtml

[2]GBT 1.1-2009 标准化工作导则[S].中国标准化管理委员会,2009.

[3]GB/T 16766-2010 旅游业基础术语[S].国家旅游局,2011.

[4]GB/T 15971-2010 导游服务规范[S].国家旅游局,2011.

[5]LB/T 008-2011 旅行社服务通则[S].国家旅游局,2013.

[6]LB/T 005-2011 旅行社出境旅游服务规范[S].国家旅游局,2013.

[7]LB/T 004-2013 旅行社国内旅游服务规范[S].国家旅游局,2013.

[8]LB/T 014-2011 旅游景区讲解服务规范[S].国家旅游局,2013.

[9]LB/T 029-2014 旅行社服务网点服务要求[S].国家旅游局,2014.

[10] LB/T 030-2014 旅行社产品第三方网络交易平台经营和服务要求[S].国家旅游局,2014.
[11] LB/T 032-2014 旅游类专业学生旅行社实习规范[S].国家旅游局,2014.
[12] LB/T 033-2014 旅游类专业学生景区实习规范[S].国家旅游局,2014.
[13] LB/T 039-2015 导游领队引导文明旅游规范[S].国家旅游局,2015.
[14] 中国旅游教育蓝皮书 2016[R].中国旅游协会旅游教育分会,2016.

项目名称:酒店管理专业企业生产实际教学案例库
项目编号:2015JXAL013
项目负责人:周春林
项目负责人所在单位:南京旅游职业学院

酒店管理专业企业生产实际教学案例库研制报告

一、引言

全国旅游职业教育教学指导委员会委托南京旅游职业学院周春林教授担任2015年教育部行业指导职业院校专业改革与实践立项项目"酒店企业生产实际教学案例库"负责人,南京旅游职业学院酒店管理学院副院长苏炜博士以及姜华、田园、郑晓旭、周欣、陈瑶、夏雯婷、潘援、陆勤、袁欢、戚君子等老师具体负责生产案例的采集、转化和教学案例的编写。匡家庆、赵程凌云、姚建园、周辉、王则天、许赟、郭小东、田园、袁欢、王天辰、徐斌等教师承担相关微课视频资源的设计与拍摄工作。

前期的调研工作和案例采集既涵盖了国际品牌酒店、国内知名酒店集团,也包括连锁酒店、经济型酒店和餐饮企业。在地域上主要侧重于华东地区,少部分案例采集于华北和华南地区。案例涉及酒店企业对客服务的前厅、客房、餐饮等学生实习、就业面最广的岗位群,也涉及酒店内部人事管理与人力资源开发、酒店产品开发与市场营销等岗位。考虑到案例既要服务于中高职酒店职业教育,也能服务于行业企业培训,所以选题范围较为宽泛,案例剖析和教学转化也有详有略,希望对不同人群的学习、提升都有所帮助。

校企合作单位的经理和技术骨干参与了相关案例的分析,尤其是金陵饭店和南京绿地洲际酒店为项目教师企业挂职、案例采集提供了极大方便。中国旅游院校"五星联盟"和中国旅游中职教育"七金联合体"部分学校在项目研究和案例遴选方面给予了支持。南京师范大学地理科学学院旅游管理专业的研究生吴林芝、黄子璇和李歌鹏等参与了后期案例编辑、整理和上传平台的工作。

二、项目目标

按照严密系统设计、现代技术支撑、合作开发建设、开放共享管理、持续更新改进的原则,组建校企合作研发团队,挖掘以洲际、香格里拉和南京金陵饭店为代表的国内外知名酒店集团和连锁酒店的实际生产教学资源,基于典型工作任务和真实职业环境,开发生产实际教学案例,为教师"情景化、真实化、专业化"教学、学生"主动性、探究性、自主性"学习提供便捷的案例应用平台,为全国酒店管理专业主干核心课程增加案例教学比重,推动学生在真实职业环境中学习和应用知识、技术与技能,实现综合职业能力培养和技术技能训练有机结合做出贡献。

三、主要思路

根据酒店不同部门岗位人才需求和学校酒店人才培养、成长特点,以课程单元项目教学任务和酒店部门岗位实际工作运行为主线,按照案例"开发协同化、视野国际化、选题生产化、情景本土化、事务典型化、编制精品化"的原则,遴选案例主题,开发典型案例。建设系统开放、立足本土的酒店实际生产教学案例库。

优先开发与学生就业岗位最相关联的酒店前厅管理、酒店客房管理、酒店餐饮服务与管理、酒店市场营销、酒店人力资源管理等五门核心课程子案例库,以文本、图形图像、视频等多媒体形式,科学地呈现生产教学案例,以教育部提供的网络案例库应用平台为支撑,上传标准化教学案例,为教师和学生提供线上教学资源(图1)。

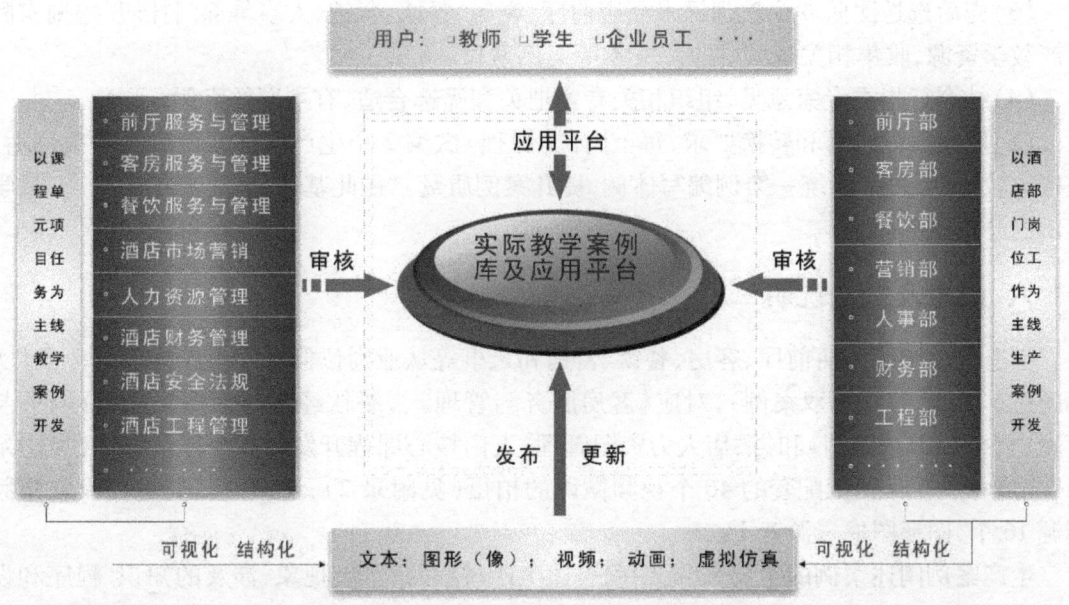

图1 酒店生产实际教学案例库开发技术路线

四、工作实施情况

(1)2015年12月底,优化案例库项目开发团队,建立项目QQ讨论组,邀请在宁的洲际酒店、香格里拉酒店及金陵饭店等企业专家,与团队教师一起召开建设研讨会,按酒店部门和专业核心课程构建教学案例框架。

(2)2016年1月31日,案例开发研究框架通过旅游行指委专家评审,同意开题。根据评审意见,利用全国总经理培训班、学生顶岗实习等平台,安排教师酒店挂职,指定相关教师搜集不同星级、不同业态酒店的生产实际案例,弥补原方案的不足。

(3)2016年7月3日,项目组赴京汇报,通过旅游行指委中期检查,完成生产案例采集与教学案例转化的初步工作。

(4)利用2016年暑假修正、补充相关案例和素材。

(5)2016年9月,完成教学案例配套视频微课拍摄和编辑工作。

(6)2016年10月8日,完成全部案例和部分视频微课上传,编写完成并上传案例库应用说明与使用指南。

(7)2016年10月,下旬平台反馈通过专家验收,希望适当补充图像资源。

五、调研开展情况

(1)文献研究,了解酒店业学界和业界案例库建设现状。

(2)组织教师团队、企业专家和培训班企业学员开展座谈、访谈,确定以5个工作岗位群和5门专业课程为主线,开发生产实际教学案例。

(3)先后选送团队6位教师深入酒店前厅、客房、餐饮、营销、人事等部门挂职,挖掘实际生产教学资源,收集相关视频、图片、文本等案例素材。

(4)结合行指委专家意见,组织相关专家把关和筛选合适、有主题的案例。

(5)明确案例编写和转换要求,每个岗位(课程)试编2个生产实际案例和教学案例后,进行比较研究,进一步统一案例编写体例,提升案例质量。在此基础上,完成预定生产、教学案例的开发任务。

六、成果及价值说明

创造性地围绕酒店前厅、客房、餐饮、营销和人事等从业岗位群采集生产案例117个(实际超过125个,有些是双案例),对应《客房服务与管理》、《餐饮经营与管理》、《前厅服务与管理》、《酒店市场营销》和《酒店人力资源管理》五门核心课程开发112个教学案例(见附录1),完成相关教学案例配套的46个视频微课的拍摄(见附录2),还通过其他途径收集视频资源16个,图形图像资源若干。

生产案例阐述案例的主要来源,明确表述生产过程的背景、现象、涉及的知识、程序和设施设备以及解决问题的过程和主要结论,重点呈现企业文化、岗位要求、职业素养、安全操作、技术规范等情况。教学案例是根据企业生产案例以及专业教学要求,依据职业标准(国家标准、行业标准),转化为适合课堂教学或自主学习的案例,并以此为载体传播知识、工作流程和服务质量标准,提升学习者酒店经营服务技能与技巧。

相关案例和视频微课的开发,极大地丰富了酒店管理专业核心课程的教学资源,提升了教学的现势性和针对性,对培养学生的职业能力和职业精神将起到极大的促进作用。同时,对酒店员工入职教育和提高培训也有很大的参考价值。

该案例库适用于全国中职、高职院校酒店管理专业学生和旅游类涉及酒店管理课程教学的师生,也可用于酒店从业人员入职培训及在岗学习等。案例覆盖了酒店企业主要岗位和职业院校酒店管理专业的核心课程或主干项目课程,可以根据子库所对应核心课程和关键工作岗位,进行线性检索、在线浏览和下载阅读。文本的格式一律采用PDF,视频格式以

MP4、FLV 为主、呈现形式多为微课,针对性强,形象生动。

（作者：苏炜、樊平、周春林　南京旅游职业学院）

附录1：酒店生产实际教学案例库子库案例一览
附录2：自主设计制作的微课视频素材一览

附录1　酒店生产实际教学案例库子库案例一览

	内　容
	子库一：前厅服务与管理
生产案例	案例一：谁该为语言的失误埋单
	案例二：难叫醒的叫醒服务
	案例三：夜间的"不明"电话
	案例四：说好的"4号"怎么变成了"10号"
	案例五：网络预订风波
	案例六："无情"的担保预订
	案例七：巧妙地婉拒预订
	案例八：订好的房不翼而飞
	案例九：百思不得其解的宾客反应
	案例十："下落不明"的行李
	案例十一：行李历险记
	案例十二：无所不能的"金钥匙"
	案例十三：左右为难的团队排房
	案例十四：房间还没打扫出来怎么办
	案例十五：需要每个人都入住登记吗
	案例十六：住店客人证件无效怎么办
	案例十七：打折不打折
	案例十八：让客人愉快地多花钱
	案例十九：一间房间,两个客人
	案例二十：住店客人的安全卫士

续表

生产案例	案例二十一：挑剔的客人
	案例二十二：非签单生效人要求签单
	案例二十三：谁该付这笔账
	案例二十四：能不能签单
	案例二十五：丢失的贵重物品不能轻易交还
	案例二十六：为别人的消费埋单
	案例二十七：百万损失谁来付
	案例二十八：遥控器引发的风波
	案例二十九："这钱不是我花的"
	案例三十：丢失的押金单
	案例三十一：半天房费该不该收
	案例三十二：房价变贵了
	案例三十三：少收了客人的钱
	案例三十四：失而复得，一波三折
	案例三十五：突如其来的事故
	案例三十六："我对你们房间不满意"
	案例三十七：李先生的惊喜
	案例三十八：宾至如归
	案例三十九：贵宾服务
教学案例	案例一：前厅员工的职业素质与职业能力
	案例二：叫醒服务
	案例三：电话转接
	案例四：预订信息登记
	案例五：网络订房服务
	案例六：担保预订的取消与确认
	案例七：理解客人订房需求
	案例八：超订客房处理
	案例九：迎宾服务
	案例十：行李运送服务

续表

教学案例	案例十一:行李寄取服务
	案例十二:金钥匙服务
	案例十三:团队排房
	案例十四:散客入住服务
	案例十五:住店登记处理
	案例十六:房价折扣与异议处理
	案例十七:前台 up-sell 运用
	案例十八:开重房处理
	案例十九:访客身份核对
	案例二十:客人换房处理
	案例二十一:签单与挂账处理
	案例二十二:押金与签单
	案例二十三:贵重物品认领处理
	案例二十四:酒店签单挂账规定
	案例二十五:住店客人传真处理
	案例二十六:房内物品丢失或损坏处理
	案例二十七:客人质疑账单的处理
	案例二十八:客人押金单丢失处理
	案例二十九:非标准入住收费处理
	案例三十:房价纠纷处理
	案例三十一:漏账的有效避免
	案例三十二:酒店突发事件处理
	案例三十三:突发事件应急处理
	案例三十四:投诉处理
	案例三十五:客史档案建立与应用
	案例三十六:常住客接待服务
	案例三十七:VIP 接待服务

续表

	子库二:客房服务与管理	
生产案例	案例一:客房部与其他部门业务协调	
	案例二:特色客房——儿童房的定制	
	案例三:走客房清扫中的问题	
	案例四:住客房清扫过程中的问题	
	案例五:工作中遇"客人"要求开房门	
	案例六:客人遗留物品的处理	
	案例七:特色夜床服务	
	案例八:客衣收洗服务	
	案例九:对伤病客人的服务	
	案例十:长住客人服务	
	案例十一:醉酒客人服务	
	案例十二:客人投诉在客房内丢失物品	
	案例十三:清洁剂的使用与管理	
	案例十四:大理石的清洁保养	
	案例十五:木质家具保养	
	案例十六:酒店大堂清洁保养	
	案例十七:餐厅地毯清洁保养	
	案例十八:水质对布草洗涤的影响	
	案例十九:合理安排洗涤	
	案例二十:客房内安全设施设置的必要性	
	案例二十一:接待客人的客人	
	案例二十二:客房内发生火灾	
教学案例	案例一:客房部的业务协调	
	案例二:针对不同客户群的特色客房定制	
	案例三:走客房清扫流程	
	案例四:住客房清扫过程中需要注意的问题	
	案例五:工作过程中遇"客人"要求开房门	
	案例六:客人遗留物品的处理	

续表

教学案例	案例七:特色夜床服务与流程	
	案例八:客衣收洗服务	
	案例九:伤病客人服务要点	
	案例十:长住客人服务	
	案例十一:醉酒客人服务	
	案例十二:客人投诉在客房内丢失物品的处理	
	案例十三:清洁剂的使用与管理	
	案例十四:大理石的清洁保养	
	案例十五:木质家具保养	
	案例十六:酒店大堂清洁保养	
	案例十七:地毯清洁保养	
	案例十八:水质对布草洗涤的影响	
	案例十九:合理安排洗涤	
	案例二十:客房内安全设施的设置	
	案例二十一:客房防盗	
	案例二十二:客房防火安全	
	子库三:餐饮服务与管理	
生产案例	案例一:"和盘托出"的动作服务	
	案例二:绿地洲际与宝应华美达的餐饮产品	
	案例三:餐饮的第一印象来自于迎宾	
	案例四:南京绿地洲际酒店的营养"搭配师"	
	案例五:服务员"洋洋洒洒"的服务技能	
	案例六:"心灵手巧"的服务技能	
	案例七:客人为何让不满好喝的汤	
	案例八:支付宝让宾主之间更美好	
	案例九:星级饭店西餐厅餐具的配备	
	案例十:酒店餐具的使用规则	
	案例十一:金陵饭店西餐厅的早餐服务	
	案例十二:合格侍酒师的酒水服务	

续表

生产案例	案例十三:如何服务法式晚餐
	案例十四:AA 制埋单服务
	案例十五:夜间用餐的困扰
	案例十六:一支香烟而引发的洗衣服务
	案例十七:销售部与宴会部的沟通
	案例十八:"一千零一夜"主题打动了中东客人
	案例十九:繁忙的餐厅店长
	案例二十:如何平复愤怒的客人
	案例二十一:维客多餐厅的选择
	案例二十二:餐具受损,人人受罚
教学案例	案例一:托盘的动作要领
	案例二:不同酒店餐饮产品的构成
	案例三:迎宾员需要注意的问题
	案例四:点菜服务工作流程
	案例五:斟酒服务工作流程
	案例六:口布折花花型选择
	案例七:传菜工作中的失误
	案例八:结账服务工作流程
	案例九:西餐厅物品配备
	案例十:西餐餐具使用规则
	案例十一:西餐厅早餐服务工作流程
	案例十二:西餐厅酒水服务注意事项
	案例十三:西式正餐服务流程
	案例十四:西式结账服务
	案例十五:房内用膳服务流程
	案例十六:餐厅酒吧烟灰缸更换
	案例十七:宴会预订与销售沟通
	案例十八:西餐主题宴会设计
	案例十九:餐厅人员安排

续表

教学案例	案例二十:客人投诉处理
	案例二十一:餐饮市场调研与餐厅选址
	案例二十二:餐饮物资管理
子库四:酒店市场营销	
生产案例	案例一:南京钞库街十八号生活方式酒店
	案例二:百时快捷酒店的应运而生
	案例三:南京香格里拉酒店江南灶的精准定位
	案例四:自助餐厅一次成功的促销活动
	案例五:七天酒店借O2O反攻携程艺龙
	案例六:洲际酒店欲用移动策略对抗OTA竞争压力
	案例七:杭州逸酒店的产品差异化策略
	案例八:裸心谷度假酒店产品组合
	案例九:半岛酒店的创新产品和服务组合
	案例十:桔子水晶酒店的十二星座创意微电影广告
	案例十一:喜达屋"中国专属"计划推广
	案例十二:南京金丝利喜来登酒店龙舟赛
	案例十三:肯德基"苏丹红事件"危机公关
	案例十四:半岛粉红丝带公益活动
	案例十五:微信改变酒店营销模式
	案例十六:国内首个互联网酒店品牌IU微信发布会
	案例十七:发愁的月饼
	案例十八:IHG® Rewards Club,全球最大的酒店忠诚度计划
教学案例	案例一:酒店产品的开发与创新
	案例二:酒店市场细分
	案例三:酒店市场定位
	案例四:酒店定价策略
	案例五:酒店销售渠道1
	案例六:酒店销售渠道2
	案例七:酒店促销产品组合1

续表

教学案例	案例八:酒店促销产品组合2
	案例九:酒店促销产品组合3
	案例十:酒店促销广告策略
	案例十一:酒店公共关系(市场推广1)
	案例十二:酒店公共关系(市场推广2)
	案例十三:酒店危机公关
	案例十四:酒店公共关系
	案例十五:新媒体网络营销1
	案例十六:新媒体网络营销2
	案例十七:酒店营销绩效考核与激励
	案例十八:酒店客户关系管理
子库五:酒店人力资源管理	
生产案例	案例一:中等规模酒店组织架构与员工配置(1)
	案例二:中等规模酒店组织架构与员工配置(2)
	案例三:有限服务型酒店的组织架构与员工配置
	案例四:什么样的人适合做采购部经理
	案例五:王金瑞该选择谁
	案例六:希尔顿酒店的员工招募策略
	案例七:酒店"应知应会"培训做什么
	案例八:绿地洲际酒店的新员工入职培训
	案例九:王品集团的员工成长计划
	案例十:白天鹅宾馆的宽带薪酬体系
	案例十一:万豪酒店集团的员工福利
	案例十二:里兹卡尔顿酒店的雇员甄选
	案例十三:员工绩效考核为何引发不满
	案例十四:鞍山市铂尔曼酒店的劳动合同管理
	案例十五:被辞员工两月后能否申请劳动仲裁
	案例十六:酒店员工能否将剩菜带回家

续表

教学案例	案例一:酒店组织架构设计及员工配置	
	案例二:酒店岗位工作分析	
	案例三:酒店员工招聘来源	
	案例四:酒店员工招聘流程	
	案例五:酒店"应知应会"培训及培训技巧	
	案例六:酒店新员工入职培训	
	案例七:酒店员工职业生涯规划	
	案例八:酒店宽带薪酬体系设计与应用	
	案例九:酒店福利措施	
	案例十:酒店员工绩效考核	
	案例十一:酒店绩效管理与员工激励	
	案例十二:酒店劳动合同管理	
	案例十三:劳动争议及解决	

附录2　自主设计制作的微课视频素材一览

	微课名称(开发者)	形式
1	洗衣服务要点(赵程凌云)	高星级酒店客房现场拍摄+PPT录屏+照片转视频+后期剪辑
2	客房小酒吧管理(赵程凌云)	高星级酒店客房现场拍摄+PPT录屏+表格拍照+后期剪辑
3	遗留物品处理(赵程凌云)	高星级酒店客房现场拍摄+PPT录屏+照片转视频+后期剪辑
4	主题夜床服务(赵程凌云)	高星级酒店客房现场拍摄+照片转视频+PPT录屏+后期剪辑
5	特色客房布置(姚建园)	高星级酒店客房现场拍摄+照片转视频+PPT录屏+后期剪辑
6	楼层管家式服务(姚建园)	高星级酒店客房现场拍摄+照片转视频+PPT录屏+后期剪辑
7	客房个性化服务(王则天)	高星级酒店客房现场拍摄+照片转视频+PPT录屏+后期剪辑
8	VIP客房服务(王则天)	高星级酒店客房现场拍摄+照片转视频+PPT录屏+后期剪辑
9	客房高端接待礼仪(许赟)	教室拍摄+照片转视频+PPT录屏+后期剪辑
10	清洁剂使用规范(郭小东)	学院PA实训室现场拍摄+照片转视频+PPT录屏+后期剪辑
11	清扫客房注意事项(赵程凌云)	高星级酒店客房现场拍摄+PPT录屏+后期剪辑

续表

	微课名称(开发者)	形式
12	客房服务常见问题处理(王则天)	教室拍摄+照片转视频+PPT录屏+后期剪辑
13	地毯局部除污处理(郭小东)	高星级酒店现场拍摄+照片转视频+PPT录屏+后期剪辑
14	棉织品知识(姚建园)	学院布草陈列室拍摄+照片转视频+PPT录屏+后期剪辑
15	客房部员工排班技巧(姚建园)	教室拍摄+PPT录屏+表格拍照+后期剪辑
16	查房方法及技巧(王则天)	高星级酒店客房现场拍摄+照片转视频+PPT录屏+后期剪辑
17	客房楼面安全管理(周辉)	高星级酒店楼层拍摄+照片转视频+PPT录屏+后期剪辑
18	客用易耗品控制(姚建园)	教室拍摄+PPT录屏+表格拍照+后期剪辑
19	客房KPI考核(姚建园)	PPT录屏+表格拍照+白板+后期剪辑
20	客房部预算制作(郭小东)	PPT录屏+表格拍照+白板+后期剪辑
21	客房体验营销(郭小东)	PPT录屏+照片转视频+后期剪辑
22	住客痛点解析(郭小东)	PPT录屏+照片转视频+后期剪辑
23	托盘基本动作(王天辰)	高星级酒店餐饮部现场拍摄+照片转视频+PPT录屏+后期剪辑
24	口布折花基本手法(田园)	高星级酒店餐饮部现场拍摄+照片转视频+PPT录屏+后期剪辑
25	中餐迎宾服务(袁欢)	高星级酒店餐饮部现场拍摄+照片转视频+PPT录屏+后期剪辑
26	中餐点菜服务(王天辰)	照片转视频+PPT录屏+后期剪辑
27	中餐酒水服务(袁欢)	高星级酒店餐饮部现场拍摄+照片转视频+PPT录屏+后期剪辑
28	西餐餐具识别(王天辰)	照片转视频+PPT录屏+后期剪辑
29	西餐餐具使用规则(田园)	高星级酒店餐饮部现场拍摄+照片转视频+PPT录屏+后期剪辑
30	西餐厅服务流程(田园)	高星级酒店餐饮部现场拍摄+照片转视频+PPT录屏+后期剪辑
31	西餐厅烟灰缸更换规则(徐斌)	高星级酒店餐饮部现场拍摄+照片转视频+PPT录屏+后期剪辑
32	西餐厅酒水服务(徐斌)	高星级酒店餐饮部现场拍摄+照片转视频+PPT录屏+后期剪辑
33	西餐主题宴会设计(匡家庆、田园、王天辰)	照片转视频+PPT录屏+后期剪辑
34	如何使用灭火器扑灭初期火灾(周辉)	照片转视频+PPT录屏+后期剪辑
35	客房被困电梯的处理(周辉)	照片转视频+PPT录屏+后期剪辑
36	饭店员工发现火情应如何处理(周辉)	照片转视频+PPT录屏+后期剪辑
37	如何处理客人之间的斗殴(周辉)	照片转视频+PPT录屏+后期剪辑
38	客人在饭店受伤的处理(周辉)	照片转视频+PPT录屏+后期剪辑

续表

	微课名称(开发者)	形式
39	如何处理醉酒闹事的客人(周辉)	照片转视频+PPT 录屏+后期剪辑
40	如何处理客人财物被盗(周辉)	照片转视频+PPT 录屏+后期剪辑
41	如何处理客人食物中毒(周辉)	照片转视频+PPT 录屏+后期剪辑
42	如何处理客人意外伤亡(周辉)	照片转视频+PPT 录屏+后期剪辑
43	饭店收到炸弹威胁应如何处理(周辉)	照片转视频+PPT 录屏+后期剪辑
44	英语帮客人办理入住接待(宋锦波)	高星级酒店前台现场拍摄(角色扮演)+PPT 录屏+后期剪辑
45	英语为客人提供行李服务(宋锦波)	高星级酒店前台现场拍摄(角色扮演)+PPT 录屏+后期剪辑
46	英语帮客人办理结账退房(郑晓旭)	高星级酒店前台现场拍摄(角色扮演)+PPT 录屏+后期剪辑